Freundinnen

SERIE PIPER

Zu diesem Buch

Wer erinnert sich nicht an die erste Sandkastenfreundschaft, an die Kumpelfreundin, mit der man Pferde stehlen konnte, und an die Seelenverwandte, die einen beim ersten Liebeskummer tröstete? Doch manche Freundinnen werden wegen eines Mannes plötzlich zu Todfeindinnen oder entpuppen sich wegen eines begehrten Jobs als Rivalinnen. Und manchmal gibt es beste Freundinnen, zwischen denen es plötzlich so merkwürdig kribbelt und die bald mehr sind als nur Vertraute … Hier sind die schönsten Geschichten über Frauenfreundschaften versammelt: von Doris Dörrie und Elke Heidenreich über Dacia Maraini und Fay Weldon bis zu Maike Wetzel und Karen-Susan Fessel. Ob bissig, erotisch, anrührend oder erfrischend – sie alle zeigen, daß die Freundschaft unter Frauen durch nichts auf der Welt zu ersetzen ist!

Annika Krummacher, geboren 1970 in Erlangen, studierte Nordische Philologie und Germanistik in Kiel und Uppsala und arbeitet heute als Verlagslektorin und Übersetzerin in München.

Freundinnen

Die schönsten Geschichten

Herausgegeben von
Annika Krummacher

Piper München Zürich

Für alle meine Freundinnen
von Östersund bis München

Originalausgabe
August 2002

Umschlag/Bildredaktion: Büro Hamburg
Isabel Bünermann, Julia Martinez, Charlotte Wippermann
Umschlagfoto: ZEFA/Ibid Inc.
Gesamtherstellung: Clausen & Bosse, Leck
Printed in Germany ISBN 3-492-23603-0

www.piper.de

Inhalt

KATHY LETTE

Der Frauenabend

Die Brautparty

Alle deine Freundinnen heiraten. Samstag für Samstag backst du die obligatorischen Schokoladen-Kokosnuß-Kekse, wickelst eine Flotte Plastiklotte in Geschenkpapier ein und trudelst zur Brautparty in irgendeinem Vorstadtwohnzimmer. Diese Woche ist Kylie dran. Mütter, entfernte Kusinen, Nachbarinnen, Schulkameradinnen umschiffen die Kuchen, tratschen und kichern. »Du bist als nächste dran, Jo.« Verlegen windest du dich unter ihren prüfenden Blikken. »Es ist langsam Zeit, daß du häuslich wirst und Kinderchen kriegst.«

Während die Braut in spe unter einem Berg von Geschirrtüchern, Platzdeckchen, Gewürzdosen, Topflappen, Geschirrständern, Teekannen und Tischdecken lebendig begraben wird, versuchen die Gäste herauszufinden, wer das teuerste Geschenk gekauft hat. Deine Flotte Lotte wird mit Verachtung bestraft. Allen, die es bisher noch nicht wußten, ist jetzt klar, daß dir Kylie 5 Dollar 68 weniger wert ist als allen anderen. Manche Geschenke kommen dir irgendwie bekannt vor. Die Buchstütze aus Elfenbein und die kleinen Tierfiguren aus Keramik haben *mindestens* schon zweimal die Brautrunde gemacht.

Während du Stille Post, Blindekuh und Reise nach Jerusalem spielst, beschließt du, eher barfuß auf heißen Kohlen zu laufen, dir die Füße einschnüren oder einen Knochen durch die Nase stecken zu lassen, als bei diesem vorstädtischen Eheritual mitzumachen. Es wird nie Zeit sein, daß du häuslich wirst und Kinderchen kriegst. Niemals, niemals, niemals!

Die Verlobungsparty

Auf Verlobungspartys ißt du Fleischpastetchen und Früchtekuchen mit Baiser. Deine hohen Absätze sind im feuchten Rasen versunken, und du drängst dich, vor Kälte zitternd, mit den anderen Gästen um den Punsch. Stolze Väter holen Bier aus zwei Mülleimern, die von schmelzendem Eis überquellen. Die Jungs balgen sich ausgelassen um ihre Bierdosen. Die Mädchen vergleichen ihre Ringe, prüfende Blicke richten sich auf deine Hand. »Hat er dich schon gefragt?«

Du sagst dir, daß deine Freundinnen bloß heiraten, weil es dann einfacher ist, an den Kredit für das Häuschen in Menai heranzukommen. Ehrlicherweise sollten sie ihr Heiratsgelübde gleich im Büro des Immobilienmaklers abgeben. Zu ehren und zu besitzen. Zu mehren und abzubezahlen. Bis daß die Tilgung des Kredits uns scheidet.

Der Frauenabend

Du triffst die anderen in Choys Chinesischem Restaurant. Ihr seid allerbeste Freundinnen. Seit der Schulzeit habt ihr einander die Mitesser ausgedrückt. Eure Zellulitis verglichen. Einander beteuert, daß ihr schlank ausseht. Über mißlungene Dauerwellen hinweggetröstet. Einander geraten, Braunes schwarz und Schwarzes blond zu tönen, und wo die rosa und die orangefarbenen Strähnen hinmüssen, damit es *natürlicher* aussieht. Seid hintereinander hergegangen, um zu schauen, ob auch keine Monatsblutflecken zu sehen sind. Habt Verhütungsmethoden verglichen. Einander beigepflichtet, daß eure Männer entweder völlige Hänger oder total heiße Typen seien. Keine von euch hat einen 18karätigen Verlobten vorzuweisen.

Ihr bestellt euch exotische Cocktails mit kleinen Papierschirmchen drauf. Im Laufe des Abends wird es immer schwieriger, bei der Bestellung die Namen im Kopf zu behalten. »Zwei Kahluas, ein Fluffy Duck, drei Harvey Wall Bangers, zwei Leg Openers ... äh.« Du sagst deinen Freundinnen, wenn du jemals heiraten solltest, müßte dein Mann sich von seinen Freunden Haushaltsgeräte schenken lassen, und du würdest eine feuchtfröhliche Junggesellenparty geben. Weil er gern kocht: Und du gern Männer hast.

»Wie geht's deinem Freund?« fragt Kerrie und fährt mit der Hand über ihre neue biologische Dauerwelle. (Sie behauptet, angesichts des Frisierstabs sei es ihr ganz anders geworden.) »Bist du immer noch mit diesem Saxophonspieler von INXS zusammen? Gott, Ro, du bist ja magersüchtig!« Sie streckt dir die Schüssel mit den Erdnüssen hin. »Als ich das letzte Mal so was Dünnes gesehen habe, war Zahnpasta drin.« Alle lachen. Vier, fünf Jahre jünger als sie, versuchst du zu ignorieren, daß sich in ihr Lächeln freundliche Herablassung mischt. Ein Fall von erstickender Nächstenliebe.

»Oh, dem geht's bestens«, berichtest du in neutralem Ton. »Und wie geht's Russel?«

»Oh, prima. Er wird jede Minute seine Frau verlassen, und dann ziehen wir in seine Wohnung in Kirribilli.« Kerrie ist dreiundzwanzig, läßt sich regelmäßig die Augenbrauen zupfen, arbeitet beim Fernsehen und hat jede Diät ausprobiert, die die Menschheit je erfunden hat – von der »Pampelmusentrennkost« über die »Beverly-Hills-Fastenkur« bis zur »Sex statt Kalorien Superdiät«. »Das könnt ihr euch gar nicht vorstellen, Kinder. Eine Superwohnung mit Hafenrundblick!«

Ro verdreht die Augen. Sie hat mehrere Hippie-Kommunen, Punk-WGs, Psychoanalysen, Urschreie, Handelsbanken, Zen, Engländer und Rebirthing-Therapien hinter sich und ist jetzt, mit dreiundzwanzig, eine Verfechterin des radikalen Zölibats.

Julia, die nach Chlor und Knoblauch riecht, verkündet, ihre neue Flamme komme vielleicht später noch vorbei. Julia schminkt sich nicht, hält penibel jeden Abgabetermin ein, beteiligt sich am »Girl-cott« gegen alle Produkte aus Südafrika und ist mit vierundzwanzigeinhalb die Erwachsene unter euch.

Entsetzt fallt ihr über sie her. »Aber Jules! Wir hatten abgemacht, daß dies ein reiner Frauenabend sein soll.«

»Sie ist auch eine Frau.«

Rechtzeitig zu den gebratenen Garnelen kommt Debbie die Treppe heraufgerannt und keucht fahrige Entschuldigungen. Debbie ist blond und braungebrannt und geht mit einem Spitzenjournalisten von der Politikredaktion der *Fin Review* aus. Es ist die wahre Liebe. Sie würde das Wasser aus seinem Whirlpool schlürfen. »Ich habe stundenlang in seinem Auto gesessen. Ich wollte nicht, daß er merkt, daß ich den verdammten Türgriff nicht finde.« Ihr schaut sie verwundert an. »Na ja ... sonst hätte er gemerkt, daß ich das erste Mal in einem Ferrari sitze!«

Ihr wechselt vielsagende Blicke. »Vielleicht solltest du dir als Beilage ein bißchen Hirn bestellen, Deb«, sagt Kerrie. »Ich glaube, du bist momentan auf jede Hilfe angewiesen.«

Soula verkündet, daß Garry nun endlich seine Frau verläßt und bei ihr einziehen wird. Kerrie geht hoch. »Das muß wirklich toll sein, so kleine Titten zu haben, Sue. Die Kleider fallen dann so gut.« Soula rückt ihr Sportsgirl-Baumwolltop zurecht und fällt in ihrer Ecke zusammen wie eine leere Papiertüte. Niemand schenkt der Sache große Beachtung. Kerrie ist die Navratilova des tückischen Lobs.

Auf eurem Kneipenbummel durchs alte Hafenviertel spekuliert Debbie über mögliche Lesben in eurem Football-Team. »Man kann sie an den kurzen Fingernägeln erkennen. Das haben die für ihre Art von Sex auch bitter nötig«, kichert sie. Verschiedene Finger krampfen sich verlegen um die Gläser mit Bacardi und Coke. Augen blicken unruhig. Debbie ist verblüfft über das finstere Schweigen. »Ich hasse es ja, Gerüchte zu verbreiten. Aber was soll man sonst schon damit anfangen?«

»Wenn das mal bloß das einzige wäre, was du verbreitest.« Kerrie drückt wütend ihre Zigarette aus.

Zur Ablenkung schwelgt ihr in Erinnerungen an die gemeinsame Schulzeit. An den Tag, an dem Julia fast den Physiksaal in Brand gesteckt hätte. An die grandiose Idee, die Schultaschen der Jungen aufs Dach der Aula zu werfen. An den Tanzabend, an dem Kerrie den süßen Referendar flachgelegt hat. Ro berichtet, sie habe Tracey gesehen, die berüchtigte Fußballbraut. »Alleinerziehende Mutter. Zwei Kinder.«

Ihr stoßt einen kollektiven Seufzer aus. »Tja, man sollte sein Hobby nie zum Beruf machen«, sagt Julia.

»Wißt ihr noch, wie wir zu ihr aufgeschaut haben?« seufzt Deb. »Sie war massig älter als wir. Ein echter Feger. Und so scharf.«

»Yeah«, sagt Kerrie. »Und jetzt ist sie zum Sperma-Spucknapf geworden.«

Du gelobst, niemals häuslich zu werden und Kinderchen zu kriegen. Niemals, niemals, niemals!

Der Strip

Gemeinsam mit den Frauen von irgendeinem Tennisclub, die ihre Weihnachtsfeier hierhin verlegt haben, steht ihr Schlange in der Jamison Street. Ihr beäugt das Plakat, das den männlichen Stripper ankündigt. »Unsere Männer denken, wir spielen Bingo«, gesteht euch Charlene vom Mütterclub aus Mondale. Hohe Absätze graben sich in den dicken Teppich im Foyer des Clubs. »Mein Harry findet es pervers, sich die *Dinger* anderer Leute anzugucken.« Unbeirrt stürmst du mit deinen Freundinnen in den Saal.

Mit einer winzigen Lederhose und einem mit Nieten beschlagenen Hundehalsband hoppelt Flesh Gordon auf die Bühne. Er dreht und wendet sich wie ein Pudel, den man von der Leine gelassen hat. »O Gott!« kreischt Soula, der das

Blut zu Kopf steigt. »Der sieht genau aus wie unser Klempner. Der Typ aus Macquarie Fields!«

»Der ist ja nur so klein«, zischt Debbie und streckt enttäuscht ihren kleinen Finger aus.

Du wartest an der Bar. Die Gesprächsfetzen, die du auffängst, öden dich an. Konzeptuelle Infrastrukturen. Designer-Salat. Kurzfristige Zinsen. Könntest du doch bloß die philosophische Diskussion fortsetzen, die du am Samstag beim Kricketmatch begonnen hast. Nach dem Spiel hatte dir ein kleines Mädchen anvertraut, es habe den lieben Gott gesehen. Es sei mit seinem Vater die Straße hinuntergegangen, da sei ihnen ein alter Mann entgegengekommen, und der Vater hätte gesagt: »Du lieber Gott, wo kommst du denn her?« Du lachst und fragst dich, ob es nicht möglich wäre, einfach bloß Kinder zu bekommen, ohne häuslich zu werden. Du wirst von einer Art pränataler, präkonzeptioneller Depression erfaßt. Von wegen Torschlußpanik. Auf dem Weg zurück zu eurem Tisch kommst du ganz dicht an Flesh Gordon vorbei, der jetzt durch das Publikum streift.

»Aber Julia, was ist mit dem biologischen Bedürfnis?«

Julia windet sich. »Ich bin eine Karrierefrau. Ich habe kein biologisches Bedürfnis, meine Freizeit damit zu verbringen, einen Miniaturgangster davon abzuhalten, das Meerschweinchen ins Klo zu schmeißen.«

»Aber *du* willst Kinder, oder, Debbie? Du liebst doch Kinder, oder nicht?«

»Komm auf den Boden! Ich bin pleite. Ich weiß noch nicht mal, ob der Klapperstorch inzwischen Kreditkarten annimmt.«

»Und du, Ro? Willst du nicht schwanger werden? Du probierst doch sonst immer alles aus.«

»Ich spinn doch nicht!« Sie steckt dem schnurrbärtigen Kellner zwei Dollar Trinkgeld in sein Lederhöschen. »Was, wenn dabei ein Autoverkäufer herauskommt?« An eurem Tisch erklingt ein allgemeiner Aufschrei des Entsetzens.

»Oder noch schlimmer«, sagt Julia und windet sich erschauernd über ihrem Whiskey, »ein Mitglied der National Party!«

»Yeah, wen interessiert schon das Geschlecht eines Embryos?«

Kerrie steht auf. Sie hat Schlagseite nach Steuerbord. »Es müßte ein Ultraschallgerät geben, das den zukünftigen Beruf des Kindes voraussagen kann. Und ein paar andere wichtige Dinge ... Ob es auch immer hübsch sein Zimmer aufräumen oder jemals Joh Bjelke Peterson wählen wird ...« Sie steht auf und stöckelt in Richtung Toilette: »Will sich sonst noch jemand das Näschen pudern?«

»Ich weiß nicht ...«, sagst du zögerlich. »Vielleicht erfüllt einen die Mutterschaft ja tatsächlich? Als Frau, meine ich.«

Plötzlich schmiegt sich der Stripper wie eine Katze an dich, konfisziert deine Brille und versteckt sie in seinem Lederbeutel. Dann verbindet er dir die Augen und fordert dich auf, sie dir mit den Zähnen wiederzuholen. Das Verfallsdatum des Disco-Stücks ist eindeutig abgelaufen. Du kommst dir plötzlich uralt vor. Verschimmelt. Reif für die Pflegestation. Bei der Beleuchtung schimmert dein geheimes Mieder durch das schicke Seidenoberteil. Als du dich in die klaustrophobischen Tiefen seines Lederhöschens hinabbemühst, fühlst du dich ungefähr so erregt wie bei einem Zahnarztbesuch.

»*Das* soll dich auch als Frau erfüllen«, sagt Julia triumphierend.

»Und was ist mit den verdammten Schmerzen?« fragt Ro und kaut nervös auf ihren Nägeln. »Ich brauche ja schon ein Mogadon, um zum Zahnarzt zu gehen. Und zwar nur zum Nachsehen.«

»Das erste Mal scheißen danach soll noch viel schlimmer sein als die Geburt selbst.« Debbie verzieht das Gesicht voll gespielter Qual und zieht ihren Lippenstift nach.

»Ich habe eine alleingebärende Mutter von der Frauenfilmkooperative ins Krankenhaus begleitet«, berichtet Julia und kippt sich eine Handvoll Nüsse in den Mund. »Als der Arzt sie nach dem Dammschnitt wieder zusammenflickte, hat sie ihm gesagt, er solle einfach weiternähen.« Beine werden vernehmlich übereinandergeschlagen. »Sie wolle nicht, daß dort je wieder etwas hinein- oder herauskäme.«

»Scheiße«, sagt Kerrie, die inzwischen mit blutunterlaufenen Augen von der Toilette zurückgekehrt ist. »Und diese Frauen sind echt hart im Nehmen. Ich meine, die drehen sich ihre eigenen Tampons.«

»So eine Geburt ist ja nur die eine Sache. Anschließend muß man für den Rest seines Lebens ...« Julia senkt verschwörerisch ihre Stimme »... Beckenbodengymnastik machen.« Eure Ohren schlackern vor fasziniertem Entsetzen, während Julia ausführlich beschreibt, wie frau ihre Vaginalmuskeln schraubstockartig anspannen und wieder entspannen muß, und zwar einhundertmal, morgens und abends und in langweiligen Momenten. Das eröffnet neue Perspektiven für das Schlangestehen vor dem Klo oder an der Bushaltestelle. Du wartest vor dem Frauenklo, innerlich flakkernd wie eine Neonröhre, die den Geist aufgibt, und suchst in den Gesichtern der anderen Frauen nach Anzeichen dafür, ob sie ebenfalls gerade mit ihrem G-Punkt joggen. Nein, sagst du dir abermals, ich werde weder häuslich werden noch Kinderchen kriegen. Niemals, niemals, niemals!

Soula folgt dir zur Toilette. »Vielleicht hast du recht, Jo«, sagt sie zögerlich, »vielleicht werden wir eines Tages alle einsam sein ...« Du gibst dir einen Ruck. Du sagst, es sei wirklich schwer, die kinderlosen Paare nicht zu bemitleiden, die am Sonntag im Hafen von Sydney segeln und ihre Traurigkeit mit Dom Perignon und edlen Pasteten betäuben.

Aus der Nachbarkabine ruft sie dir zu. »Kann doch sein, daß uns allerhand Freuden entgehen.« Natürlich. Denk doch nur an die vielen Kindersport-Veranstaltungen, die du nicht finanzieren darfst. Die Monopoly-Spiele, die du nicht verlieren darfst. Die Adventsbasteleien, die dir auf ewig verwehrt bleiben. Nein, sag es ihr klipp und klar. Niemals. Niemals. Niemals!

Zurück am Tisch, sagst du deinen Freundinnen, Kennerinnen mögen zwar auf Leboyer schwören, du aber habest beschlossen, zu einer Verfechterin der unnatürlichen Geburt zu werden. Die einzige Möglichkeit, dich zur Mutterschaft zu überreden, wäre eine tägliche Rückenmarksanästhesie, und zwar vom Augenblick der Empfängnis an bis zum zwanzigsten Geburtstag des Kindes. Die anderen klopfen dir zustimmend auf die Schulter und geloben, niemals häuslich zu werden und Kinderchen zu kriegen. Niemals, niemals, niemals!

Die Musik setzt zu einem Crescendo ein. Flesh Gordons Hinterbacken zittern wie Wackelpeter. Er läßt jetzt auch noch das letzte Fetzchen Leder fallen. Du siehst seine Genitalien gymnastische Kunststücke aufführen, wie ein Lasso herumwirbeln, sich strecken und wieder zusammenziehen wie ein Stück Hutgummi. Ein paar Hüftschwünge noch, dann ist es vorüber. Die Zuschauerinnen sehen einander an. »Gott!« stöhnt eine Mutti vom Cabramatta Tennisclub. »Das ist wirklich was anderes als Bingospielen.«

Der Seelen-Striptease

Ihr besorgt euch einen ordentlichen Vorrat an Pommes, Schokoladeneis, McDonald's-Hamburgern und Bier und klettert über das Tor vom Botanischen Garten. Macht Handstand, schlagt Purzelbäume, veranstaltet einen Wettbewerb, wer am besten Lady Di imitieren kann. Zählt eure Liebhaber, wobei im zweistelligen Bereich das Gedächtnis Aussetzer zeigt. Ihr vergleicht die Größe von Machopimmeln und brecht bei einem dämlichen Witz über den Grund für die Erschaffung des Mannes in hysterisches Gelächter aus. Vibratoren können nun mal keinen Müll raustragen …

Ihr lümmelt euch auf der Wiese und betrachtet den Mond, der wie ein abgeschnittener Zehnagel am Himmel hängt. Ihr denkt an Julias große Brüste, die beim Laufen weh tun, an unerträgliche Menstruationsbeschwerden und die Schmerzen bei der Geburt und kommt zu dem trotzigen Schluß, daß Gott nur ein Mann sein kann. Nein, nicht häuslich werden und Kinderchen kriegen. Niemals, niemals, niemals.

Auch Mouche will keine Bälger. Seit der Sushi-Zeit hat sie für die PLO und die IRA gearbeitet. Zurückgekehrt nach Sydney, ist sie in ein Nonnenkloster eingetreten – eine weitere Form des Terrorismus, absolut ohne Kinder …

Du startest benommen zu einem Aufklärungsflug durch deinen Körper. Deine Zunge fühlt sich pelzig an. Ein klares Anzeichen von Mongolismus, witzelst du. Was soll das? Das ist überhaupt nicht witzig. Komm auf den Boden. Du kriegst plötzlich Mongoloiden-Fieber. Je mehr Zeit auf deiner biologischen Digitaluhr vorbeiklickt, desto größer die Chance, daß du ein behindertes Kind zur Welt bringst. Die Alarmfunktion schrillt.

»Jo, du bist *neunzehn*«, ermahnt dich Julia. »Du hast nicht den geringsten Grund, dich jetzt schon zu den Spätgebärenden zu rechnen.«

Die Lichter des Hafens morsen dir eine geheimnisvolle Botschaft zu. Eine Reuebotschaft. In Gedanken vergräbst du dein Diaphragma ein für allemal in Maismehl. »Und wenn wir alle nur *eins* kriegen?«

»Unmöglich«, zerfetzt Julia deinen Vorschlag in der Luft. »Und wenn es ödipal wird?« Dann eben zwei. »Und wenn sie sich dann streiten?« Dann eben drei. »Dann planst du am besten auch gleich noch ein viertes ein, um das Dritte-Kind-Syndrom zu vermeiden.«

»Aber die jüngsten Kinder«, lallt Ro schon ziemlich angetrunken, »sind immer total verwöhnt und verzogen. Das heißt, du mußt auch noch ein fünftes, sechstes, siebtes, achtes bekommen …«

»Und außerdem«, sagt Kerrie so langsam und deutlich, als müßtet ihr von ihren Lippen lesen, »würdest du dann alle deine Freundinnen zu Tode langweilen. Nichts lähmt das Gehirn so nachhaltig wie das endlose Geschwätz über Kindergartenwartelisten und frühe Anzeichen genialer Intelligenz.«

Julia zitiert eine Statistik, die belegt, daß die Jahre zwischen zwanzig und dreißig die aufregendste und ereignisreichste Zeit im Leben einer Frau sind. »Wir stehen in voller Blüte, Kinder!« ruft sie mit trunkener Leidenschaft.

Du erbrichst den Hamburger und das Bier.

Die anderen führen deine momentane Unpäßlichkeit auf PMD zurück: Post-McDonald's-Depression. »Warum sollen wir häuslich werden und Kinderchen kriegen, wo wir doch alle so erfolgreich, glücklich und zufrieden sind?«

Du sitzt allein auf dem feuchten Gras und starrst hinauf zu den Sternen. »Was ist los?« will Kerrie wissen. »Bist du heute morgen mit dem linken Bein zuerst aus seinem Bett gestiegen?«

Du gestehst, daß INXS gar keinen Saxophonisten hat.

Soula schluchzt, Garry würde im Lehrerzimmer immer so tun, als hätte er sie noch nie gesehen. »Geschweige denn gevögelt«, fügt Kerrie grausam hinzu. Soula berichtet, sie habe beschlossen, Spiro zu heiraten, den Sohn des besten Freundes ihres Vaters, einen echten Bananenbieger aus der alten Heimat.

»Verdammte Scheiße!« Kerrie bekommt einen Niesanfall. Die Heizung ihres Wasserbetts ist ausgefallen. Seit einer Woche geht sie mit langen Unterhosen, Handschuhen und Pudelmütze ins Bett. »Russell zieht mit seiner Frau und den Kindern nach Los Angeles. In seiner ach so offenen Ehe hat es einen Schließbefehl gegeben.«

Julia ist inzwischen auch ziemlich bezecht und auf dem Reuetrip. Sie enthüllt, daß sie ein aggressives Luder sei. Schließlich sei sie schuld daran, daß Billy wieder sitzt.

Debbie streift die Schuhe ab. »Mein intellektueller Charmebolzen ist nicht mal aufgetaucht.« Sie gesteht, die gemeinsamen Mittagessen, Hafenfahrten und literarischen Diskussionen bei Berowra Waters frei erfunden zu haben. »Er treibt es lieber mit Männern«, jammert sie. Ihre Tränen bahnen sich einen wimperntuscheschwarzen Weg durchs Wangenrouge bis zu den Mundwinkeln.

Ro löst sich aus ihrem Lotussitz. Sie beklagt, Sex zugunsten von Aerobic, Erhard-Trainingsseminaren und Schwimmen aufgegeben zu haben. Sie ist so gesund, erleuchtet und von so chlorierter Langeweile erfüllt wie nie zuvor.

Ihr springt alle ins Schwimmbecken des Selbstmitleids. Suhlt euch darin. Verputzt die Pommes und das geschmolzene Schokoladeneis. »Na ja, zumindest wissen wir jetzt, was wir tun können, wenn es langweilig wird«, tröstest du die anderen. »Laßt eure Vaginalmuskeln spielen! Neunundachtzig, neunzig, einundneunzig, zweiundneunzig ...«

Das Frühstück

Ihr lacht. Ihr hakt euch unter. Kerrie sagt, statt zum Zahnarzt müsse sie wohl zum Proktologen gehen: »Aus meinem Mund riecht's genau wie aus meinem Arsch.« Eure hochhakkigen Schuhe in der Hand, schlendert ihr durch die Straßen, vorbei an der Art Gallery und den Schaufenstern in Woolloomooloo mit den Nikoläusen in Badekleidung, vorbei an der neurotisch blinkenden Coca-Cola-Leuchtschrift. Ihr seht euch den Sonnenaufgang vom Cross aus an, trinkt den Rest aus euren letzten Dosen. Beflügelt von eurer Freundschaft, trinkt ihr auf den »Erfolg«. Gepackt von weiblichem Ehrgeiz, beschließt ihr, euer Leben zur windelfreien Zone zu erklären. Ihr trinkt auf eure Karrieren, nicht auf Kindergärten. Auf Konferenzzimmer, nicht auf Kinderpopos.

»Niemals wird unser Wortschatz sich auf ›Ellenbogen vom Tisch‹, ›Halt dich gerade‹ und ›Sag schön bitte bitte‹ beschränken!« ruft Ro voller Inbrunst aus.

Du stimmst ihr zu. Nein, du wirst niemals an irgend etwas anderem stricken als an deiner Karriere. Niemals, niemals, niemals.

Ihr strotzt vor Zuversicht. Ihr seid junge, starke Frauen in einem jungen, starken Land. Ihr seid dankbar dafür, alle Errungenschaften des Feminismus genießen zu können, ohne selbst in den Kampf gezogen zu sein. Ihr klopft euch gegenseitig auf den Rücken. Ihr schätzt euch glücklich, im Zeitalter der eigenverantwortlichen Entscheidungen zu leben.

Ihr geht zum Frühstück ins Bourbon and Beef Steak und gähnt in eure Tassen mit schwarzem Kaffee. Du fühlst dich reichlich flau. In deinem Bauch herrscht absolute Ebbe. Vielleicht hat Soula recht, und ihr werdet tatsächlich als einsame und selbstsüchtige alte Schachteln in einem Vakuum dahinvegetieren. Von wegen Zeitalter der eigenverantwortlichen Entscheidungen. Du hast nur eins entschieden: Daß du dich nicht entscheiden kannst. Kurzfristig überfällt dich Nostalgie nach den guten alten, unkomplizierten Zeiten, als es noch ungeplante Schwangerschaften gab. Du brütest darüber, was Schwangersein für Vorteile haben könnte: Du würdest einen Busen kriegen, Kinder. Die geben nicht ständig alle möglichen Weisheiten von sich und steigen dir auch nie um Mitternacht auf die Bude, um von ihren Problemen zu jammern und anzudrohen, ihre Partner zu verklagen oder Urschreitherapien anzufangen.

Ihr sitzt am Tisch, ernsthafte, weltgewandte Frauen der achtziger Jahre. Der Kellner hält sich in eurer Nähe. Bratkartoffeln, Croissants, Schinken- und Tomatenomelettes. »Das ist eben das Gute an unserer Generation«, doziert Julia, während sie die Speisekarte unter die Teekanne klemmt. »Wir sind entschlußfreudig. Bei uns gibt es kein zaghaftes, feiges Hin und Her!«

»Entschuldigung, wie möchten Sie Ihre Eier?«

Du redest dir ein, daß Autoverkäufer nicht genetisch vorprogrammiert sind, sondern durch die Umwelt dazu gemacht werden. Außerdem kommt es auch auf die Automarke an. Gebrauchte Lieferwagen? Unmöglich? Aber importierte Porsche …?

»Die Dame?«

Du zuckst mit den Schultern und siehst den Kellner dümmlich an. Dann sagst du: »Befruchtet.«

Kerrie verschluckt sich und spuckt ihren Orangensaft über das Kleid von Soula, die eine hektische Tupfaktion beginnt. Debbies Glucksen führt zu einer Kettenreaktion. Kerries Kichern ist ansteckend. Ro kann nicht mehr. Selbst Julias ernste Lippen beginnen sich zu kräuseln. Das Gelächter endet in Schnaufen und Keuchen. »Was ist denn so witzig?« fragt Soula. Daraufhin müßt ihr erst recht losprusten. Ihr lacht über das Lachen der anderen, zeigt mit den Fingern, haltet euch die Bäuche, ringt nach Atem, krümmt euch mit aufgerissenen Mündern, stützt einander, schwindelig vor Vergnügen, lacht und lacht, entzückt und entsetzt über die eigene Scheinheiligkeit.

JULIA FRANCK

Mir nichts, dir nichts

Es klingelt zweimal kurz hintereinander. Vielleicht ist es der Postbote oder die Müllabfuhr, ich drehe den Wasserhahn zu, gehe zum Fenster und schaue hinunter auf die Straße, weit und breit kein Müllwagen und auch kein Briefträger zu sehen, es klingelt wieder, meine Haare sind in Unordnung, ich ziehe ein Hemd über den Kopf, noch hatte ich keine Zeit zu duschen, mir die Nacht vom Körper zu waschen, schon höre ich ein Klopfen, streife den Rock über, der auf dem Küchenboden liegengeblieben ist, es wird Paul sein, der zurückkommt, weil er etwas vergessen hat, sein Feuerzeug oder ein Kleidungsstück, vielleicht ist ihm auf der Straße eingefallen, daß er mich Wiedersehen muß, sofort, daß er meine Lippen vermißt und meine Hände, das Klopfen an der Tür wird dringend, vielleicht umfängt ihn noch mein Geruch wie seiner mich, erträgt er den Anblick der vielen fremden Menschen in der U-Bahn nicht, die Vorstellung, daß in seinem Büro nur die tägliche Post wartet, und er hat es sich anders überlegt, möchte den ganzen Tag mit mir zusammen sein. Ich reiße die Tür auf.

Draußen steht Emily, eine Plastiktüte in der einen Hand, eine Zigarette in der anderen.

»Hallo, ich hoffe, ich stör dich nicht?«

»Hast du ...?« Um ein Haar hätte ich gefragt, ob sie Paul noch auf der Straße getroffen hat, aber ich beiße mir auf die Zunge, weil ich weiß, daß Emily hier nicht stünde, wenn sie ihm begegnet wäre. Sie tritt von einem Bein aufs andere, die Hand mit der Zigarette hält sie gekrümmt, als müsse sie die Glut vor einem Sturm in meinem Treppenhaus schützen.

»Hab ich was?« Fragend schaut sie mich an.

»Hast du geweint?« Ich zögere, Emily in den Arm zu nehmen.

»Paul war die ganze Nacht nicht zu Hause«, ihre Stimme ist leise, »ich hab vor seiner Tür gewartet, aber er ist nicht gekommen.« Emily schluckt, sie drückt die Zigarette an der Wand des Treppenflurs aus, sie hat keine Zeit, mein Zögern zu bemerken, stürzt auf mich zu, schluchzt und klammert sich an mich, und ich weiß nicht, wie fest ich sie halten soll. Sie zerrt an mir, zerrt an meinem Hemd, ich streiche ihr durch die kurzen, klebrigen Haare, das Hemd rutscht mir von der Schulter, ihre Haare kitzeln, die Wange drückt sich an meine nackte Schulter, der Rauch kriecht zu mir, ihr Schluchzen wird leise, immer leiser, so leise, daß ich es nur noch unter meinen Händen fühlen kann, ich spüre ihre Tränen über meine Brust rinnen. Paul hat mich dort geküßt, er hat mich gestreichelt, und seine Lippen haben mit meiner Haut geflüstert. Wir hatten Emily vergessen. Emily würde ihn riechen können, sie würde ihn riechen müssen, seine Spuren an mir entdecken, ihnen folgen, Kuß um Kuß, seine Gegenwart auf meiner Haut wittern. Emily drückt mir ihr Gesicht an den Hals, ich spüre ihren Atem, ein Schnüffeln, ein Schniefen, und sie legt meine Haare zur Seite, wendet sie, wie man einen Stein wendet, unter dem sich ein Nest von Asseln und Würmern befindet, und während die Asseln zu neuen Verstecken krabbeln, mit feinen Beinchen ihren noch frischen oder schon rauhen Panzer in Sicherheit bringen, dem plötzlichen Lichteinfall entfliehen, krümmen sich die Würmer ohne Richtung, winden ihre nackten, lichtempfindlichen Körper, stoßen mit Kopf und Schwanz zugleich in die Erde. Emilys Atem steht, ich drücke sie an mich, damit sie das Atmen nicht vergißt, sie wird Paul unter meinen Haaren riechen, seine Nacktheit, seine Lust – ein Verlangen, das vor wenigen Wochen noch ihr galt, vielleicht, sie wird ahnen, wie wir uns gewunden haben, wie unsere Körper sich ineinanderbissen, wie Paul sein Gesicht in meine Haare preßte, ich meine Beine um seinen Körper schlang, es wird ihr Ekel bereiten – wie der Blick unter einen von der Sonne gewärmten Stein, und ich müßte ihren Ekel ertragen, zuerst, und später ihr Weinen. Emily reibt ihren Kopf an meinem Hals. Ihr Haargel duftet nach Zitrone, es schmiert an mir mit jeder Berührung, am Hals, an meiner Schulter, meinen Haaren – meine Hände sind fettig davon, Emily schüttelt sich, ich spüre ihren Schmerz unter meinen Händen. Aber sie sagt nichts. Und ich beruhige mich, denke mir, daß ihre Nase geschwollen sein wird, daß sie Paul an mir nicht riechen und erst recht nichts wissen kann.

Ich schließe die Tür hinter Emily, mein Blick fällt auf die Schuhe, die am Boden liegen, zwischen denen sich bis eben noch seine befanden. Mit den Augen suche ich den Raum ab – eine Sonnenbrille, ein Feuerzeug, ein Gegenstand, der mir nicht auffällt, aber ihr –, ob es die Spur seiner Anwesenheit gibt. Wir gehen an der Tür zum Schlafzimmer vorbei, und meine Hand macht eine unbestimmte Bewegung. Emily faßt meine Hand, ihre Haut klebt an meiner, und sie drückt ihre knochigen kleinen Finger zu, als wolle sie sich meiner versichern, doch meine Hand bleibt reglos in ihrer. Ich gehe Emily voraus in das große Zimmer. Auf dem Tisch steht die Teekanne und daneben eine Tasse, die noch lauwarm sein muß. Ich versuche die zweite Tasse zu entdecken, seine, oder meine, die einer von uns benutzt und irgendwo abgestellt haben wird. Sie steht auf dem Boden neben dem Teppich, und unweit davon liegt ein roter Schnipsel. Es dauert eine Sekunde, bis ich weiß, daß er von der Kondomverpackung stammt. Ich mache einen großen Schritt zur Seite, stelle meinen nackten Fuß auf den Schnipsel und drehe mich zu Emily um. Sie wirft gerade einen Blick in ihre Plastiktüte, vielleicht sucht sie ein Taschentuch, findet aber nichts und legt die Tüte auf den Tisch.

»Du hast deine Tanzschuhe hier vergessen.« Ich zeige auf

den Beutel, den ich an die Klinke der Zimmertür gehängt habe.

»Nicht so schlimm, ich hab noch welche in der Oper.« Emily läßt sich in den Sessel fallen, sie stützt das Gesicht in die Hände. Sie hört mit dem Weinen nicht auf. Ich bücke mich, der Schnipsel klebt an meiner Fußsohle, ich ziehe ihn ab und hebe ihn zusammen mit der Tasse auf, ich mache, daß ich an Emily vorbeikomme, die noch immer nicht aufschaut, eine Hand krallt sich an meinem Rock fest, ihre kleine knochige Hand, der Rock rutscht, wenn sie weiter so zieht, sieht sie, daß ich nichts darunter anhabe, denke ich und frage sie, ob sie einen Tee trinken will. Emily nickt. Ihre Nägel bohren sich in meinen Schenkel. »Ich weiß, daß du ihn nicht magst, ich weiß, ich weiß, du hast ihn von Anfang an nicht gemocht.« Sie schluchzt, und ich erinnere mich. Ich mache ihre Hand von meinem Rock los. »Schwarz oder grün?«

»Weiß nicht.« Sie schluchzt.

Ich möchte mir die Ohren zuhalten.

In der Küche setze ich Wasser auf und hebe dabei den Arm, ich prüfe, wie mein Schweiß riecht. Paul hat eine selbstgefällige Art, mit mir und Emily spazieren und essen zu gehen. Er gehört zu den Männern, die schon mit zwanzig von Kubareisen Zigarren mitbringen. Ich bin sicher, daß er ihren Geschmack im Spiegel überprüft hat. Ich bin auch sicher, daß er erst nach Emilys Tanzauftritt und in den Augen anderer Männer erkannt hat, daß es sich bei Emily um einen begehrenswerten Menschen handelt. Nicht, weil Emily häßlich wäre, sondern weil Paul zu der Sorte Menschen gehört, die keine eigene Liebe entwickeln können. Ihnen fehlt der Geschmack und der Geruchssinn dafür. Natürlich habe ich Paul nicht gemocht, und im Grunde hasse ich ihn noch immer, das macht den Sex so gut. Auch mich hat er nicht allein entdeckt, Emily hat mich für ihn entdeckt, sie war es, die uns wieder und wieder zusammengebracht hat. Wie ein Scanner hat er mich von oben bis unten abgesucht, hat nachgespürt, was mich zur besten Freundin der besten Tänzerin macht, und ich bin ihm eines Tages entgegengekommen, einfach so, auf der Straße, und habe ihm gesagt, er solle mir folgen. Er gehorchte, dankbar, daß ich mehr zu wissen schien als er. Mein Schweiß riecht nach so einer Begegnung. Emily wird Paul darin nicht erkennen. Gefaßt kehre ich mit dem Tee zurück. Nachdem ich ihr ein Taschentuch gegeben habe, setze ich mich auf die Lehne des Sessels und lege einen Arm um Emilys Schulter. Ein Häuflein Elend, denke ich, als ich ihren schmalen Rücken und die zierlichen Schultern sehe. Ich streiche ihr über den Haaransatz im Nacken, die Haut schimmert, sie ist übersät von hellen und dunklen Leberflekken, der Zitronenduft läßt mich würgen, ich kann das Weiß ihrer Schulterblätter sehen, und selbst diese Knochen erscheinen mir plötzlich zerbrechlich. Dann hocke ich mich vor sie auf den Boden und spreche sie an. »Emily«, sage ich, »Emily«, ich versuche ihre Hände zu halten, die zittern, mein Blick fällt auf ihre rosa Plastiksandalen, ihre Füße sind dreckig, der Lack ist von den Nägeln geplatzt, und ich frage mich, wie lange sie wohl schon in diesen Schuhen nach Paul sucht. Emily starrt in Richtung ihrer Knie, sieht aber weit durch sie hindurch, wahrscheinlich zu Paul und dem Ort, an dem er sich womöglich aufhält, wenn er – wie letzte Nacht – nicht bei ihr und auch nicht bei sich zu Hause ist.

Ich gieße Emily Tee ein.

»Danke«, flüstert Emily, »du bist so lieb zu mir.« Sie spitzt ihre Lippen, um sich am Tee nicht zu verbrühen, sie hält die Tasse dicht vor ihren Mund, trinkt aber nicht, sondern sieht mich an. Ratlos? Fragend? Sie sieht mich einfach an.

»Ich kann ja keinen zwingen, mich zu lieben«, sagt Emily, klar und ohne jedes Zittern. Ihre Stimme klingt so fest, als habe sie eine Lösung für etwas gefunden, für die Preisfrage einer Quizsendung oder für ihr Dasein, eine Formel, einen

Satz, in dem sie mehr Klarheit fühlt als in allen Tränen oder im Warten vor Pauls Wohnungstür.

Ich nicke. Emilys Augen sehen wie gewaschen aus. Fast durchsichtig, außer den schwarzen, kleinen Pupillen. Ihr Blick macht mich unsicher.

»Nein,« stimme ich ihr zu, »das kannst du nicht.«

Sie nimmt einen Schluck Tee und stellt die Tasse neben meine auf den Tisch.

Ich habe keine Lust, darüber nachzudenken, warum Paul sie nicht liebt. Ich will auch nicht, daß sie es tut.

»Ich hab ihn gefragt, und er hat einfach nein gesagt«, Emily nimmt einen Schluck aus ihrer Tasse. Ihre Beharrlichkeit schmerzt. Sie hat Gänsehaut an den Beinen. »Ist dir kalt?« Emily schüttelt den Kopf, faßt mit einer Hand unter sich und zieht etwas hervor. Sie lächelt ein wenig, sagt, darauf sitze sie schon die ganze Zeit. Wir schauen beide. Ich nehme ihr meinen Slip aus der Hand und spüre ihren Blick. Vielleicht wundert sie sich, warum ich meine Unterwäsche hier rumliegen lasse. Soll sie sich wundern. Es geht sie nichts an. Ich starre auf ihren Bauch. Ich frage mich, seit wann sie einen Ring im Nabel trägt. Es kann kaum länger als ein paar Wochen sein, vorher wäre es mir aufgefallen, beim Schwimmen oder wenn sie mal bei mir schlief.

Emily versucht sich unter meinem Blick das enge Oberteil über den flachen Bauch zu ziehen. Soviel Schmuck für niemand. Ihre Hände sehen aus, als hätten sie tagelang in Eiswasser gelegen, rot sind sie, und an den Gelenken drücken sich die Knochen durch die Haut. Die Adern treten hervor. Sie zerrt an dem Stoff, fast erscheinen ihre kleinen Brustspitzen im Ausschnitt, die Haut ist dort fleckig.

»Schrecklich, so ein Top.« Die roten Flecken wandern über Emilys Hals bis in ihr Gesicht, sie läßt den Stoff los, er zieht sich zusammen, rollt sich unter den Brüsten ein wenig ein und läßt den Bauch wieder sehen. Ihre Hände bedecken den Bauch und den Nabel mit dem Ring. »Ich schäm mich damit, heute. Gestern hab ich mich noch nicht geschämt, aber heute.« Ihr Hals ist jetzt ganz rot. »Hast du etwas für mich? Irgendwas, das ich drüberziehen könnte?« Sie sieht mich aus ihren gewaschenen Augen an. Ich kann nicht nein sagen. Sie kratzt sich die nackten Beine. An einigen Stellen muß sie geblutet haben. Über dem Stuhl hängt ein Pullover. Pullover stünden mir nicht, hat Paul behauptet, keiner schönen Frau stehe so was, hat er gewußt und ihn mir gestern abend über den Kopf gezogen. Ich solle nackt sein, wenn er komme. Wenn wir uns nicht angefaßt hätten, wäre ich in Lachen ausgebrochen. Ich reiche Emily den Pullover.

»Und für unten auch?« fragt sie, als sie den Pullover anzieht.

Ich gehe nachsehen und bringe ihr eine Jeans. Emily steht in Unterhose vor mir. Ein String-Tanga für Paul. Sie sieht aus wie ein verhungertes Kind, wie eine vom Kinderstrich mit ihren rosa Plateausandalen aus Plastik, mit den blondierten, fettigen Haaren, mit den roten Flecken und der Gänsehaut, ihre Hüften sind so schmal wie die eines Knaben, aber ich habe kein Mitleid, nur wundere ich mich darüber, daß ich kein Mitleid habe und daß ich sie mal schön fand, und daß ich mich heute zum ersten Mal frage, wie Paul diese Hüften und Beine berührt und dabei Lust empfunden haben kann. Wir haben uns mal gestreichelt, Emily und ich. Es ist ein paar Jahre her, vielleicht war es Sommer, vielleicht auf einem Campingplatz, vielleicht in einem Zelt, vielleicht war es in der Mittagshitze und Kondenswasser tropfte auf uns herab, ich erinnere mich, wie erschrocken ich über die Glätte ihrer Haut war, wie befremdlich und zugleich anziehend mir ihre Brüste und der zierliche Rücken erschienen waren.

»Was ist? Warum siehst du mich so an?« Emily zieht mit beiden Händen an dem Pullover und zieht ihn weiter über Hüfte und Po.

»Nichts, ich war in Gedanken. Mir ist gerade eingefallen, daß ich noch einkaufen muß.«

Emily schnappt nach Luft. »Was willst du denn einkaufen? Kann ich mitkommen? Ich meine, ich kann jetzt nicht allein sein, wirklich nicht.«

Ich nicke, sie nimmt mir die Jeans aus der Hand, der Pullover rutscht wieder hoch, ihr Hintern ist so klein, daß er in eine Hand passen würde. Auch ihre Hüften habe ich gestreichelt und dann den Hintern angefaßt. Ich mußte ihren Mund ansehen, der in einem seltsamen Gegensatz zu dem zierlichen Körper stand, die volle Oberlippe wölbte sich ein wenig vor, ich näherte mich ihren Lippen und wollte sie küssen, aber Emily hatte die Augen geschlossen, sie sah sehr ernst aus, sie streichelte gleichförmig über meine Taille, hin und her, ohne auch nur eine winzige Verzögerung, ohne Aufenthalt und Beschleunigung, mechanisch. Deshalb habe ich aufgehört, sie zu berühren.

Meine Jeans sind ihr zu weit, aber das macht nichts, sie trägt sie mit Gürtel. Sie schnaubt sich die Nase, ich stehe auf und lege Randy Newman auf, Emily nimmt sich ein neues Taschentuch, ich sehe weg, kann ihren Anblick nicht ertragen, ihre Gegenwart tut mir weh, die geschwollene Nase, ihre verquollenen Augen, der zerstörte Blick, mit dem sie mir mitten ins Gesicht sieht. Meine Haut juckt. Ich schaffe es nicht, ihr zu sagen, daß sie gehen soll. Umsonst bemühe ich mich um einen milden Gesichtsausdruck.

»Ich wollte runter zum Markt.« Ich schiebe den Aschenbecher zu ihr hin, ich fürchte, daß sie gleich auf den Boden ascht oder sich zu weit zu mir herüberlehnt.

»Schön, gehen wir zum Markt.« Ihre Asche fällt zu Boden, sie versucht ein Lächeln und zieht an der Zigarette.

»Ich muß später noch zu meiner Schwester«, lüge ich weiter.

»Gut, ich komm mit«, sagt Emily.

»Na ja, sicher ist das noch nicht – laß uns erst mal losgehen.« Ich schlüpfe in meine Schuhe und öffne schon mal die Tür.

Emily nimmt den Beutel mit ihren Tanzschuhen und die Plastiktüte: »Ich bin soweit.«

»Sag mal, was hast 'n in der Tüte?«

Emily schaut in die Tüte, als müsse sie sich erst vergewissern, was sie da herumschleppt. »Ein paar Strümpfe, die hat er vergessen, und meine Zahnbürste – ich dachte, ich würde heut nacht bei ihm bleiben. Ich hab ein Geschenk für ihn …«

»Was?«

»Na, vielleicht braucht er die Strümpfe …«

Ich sehe Emily fragend an.

»Er hat heute Geburtstag«, ergänzt sie.

»Und dafür braucht er Strümpfe?« Ich wußte von keinem Geburtstag.

In der schlabbrigen Jeans sieht Emily nicht mehr wie eine Straßenhure aus, sondern wie eine Jugendliche, die vor ihren Eltern bis zum Eingang eines U-Bahnhofs geflüchtet ist, dort ihr Lager aufschlägt und bettelt. Fehlt nur noch der Hund, denke ich und laufe hinter ihr die Treppe runter.

Vor der Haustür dreht sich Emily um: »Wirklich, ein Glück, daß du da warst. Ich hätte sonst nicht gewußt, wohin mit mir.«

Wieder fühle ich die süße Scham, statt einer Antwort streiche ich ihr freundschaftlich durch das zitronenfettige Haar. Auf der Straße greift Emily nach meiner Hand.

»Schau mal«, rufe ich, reiße mich von ihrer Hand los, überquere die Straße und zeige in den dreckigen Kanal. Dort schwimmt ein Schwan mit seinen Jungen. Ich höre Emilys Schritte hinter mir, sie stellt sich dicht neben mich ans Geländer, unsere nackten Schultern berühren sich.

»Was glaubst du, bei wem hat Paul übernachtet?«

Sie hält ihr Gesicht so dicht vor meines, daß ich einen Schritt zurücktrete. Ich zucke mit den Schultern, »weiß nicht«, sage ich, den Blick auf die Schwäne gerichtet, »ich kenn ihn doch kaum.«

Emily folgt meinem Blick. Aus der Ferne höre ich eine Glocke. »Komm, wir müssen, die bauen gleich ab.«

Nach wenigen Schritten greift Emily wieder nach meiner Hand, sie macht das von hinten und unten, so daß ich das Gefühl bekomme, ich hielte sie. Paul greift nicht als erstes nach meiner Hand, auch nicht zwischen meine Beine, er streichelt meinen Bauch, anfangs wie den einer Katze, er krault mich von den Seiten her, mein Verdacht, er könne das nur gelernt haben, meine nicht mich, sondern die beste Freundin der besten Tänzerin, weicht der Berührung, dann beginnt er zwischen den Brüsten und tastet sich vor und zurück, er streicht über die Leisten, links und rechts, rund um den Nabel, in seinen Augen sehe ich den Mutwillen, den Betrug, mit dem er meinen erwidert, er küßt auch meinen Nabel, er leckt die Leisten entlang.

»Ich bin sicher, daß Paul jemand Neues hat«, unterbricht mich Emily, ihre Hand drückt noch fester zu.

»Kannst du nicht mal an was andres denken?«

Ihre Hand wird weich in meiner. Emily läuft gesenkten Kopfes neben mir her. Paul sagt, er fühle sich mit mir wie ein Hund, aber ich glaube nicht, daß er sich wie ein Hund vorkommt, weil er mit Emilys bester Freundin ins Bett geht. Genau weiß ich es nicht, ich hätte ihn fragen können, aber ich frage ihn nichts. Vielleicht fühlt er sich so, weil ich ihm als Hündin erscheine. Nicht er ist derjenige, der nur lieben kann, was bereits geliebt wird – ich brauchte Emily, um mit Paul zu schlafen. Paul meint unsere Bewegungen, beschließe ich. Er glaubt, ich verlange nur eine Hundeliebe, nicht das vernünftige, das große menschliche Fühlen voll Treue und Moral.

»Was für'n Geschenk hast du denn?«

Emily lächelt kurz. Ihre Hand wird einen Augenblick lokker, aber sie läßt nicht los. Mit der anderen hält sie die Tüte hoch. »Eine Torte, Himbeer-Sahne, selbstgemacht. Meine allererste Torte. Das war Arbeit. Ich mußte zweimal Sahne schlagen, weil sie beim ersten Mal flockig wurde, Butter.

Den ganzen Tag hab ich in der Küche gestanden – und dann die Nacht mit dem Ding vor seiner Tür gesessen ...« Emily versucht, über sich selbst zu lachen. Ihre Hand klebt fest in meiner.

Ich frage mich, was Emily von ihm verlangt hat, womit sie ihn in die Flucht geschlagen hat. Paul leckt mich am ganzen Körper, ich lecke ihn, beiße ihn, daß er die Bisse noch an den Oberarmen spürt, wenn er wenig später auf seinen Monitor schaut, Explorer, Photoshop, Papierkorb, und immer noch mich sieht.

»Ich weiß nicht, wie ich aufhören soll, an Paul zu denken.« Da ist wieder die Klarheit in Emilys Stimme, diese Festigkeit. Die Distanz zwischen ihrer Stimme und ihrem Blick ist groß.

»Laß es einfach«, befehle ich, »denk an eine schöne Reise, an ein gutes Essen, hör auf, von ihm zu sprechen.«

»Du kannst ihn nicht leiden.«

»Ich kenn ihn doch kaum, Emily.« Ich werde ungehalten und lasse ihre Hand fallen.

»Aber du hast ihn doch ein paarmal erlebt. Du hast am Anfang auch gemeint, daß er gut aussieht, daß er schöne Ohren hat ...«

»Weiß ich nicht mehr, keine Ahnung. Hör auf, von ihm zu sprechen, Emily.«

Paul hat mich gewarnt. Er hat gesagt, wenn Emily etwas erführe, dann würde sie sterben. Ich lachte, als er das sagte, und er bohrte mir den Zeigefinger in die Brust. Sie dürfe nichts erfahren, vorerst nicht. Mir ist im Augenblick egal, ob Emily stirbt. Ich finde, die beiden übertreiben. Gestern war Emily vielleicht noch meine Freundin, heute ist Paul mein Freund, wenigstens mein Geliebter. Das Große zwischen ihnen war mir von Anfang an unerträglich. Ich möchte Emily loswerden und Paul wiedersehen. Kurz vor der Brücke steht eine Telefonzelle.

»Wart mal kurz«, sage ich zu Emily, »ich muß meine Schwester anrufen.«

»Jetzt?«

Ich antworte ihr nicht, lasse sie einfach draußen stehen, ziehe die Tür zu und wähle. Ich höre das Klingeln und beobachte, wie Emily in ihrer Plastiktüte wühlt, schließlich die Zigarettenschachtel zum Vorschein bringt und sich eine anzündet. Abwartend schaut sie zu mir in die Zelle.

»Ja?«

»Ich stehe in einer Telefonzelle am Kanal, und draußen steht Emily.«

»Ja?«

»Sie hat dich die ganze Nacht gesucht.«

»Hast du ihr was gesagt?«

»Wie kommst du darauf? Ich weiß nicht, wohin mit ihr.«

»Da siehst du mal, wie es mir geht.«

»Ich lache.«

Wir schweigen. Ich fahre mir mit dem Fingernagel durch die kleine Zahnlücke.

»Bist du noch dran?« fragt er.

»Ja.«

»Willst du vorbeikommen?«

Die Tür geht auf. Emily steckt ihre Nase herein, Qualm steigt in meine Augen. Meine Stimme klingt hoch.

»Natürlich will ich. Das weißt du.«

Emily sieht mich fragend an, ich drehe ihr den Rücken zu.

»Meine Hand riecht noch nach dir.«

»Was?«

»Meine Hand.« Ich höre, wie Paul an seiner Hand riecht. Emily schlingt mir den Arm um die Taille und drückt den Kopf gegen meinen Rücken. Ich kann ihm nicht antworten.

»Warum bist du so still?«

Ich schweige.

»Bist du noch dran?«

Ich presse den Hörer ans Ohr, damit Emily nicht seine Stimme erkennt.

»Hallo?«

»Ja.« Emily drückt meinen Schenkel zur Seite und stellt ihre Torte auf die schmale Ablage in Kniehöhe. Ein säuerlicher Geruch breitet sich aus. »Soll ich was mitbringen, magst du Kuchen?«

»Nicht nötig, mit süßen Sachen kannst du mich jagen – ich freu mich auf dich.«

»Ich mich auch.« Ich beiße mir auf die Lippe.

»Wie lang brauchst du denn noch mit Emily?«

»Nicht mehr so lange.«

»Ich warte auf dich.«

»Dann gegen vier.«

»Vier?« höre ich ihn noch fragen, aber ich drücke auf die Gabel. Ich schiebe Emily aus der Zelle.

»Was sagt sie?«

»Wer?«

»Na, deine Schwester?«

»Sie ist krank.«

»Krank?«

Auf dem Markt sind mir zu viele Leute, ich schlage Emily vor, in die Brückenklause zu gehen.

Jedes Mal, wenn die Tür aufgeht, schaut Emily hoch. Sie trinkt Alsterwasser und raucht eine nach der anderen. Ich rede nicht mit ihr. Sie schweigt rücksichtsvoll, bis ich nach dem Kellner winke. Ich möchte zahlen.

»Ich glaube, ich hab in letzter Zeit vor allem an mich gedacht.« Sie greift über den Tisch nach meiner Hand, sie sieht mich aus ihren hellen Augen an, und ich glaube, in dem rechten Augenwinkel eine Träne zu erkennen. Ich sehe zur Tür.

»Am liebsten wär ich weg, weißt du, einfach weg. Es ist so anstrengend, durch die Gegend zu laufen. Unauffällig verschwinden, das wär das beste. Wenn Selbstmord nicht so kitschig wäre. Es tut mir leid, weißt du, die ganze Sache mit Paul ...«

»Die interessiert mich nicht«, ich blicke ihr hart in die

Augen, »vielleicht erlebe ich auch Sachen, ja? Denkst du manchmal so weit?«

»Doch, sicher.« Ihre Hand schwitzt auf meiner.

Ich nehme ihr meine Hand weg. »Laß endlich meine Hand los, Emily, wirklich.« Ich überlege einen Augenblick – ich könnte ihr sagen, wie es ist, mit Paul zu schlafen. Über der Bar hängt eine große Uhr. Es ist kurz vor vier. Der Kellner kommt, er stößt aus Versehen gegen Emilys halbvolles Glas. Tausend kleine Scherben. Emily springt auf. Der Kellner möchte helfen. Er stammelt herum, Emily wischt sich das Alster von den Händen und klopft sich auf die nassen Hosenbeine. Mich überkommt Mitgefühl. Ich lege ihr eine Hand auf die Schulter. Ihr Rücken ist naß, aber nicht vom Alster, eher von ihrem Schweiß, vom Schrecken, von der Sonne, von der durchwachten Nacht, ich packe fester zu, ziehe sie zu mir heran, trotz des Zitronenduftes, für einen Augenblick ist sie meine Freundin, die, mit der ich alles teile, für die ich immer da bin. Ich drücke sie an mich, fahre den Kellner an, er könne sich wenigstens entschuldigen. Und der Kellner gehorcht. Aber Emily hat mich nicht nötig. Ihre Augen leuchten, sie steht aufrecht da und sieht mich an: »Ich gehe jetzt zu Paul, vielleicht ist er inzwischen da, ich bringe ihm mein Geschenk.«

Ich weiß nicht, was ich sagen soll, ich setze mich hin, Emily zündet sich eine Zigarette an und schaut zu mir herunter. Sie bläst den Rauch durch die Nase.

»Ich hab die letzte Nacht mit jemandem verbracht, Emily, deshalb bin ich, na ja, so abwesend.«

Emily lächelt mich freundschaftlich an, abwartend und neugierig, ich glaube, sie denkt, jetzt sei alles zwischen uns endlich wieder gut. »Du hast dich verliebt?«

»Ich rede nicht von Liebe, Emily, es muß doch nicht immer gleich alles Liebe sein.«

Ich kann mit Emily nicht weitersprechen, von mir aus soll sie sterben. Der Lichteinfall soll sie lähmen, soll sie töten.

Weichtier. Sie soll mich nur in Ruhe lassen, ich möchte ihre Freundschaft nicht. Emily zieht ihre Jacke an. Gleich wird sie mir einen Kuß auf die Wange hauchen. Ich beobachte die Tür, sie geht auf und zu, Menschen kommen herein. Ich kann nicht mit Emily um die Wette zu Paul laufen.

KAREN-SUSAN FESSEL

Prost Lappland!

»Na, der Bär tobt hier ja nicht gerade«, murmelte Nina und hauchte gegen die beschlagene Scheibe des Busses.

»Vielleicht doch. Hier gibt es wirklich noch Bären.« Berit beugte sich vor und sah an ihr vorbei aus dem Fenster. Draußen senkte sich tiefblaue Dunkelheit über eine endlose Schneelandschaft. In der Ferne waren die Lichter des Flughafens von Kiruna noch schwach zu erkennen.

»Ogottogott!« Nina schauderte. »Bären!« Einen Moment lang starrte sie weiter in die lappländische Einöde hinaus, dann wandte sie sich mit glänzenden Augen Berit zu. »Aber im Ice-Hotel bestimmt nicht! Da haben sie sicher Wachtposten oder so. Und außerdem ist da bestimmt tierisch viel los, so berühmt, wie das ist! O Mann, bin ich darauf gespannt!«

Vor ihnen stellte der Busfahrer das Heizgebläse höher und trat aufs Gaspedal. Stotternd schlitterte der Kleinbus über die vereiste Straße und legte sich scharf in eine Kurve. Draußen zogen ein paar verschneite Birken vorbei, bläulich schimmernd in der hereinbrechenden Polarnacht.

»Ich bin auch total gespannt.« Berit nickte. »Vielleicht sehen wir Elche! Oder ein Rentier! Oder ...«

»Einen heißen Typen an der Hotelbar«, sagte Nina hoffnungsvoll.

»Na ja«, sagte Berit. »Mir reicht auch ein Schneehuhn. Hauptsache, wir sind bald da. Ich muß nämlich mal.«

Einmal nach Lappland, das war schon immer Berits Traum gewesen. Seit Jahren hatte sie allen möglichen Leuten damit in den Ohren gelegen, aber erst jetzt, zu ihrem siebenunddreißigsten Geburtstag, war ihr Lebenstraum in Erfüllung gegangen. Nina, ihre beste Freundin, hatte sich endlich bereit erklärt, sie zu begleiten, aber nur unter der Bedingung, daß sie Berits Geburtstag im berühmten Ice-Hotel feiern würden.

Auf Prospekten hatte es wahrlich faszinierend gewirkt. Viertausend Quadratmeter groß und aus dreißigtausend Tonnen Schnee gebaut sollte es sein, mit einer Bar, einer Sauna, einer Kapelle und entsprechenden Preisen. Eine Nacht wollten sie bleiben und dann noch zwei in Kiruna, der nahegelegenen Hauptstadt von Lappland.

Der Bus brauste an einer langgezogenen Reihe von Bäumen vorbei, deren Äste unter der schweren Schneelast fast den Boden berührten, legte sich in eine weitere Kurve und bremste dann ruckartig ab. Neben einer hohen Stange, an der eine grüne Fahne schlaff herabhing, kamen sie zum Stehen.

»Wieso halten wir denn hier?« fragte Nina verwundert und rieb an der Scheibe. Draußen hatte sich die Dunkelheit jetzt gänzlich über die karge Winterlandschaft gelegt, außer der Fahnenstange war nichts weiter zu sehen.

Der Busfahrer drehte sich lächelnd um. »Ice-Hotel!« rief er und wies schräg nach vorn, wo ein schwaches Licht zu erkennen war.

Mit Berit und Nina stiegen auch die anderen Fahrgäste aus, die der Fahrer ebenfalls am Flughafen abgeholt hatte, ein japanisches Ehepaar mit einer gelangweilt dreinblickenden Tochter im Teenageralter. Schweigend standen sie einen Moment lang zu fünft herum, während der Bus wieder anfuhr und rasch in der Dunkelheit verschwand. Dann eilte das japanische Ehepaar munter plappernd los, gefolgt von der mürrischen Tochter, die mit schleppenden Schritten in die Fußspuren der Eltern trat.

Das schwache Licht entpuppte sich als die Außenbeleuchtung eines modernen, halb hinter einer Schneewehe verborgenen Empfangsgebäudes. »Ice-Hotel – Reception« stand über dem Eingang. Die japanische Kleinfamilie verschwand zügig im Innern, aber Nina und Berit blieben stehen und sahen sich um.

Von der leichten Anhöhe, auf der sie sich befanden, führte ein breiter, vereister Weg in sanftem Schwung abwärts zu einer großen Ansammlung von Blockhütten, die dort in dichten Reihen hintereinander aufgebaut waren. In einigen schimmerte Licht, dahinter war schemenhaft ein niedriges, weißliches Gebilde zu erkennen, von vereinzelt stehenden Flutlichtern gespenstisch erhellt. Dort unten liefen kleine Gestalten emsig umher, durch die klare Winterluft drangen Motorengeräusch, Hämmern und Rufe zu Berit und Nina herauf.

Nina runzelte die Stirn. »Wo ist denn nun das Hotel?« fragte sie und rieb ihre Hände aneinander, die in dicken Wollhandschuhen steckten. »Ich dachte, das sei so riesig? Warum seh ich es dann nicht?«

»Komm«, sagte Berit und zog ihre Wollmütze tiefer ins Gesicht. »Wir gucken mal nach. Einchecken können wir schließlich auch hinterher noch.«

»Ich dachte, du mußt mal?«

»Ein bißchen halte ich noch aus«, sagte Berit. »Erst mal will ich das Ice-Hotel sehen.«

Nina hob ihre Tasche auf. »Mann, ist diese beschissene Tasche schwer!«

»Versteh ich gar nicht. Wir haben doch nur Zeug für eine Nacht mit, der Rest ist doch im Schließfach am Flughafen?«

»Ja ja«, sagte Nina und warf Berit einen unergründlichen Blick zu. »Schon gut. Ich meine ja nur.« Und schon rutschte sie breitbeinig den vereisten Abhang hinunter. Berit beeilte sich, ihr zu folgen. Eisige Winterluft blies ihnen entgegen, und Nina japste nach Luft, als sie ihren langen blonden Pferdeschwanz nach hinten warf.

»Meine Güte, ist das kalt hier!«

»Setz doch mal deine Mütze auf. Die schicke neue mit dem Bommel und den Ohrenklappen.« Berit konnte sich ein hämisches Grinsen nicht verkneifen. Nina hatte die Mütze im Folklore-Look heute morgen am Stockholmer Flughafen erstanden, ohne sie anzuprobieren, und schon im Flugzeug, als sie sich in ihrem Schminkspiegel sah, hatte sie ihren fatalen Fehlkauf erkannt. Mit der Mütze wirkte sie wie eine Elfjährige.

Nina warf Berit einen gnädigen Blick zu. »Sehr wohl, Frau Oberschlau.«

»Gern geschehen, Frau Neunmalklug.«

Nina kramte mit stoischem Gesichtsausdruck die Mütze aus ihrer Tasche, setzte sie auf und zog den Reißverschluß ihrer dicken Daunenjacke bis obenhin zu. Jetzt wirkte sie wie eine pummelige Elfjährige.

»Zufrieden?« fragte sie trocken.

»O ja«, sagte Berit. »Sehr zufrieden. Du siehst toll aus.«

»Dumme Pute.«

»Selber.«

»Ich weiß eigentlich nicht, warum ich überhaupt seit fünfzehn Jahren mit dir befreundet bin. Und dann auch noch so eng«, sagte Nina und stapfte mit hocherhobenem Haupt und wippendem Pferdeschwanz voran.

»Weil ich so toll bin«, sagte Berit und schloß zu ihr auf.

»Ach ja, richtig. Das hatte ich ganz vergessen.«

Unten, im flachen Gelände, schlitterte ein Mann in einem gefütterten Overall quer vor ihnen auf einer Art Tretschlitten über den Weg. Unter der dicken Fellkapuze war sein Gesicht kaum zu erkennen, nur sein vereister Schnurrbart ragte hervor. Konzentriert starrte er auf seine Hände, die in dicken Fäustlingen steckten und fest die Lenkstange umkrampften.

»Guck mal, der erste heiße Typ für dich«, sagte Berit und lachte. Ihr Atem schien in der Luft zu gefrieren, und ihre Blase begann allmählich heftig zu drücken. Lange würde sie es nicht mehr aushalten.

Nina, die ihre Bemerkung ignoriert hatte, betrachtete neugierig die dicht an dicht aufgestellten Holzhütten zu beiden Seiten des Weges. »Sieht aus wie eine FDGB-Ferienanlage, findest du nicht?« sagte sie und schulterte ihre Reisetasche neu.

Berit musterte die bauwagengroßen Hütten, deren dunkle Holzwände hastig zusammengezimmert wirkten. Seitlich aus den Wänden ragten Ofenrohre, und aus einigen von ihnen kräuselten sich schmale Rauchfahnen in die kalte Nachtluft empor. Ein Stück weit entfernt, im schwachen Licht einer der Flutlampen, die in unregelmäßigen Abständen aufgestellt waren, sah sie eine dick vermummte Gestalt zwischen den Holzhütten entlangstolpern. »Auf jeden Fall sieht es irgendwie merkwürdig aus hier«, sagte sie und bückte sich leicht nach vorn, um den Druck auf ihre schmerzende Blase zu verringern.

Hinter der letzten Reihe von Holzhütten verbreiterte sich der Weg. Links standen zwei größere Hallen, in denen mehrere Arbeiter mit einer großen Säge Eisblöcke zurechtschnitten, rechts duckte sich, von grellen Scheinwerfern erhellt, das weißliche Gebilde, das Berit und Nina von der Anhöhe aus gesehen hatten. Es war ein langgestreckter Bau aus gepreßtem Schnee, vielleicht drei Meter hoch und fünfzig Meter lang. An der Vorderfront befand sich ein weiterer, mannshoher Schneebau.

Hektische Betriebsamkeit herrschte rund um die igluartigen Gebäude. Kleine Schaufelbagger, die gepreßte Schneequader transportierten, bretterten vor Berit und Nina über den Weg, ein Gabelstapler fuhr schimmernde Eisblöcke vorbei, und dazwischen eilten geschäftig wirkende Arbeiter herum. Einige bewegten sich auf diesen seltsamen Tretschlitten unbeholfen durch die Gegend. Berit sah eine Frau, die angestrengt auf den Boden sah, während sie ihr Gefährt ratternd über den unebenen Boden schob. Alle, auch diese Frau, trugen dieselben beigefarbenen Overalls mit den fellgefütterten Kapuzen und dazu dicke Fellhandschuhe. Bei einigen pappten runde rote Sticker auf der Brust, aber Berit konnte nicht erkennen, was darauf abgebildet war.

Die Szenerie hatte etwas Unwirkliches, aber vielleicht, dachte Berit, lag das auch an der unglaublich trockenen, kristallklaren Luft, in der die Geräusche ewig weit zu tragen schienen und die von der Kälte geröteten Gesichter der Leute wie in Eis geritzt wirkten.

»Ja, aber wo ist denn nun das Ice-Hotel?« fragte Nina aufgeregt. »Es muß doch hier irgendwo sein?«

Berit tippte einem Mann in fellgefüttertem Overall, der eben vorbeihastete, auf den Arm. »Sorry? Where is the Ice-Hotel, please?«

Der Mann blieb stehen und sah sie durchdringend an. »Here«, sagte er dann und deutete über die Schulter mit dem Daumen auf das weißliche Gebäude.

»Wie?« fragte Nina entsetzt. »Dieses mickrige Teil da soll das berühmte Ice-Hotel sein? Das Riesending, das jeden Winter im Fernsehen gezeigt wird? *Die* Attraktion Lapplands?«

Der Arbeiter musterte unwillig ihren ungläubigen Gesichtsausdruck. »And this is the chapel«, sagte er und klopfte mit der Hand auf die mannshohe Schneemauer hinter ihm. Dann eilte er kopfschüttelnd weiter.

»Chapel?« wiederholte Nina ungläubig und betrachtete irritiert die schmucklose Wand, die aus schuhkartongroßen Schneequadern bestand.

»Die Eiskapelle meint er wahrscheinlich«, sagte Berit, die es nie gut aushalten konnte, wenn Nina enttäuscht war. »Die war doch im Prospekt abgebildet, erinnerst du dich?«

»Aber da sah sie ganz anders aus! Da waren ein Altar und Bänke und überhaupt ...« Nina ging um die Schneewand herum und blieb stehen. »Das sind doch nur drei Mäuerchen aus Schnee!«

Tatsächlich bestand die Kapelle aus drei nackten, u-förmig angeordneten Schneewänden. »Die ist bestimmt noch nicht ganz fertig«, sagte Berit tröstend und wich einem Gabelstapler aus, der dicht hinter ihr vorbeiratterte. »Ist doch nicht so schlimm, du wolltest doch sowieso nicht darin beten, oder?«

Nina warf ihr einen blitzenden Blick aus ihren grünen Augen zu. Wortlos drehte sie sich um und lief zielstrebig weiter. Berit folgte ihr auf dem Fuß, was gar nicht so einfach war. Die Flutlichter erhellten nur einen Teil der Anlage. Überall waren Arbeiter damit beschäftigt, Schneewände hochzuziehen, Eisblöcke und Geräte lagen verstreut herum, und dazwischen schlängelten sich Unmengen von Kabeln über den vereisten Boden.

»Hier lang«, sagte Nina und lotste Berit zwischen zwei mannshohen Schneemauern hindurch. Berit stolperte über ein herumliegendes Kabel und stützte sich an einer der Wände ab. Ihre Blase schmerzte mittlerweile nahezu unerträglich.

»Nina, ich muß jetzt aber ganz dringend ...«

Nina hörte nicht zu. Mit grimmigem Gesichtsausdruck zwängte sie sich zwischen zwei Arbeitern in Overalls hindurch, stieß ruckartig eine Plane beiseite, die eine türgroße Öffnung in der Schneemauer vor ihnen verdeckte, und dann standen sie auf einmal in einem schmalen Gang, an dessen Ende ein bläuliches Licht schien. Als die Plane hinter ihnen wieder herabfiel, drangen die Rufe der Arbeiter und die Geräusche der Maschinen nur noch gedämpft zu ihnen herein.

»So«, sagte Nina abenteuerlustig, »dann wollen wir mal!« Mit vorgeschobenem Kinn strebte sie dem Licht zu. Rechts und links befanden sich mannshohe Löcher in den Wänden. Neugierig spähte Berit hinein, aber es war zu dunkel, um etwas zu erkennen.

Je näher sie dem Licht kamen, desto lauter wurde das metallische Hämmern, das von dort zu ihnen herüberklang. Als sie durch die Öffnung am Ende des Ganges traten, fanden sie sich in einer kleinen Halle wieder, deren gewölbte Decke sich weiter vorn zu einer halbfertigen Kuppel erweiterte. Eine Gruppe von Arbeitern drückte mittels eines hydraulischen Krans gepreßte Schneeplatten an das Metallgerüst, das die Deckenkonstruktion halten sollte. Ein paar andere rückten Eisblöcke umher, wieder andere verlegten elektrische Leitungen und befestigten Lampen in den Schneewänden.

»Mein Gott, wie klein das hier ist! Im Prospekt sah das alles irgendwie ganz anders aus«, sagte Nina und zog die Nase kraus. »Groß und strahlend und so. Auf jeden Fall nicht so … unspektakulär.«

»Es ist eben anscheinend noch in Bau.«

»Aber davon haben sie im Reisebüro gar nichts gesagt. Warum kann man denn dann schon buchen, wenn hier noch nichts fertig ist?«

»Ich weiß nicht«, sagte Berit achselzuckend. »Vielleicht sind die Zimmer ja schon fertig.« Sie betrachtete interessiert einen Mann mit wettergegerbtem Gesicht, der mit einem Wasserschlauch über einen aus Eis gehauenen Tisch spritzte und sich dann einer Reihe von meterhohen Eisblöcken zuwandte.

»Ha!« sagte Berit und klopfte mit der flachen Hand auf die wie poliert wirkende Tischfläche. »Das erkenne ich aus dem Prospekt wieder! Dies hier ist die Bar! Jedenfalls wird sie es!« Als sie ihre Hand wieder herunternehmen wollte, stellte sie fest, daß ihr Handschuh an der Oberfläche festgefroren war. Es gab ein knirschendes Geräusch, als sie ihn losriß. Lauter schwarze Wollfussel blieben in der Tischfläche kleben. Berit sah schnell zum Mann mit dem Wasserschlauch hinüber, aber er hatte ihr Mißgeschick glücklicherweise nicht bemerkt.

Nina stand bereits ein Stück weiter an zwei hüfthohen Eisblöcken.

»Im Prospekt waren doch lauter hübsche Typen abgebildet, die lässig an der Bar stehen, nicht wahr?« sagte sie mit gerunzelter Stirn. Dann verengten sich ihre Augen, und ein unwillkürliches Grinsen zog über ihr Gesicht. »Guck mal, Berit! Guck dir das an!«

Berit sah auf. Hinter der halbfertigen Bar, die sie in fertigem Zustand schon so oft im Fernsehen und auf Fotos gesehen hatte, stand tatsächlich ein Kühlschrank. Als sie anfing zu lachen, spürte sie ein heftiges Ziehen in der Blase. Mit schmerzverzerrtem Gesicht wankte sie hinter Nina her, die kichernd weiterging, um den Arbeiten an der Kuppel besser zusehen zu können.

An der Ecke stießen sie auf drei Bauarbeiter in Overalls, die mit dem Rücken zu ihnen dastanden und zum Kran hinaufsahen. Ihre Köpfe mit den fellumsäumten Kapuzen warfen drei riesenhafte Schatten an die Wand dahinter.

»Excuse me, the toilet, please?« fragte Berit und tippte einem von ihnen auf die Schulter. Als er sich umdrehte, blickte sie direkt in das angeödete Gesicht des japanischen Teenagers aus dem Bus. Die Eltern daneben lächelten freundlich und hoben bedauernd die Hände.

»Don't know toilet, sorry!« sagte der Mann und lächelte noch breiter.

Berit betrachtete verdutzt den roten Sticker auf seiner Brust aus der Nähe. »I slept in the Ice-Hotel« stand drauf. Seine Frau und die Tochter trugen ebenfalls einen.

»Das sind Touristen! Die mit den roten Stickern sind Touristen, Nina«, flüsterte Berit und drehte sich wieder zu Nina um.

Aber Nina war nicht mehr da.

Berits Blase tat jetzt so weh, daß ihr keine Wahl mehr blieb. Sie beschloß, Nina später zu suchen, ließ die Japaner stehen, hastete unter der halbfertigen Kuppel hindurch ins Freie und stolperte über eine freie Fläche bis zum Rand der beleuchteten Zone. Kaum außerhalb des Lichtkreises der letzten Lampe angekommen, zog sie ihre Handschuhe aus, streifte ihre Hose mitsamt Thermounterhose und Slip herunter und pinkelte seufzend einen dampfenden Strahl in den Schnee. Beim Abwischen hatte sie für einen Moment das besorgniserregende Gefühl, an ihrem empfindlichsten Körperteil leichte Erfrierungen davongetragen zu haben. Aber als sie die Hose rasch wieder hochzog, spürte sie, daß alles in Ordnung war.

Aufatmend sah Berit sich um. Hinter ihr verlor sich die flache Schneelandschaft in der Dunkelheit. Vor ihr, ein Stück weit entfernt, stand ein herrenloser Tretschlitten an der Mauer des Ice-Hotels. Kurzentschlossen trat Berit darauf zu, schwang ihre Reisetasche nach hinten und stellte den linken Fuß auf die lange, schmale Kufe. Mit dem rechten stieß sie sich schwungvoll ab, und augenblicklich setzte sich der Schlitten in Bewegung und nahm rasch an Fahrt auf.

Berit wurde nach vorne gerissen, während die Kufen mühelos durch den tiefen Schnee pflügten. In einer langgestreckten Kurve setzte sie über ein paar herumliegende Kabel und schleuderte dann die leicht abschüssige Strecke hinunter, vom Ice-Hotel weg und auf die Dunkelheit zu.

Berit schrie ängstlich auf, stieß sich reflexartig erneut ab und versuchte gegenzulenken, aber als der Schlitten sich ruckartig in die Gegenrichtung legte, verlor sie das Gleichgewicht. Krampfhaft an die Lenkstange geklammert, schlitterte sie auf ihrem schwankenden Gefährt in einem großen Bogen um die nächste Lampe herum und dann direkt auf den Eingang unter der Kuppel zu.

Ein paar erschrockene Arbeiter sprangen eilig zur Seite, als Berit zwischen ihnen hindurchsauste, rumpelnd über ein paar Eisbrocken setzte und schließlich gegen einen Stapel Schneequader krachte. Mit einem Knirschen bohrten die Kufen sich in den Schnee, und der Schlitten kam ruckartig zum Stehen.

»Ups!« sagte Berit, atmete tief durch und sprang ab. Ihre ganze Vorderseite war schneegesprenkelt, und während sie sich den Schnee abklopfte, lächelte sie achselzuckend den umstehenden Arbeitern zu, die ihre Tätigkeit unterbrochen hatten und sie mit großen Augen anstarrten. Dann drückte sie sich schnell an der verdutzten japanischen Kleinfamilie vorbei und verschwand im nächstbesten Gang. Erst als sie um eine Kurve gebogen war, ging ihr auf, daß das japanische Teenager-Mädchen tatsächlich gelächelt hatte.

Hinter der nächsten Kurve stand Nina, die mit verkniffenem Gesichtsausdruck in einen kleinen Raum hineinstarrte.

»Hier kann ich unmöglich schlafen«, sagte sie und wies anklagend mit dem Finger nach vorn. »Das ist ja winzig!«

Berit lugte in den kleinen Raum, der von einer schwachen Wandlampe erhellt war. Ein großer quadratischer Eisblock, der mit Rentierfellen bedeckt war, füllte ihn fast vollkommen aus. Am Kopfende lagen zwei Kissen, daneben zwei zusammengerollte Thermoschlafsäcke.

Berit drängte sich an Nina vorbei, ließ ihre Tasche fallen und setzte sich auf das Bett. Als sie auf den Rücken rollte und zur niedrigen Decke aufsah, spürte sie, wie die Kälte ihr von unten in die Knochen drang.

»Hier kriege ich Platzangst«, sagte sie und betrachtete argwöhnisch die niedrige Decke, die sich mit jedem Atemzug weiter auf sie herabzusenken schien. Nina kroch neben sie und streckte sich neben ihr aus.

»Ogottogott«, sagte sie. »Berit, du bist meine allerbeste Freundin, und ich tue fast alles für dich, aber das kann ich nicht. Es geht einfach nicht!«

Berit mußte grinsen. »Du tust ja geradezu so, als hätte ich darauf bestanden. Du wolltest doch unbedingt hierher ins Ice-Hotel!«

»Aber du wolltest nach Lappland! Wir hätten in Stockholm bleiben sollen. Da war es schön.«

»Hier ist es auch schön.« Berit schlang die Arme um den Oberkörper und betrachtete die Dampfwölkchen, die aus ihrem Mund kamen.

»Wann denn?« fragte Nina.

»Morgen«, sagte Berit entschlossen. »Morgen ist es hier schön.«

Nina drehte ihr den Kopf zu und musterte sie nachsichtig. »Schon okay, Püppchen«, sagte sie und knuffte Berit aufmunternd in die Seite. »Du weißt doch, für dich mach ich doch alles. Sogar nach Lappland fahren, mitten im Winter, nur um deinen blöden Geburtstag zu feiern.« Sie lächelte verschmitzt, und nach einem Moment lächelte Berit erleichtert zurück.

»Und was machen wir jetzt?« fragte Nina und setzte sich auf.

»Wir können ja in eine dieser komischen kleinen Holzhütten ziehen«, sagte Berit und setzte sich ebenfalls auf. Sie sahen sich an.

»Vielleicht finden wir was anderes«, sagte Nina mit gerunzelter Stirn.

»Oder ein Taxi. Kiruna ist gar nicht so weit entfernt.«

Gleichzeitig standen sie auf.

»Und hier soll also der schwedische König auch schon übernachtet haben?« fragte Nina skeptisch, als sie auf dem Weg zum Ausgang an weiteren winzigen Zimmern vorbeikamen. Manche hatten Verzierungen an den Wänden, einige ein Guckloch nach draußen aus blau leuchtendem Eis, aber in jedem stand eine gefrorene Bettstatt mit Fellen, Kissen und Schlafsäcken darauf.

Vorm Ausgang stolperten sie fast über einen Stapel Rentierfelle, und Berit mußte eine ganze Weile warten, bis Nina ihr durch den Vorhang nach draußen gefolgt war.

»Was hast du denn noch so lange da drinnen gemacht?«

»Abschied genommen«, sagte Nina und ächzte, als sie ihre Reisetasche erneut über die Schulter schwang. »So was kann manchmal dauern.«

Vorsichtig manövrierten sie sich zwischen einem Trupp Arbeiter hindurch, die einen Eisblock an der halbfertigen

Kapelle vorbeibugsierten, wichen einem heranbrummenden Gabelstapler aus und stapften keuchend die Anhöhe hinauf. Als sie an einer der Blockhütten vorbeikamen, öffnete sich die Tür, und ein dicklicher Mittfünfziger in Badelatschen kam heraus, ein Frotteehandtuch nachlässig um die Hüfte gewickelt.

»Hello!« rief er munter und stellte sich breitbeinig vor die offene Tür, aus der dichter Dampf quoll. »You don't want to come into the Sauna? It's great, girls!« Er lachte dröhnend und zwinkerte Nina zu, die mit angeekelter Miene auf die langen schwarzen Haare starrte, die sich auf seiner speckigen Brust und den schlaffen Oberarmen kräuselten.

»Heißer Typ, was?« flüsterte Berit vergnügt, als sie an ihm vorbei waren.

»Du hast gut reden! Schließlich hast du ja auch eine feste Freundin zu Hause und ich nicht«, sagte Nina mit grimmiger Miene.

»Ach, hättest du auch gerne eine? Wußte ich ja gar nicht!«

»Ich bin und bleibe hetero«, stieß Nina schwer atmend hervor. »Und das ist auch gut so!«

Berit marschierte grinsend an einer Gruppe Touristen in fellgefütterten Overalls vorbei, die ratlos ihre Tretschlitten zu besteigen versuchten, und trat auf die vereiste Schneedecke der Straße. Befreit sog sie die eiskalte Winterluft ein. Beim Anblick der endlosen, wie ausgestorben daliegenden Dorfstraße, die sich schnurgerade in die Ferne zog und in der Dunkelheit weit hinten verlor, fing ihr Herz an, höher zu schlagen. Das hier war Lappland, endlich war sie hier!

»Komm, wir gehen bis zu dem Licht da hinten«, sagte sie und zeigte nach vorn. »Scheint eine Tankstelle zu sein. Dort rufen wir uns ein Taxi.«

»Wieso bin ich eigentlich nicht mit einem tollen Typen verreist, sondern mit dir?« fragte Nina neben ihr.

Berit wandte den Kopf und sah ihre Busenfreundin liebevoll an. »Weil du nun mal meine beste Freundin bist und mir keinen Wunsch abschlagen kannst.«

»Ich hätte lieber nach Mallorca fahren sollen und mir einen flotten Typ schnappen sollen.«

»Du kannst dir auch hier einen flotten Typ schnappen. Ich habe nichts dagegen.«

Nina starrte auf die schimmernde Schneelandschaft jenseits der Straße hinaus. »Ha«, sagte sie. »Ha, ha.«

Ein älteres Touristenpärchen in Overalls schwankte unbeholfen auf zwei Tretschlitten vorbei und schlitterte die glatte Fahrbahn hinunter. Der Mann trieb seine Frau mit barschen Befehlen an, während er selbst nur mühsam vorankam.

»Treten!« rief er auf deutsch. »Du mußt treten! Gleichmäßig, Helga, immer im Takt! Das Entscheidende ist die Gleichmäßigkeit!«

Helga antwortete nicht, sie war schon viel zu weit weg.

Berit und Nina sahen sich an, dann setzten sie sich in Bewegung. Nach wenigen Metern hatten sie die schützende Baumreihe hinter sich gelassen, und eisiger Wind von der offenen Schneelandschaft jenseits der Straße umpfiff sie. Berit sah mitfühlend zu Nina hinüber, die sich unter der Last ihrer Tasche zu krümmen schien. Ihre bunte Folkloremütze hing ihr tief ins Gesicht.

»Sollen wir mal tauschen?«

»Nein, nein«, sagte Nina und starrte stoisch auf die dunkle Schneewüste jenseits der Dorfstraße hinaus, während sie tapfer voranstapfte. »Geht schon, danke. Sehr freundlich.«

»Gern geschehen.« Berit betrachtete das Touristenpaar, das sich zusehends von ihnen entfernte. Helga war nur noch ein kleiner Punkt in der Ferne, während ihr Mann sich abmühte, ihr zu folgen. Als er sich schwungvoll abstieß, schwankte sein Schlitten zur Seite, stand einen Moment schräg in der Luft und kippte dann um. Berit sah kichernd zur Seite, als der Fahrer sich fluchend aufrappelte und sein Glück von neuem versuchte. Abrupt blieb sie stehen.

»He, guck mal, Nina!« sagte sie und zeigte auf das Schild, auf dem mit ungelenken Buchstaben »Room« gemalt war. »Wie wär's denn damit?«

Eine uralte, schweigsame Lappenfrau führte sie nach kurzer Verhandlung in eine kleine Holzhütte im Vorgarten direkt an der Straße. Mit ausdruckslosem Gesicht schaltete sie einen altertümlichen Heizkörper ein, stieß die Tür zum winzigen Bad auf und verließ mit einem freundlichen Nicken die Hütte.

Nina ließ ihre Reisetasche auf eins der beiden schmalen Betten sinken, setzte sich daneben und stöhnte erleichtert auf. »Und jetzt brauch ich einen Schnaps!«

»Leider stehen die Chancen schlecht, daß wir hier einen kriegen«, sagte Berit und setzte sich ihr gegenüber. Fasziniert betrachtete sie die Aussicht durch das einzige Fenster der Hütte. »Vielleicht sehen wir doch noch einen Bären. Und guck mal, da drüben sieht man sogar das Ice-Hotel!«

Nina drehte sich um und starrte auf den hellen Schemen am Fuß des Hügels jenseits der Straße. »Darauf stoßen wir an!«

»Schön wär's«, sagte Berit und zog ihre Jacke aus. Die Heizkörper mochten zwar alt sein, aber sie funktionierten einwandfrei.

»Prost!« sagte Nina und machte den Reißverschluß ihrer Reisetasche auf. Breit grinsend zog sie eine Flasche Tequila heraus und danach noch zwei Orangen. »Siehst du, was ich alles für dich tu?«

Berit lachte erfreut. »Mensch«, sagte sie glücklich. »Das ist ja toll.«

»Und hier mein Geschenk!« Nina machte ihre Tasche noch weiter auf und zog einen zusammengerollten Gegenstand heraus, den sie Berit zuwarf. Erst nach einem Moment erkannte Berit, was sie da im Schoß hielt.

»Ein Rentierfell!« sagte sie verdutzt und strich über die weiche, leicht struppige Oberfläche. »Mensch, Nina! Wo hast du das denn her?« Dann erst sah sie Ninas verschmitztes Grinsen.

»Patsch!« Nina beugte sich vor und klebte Berit einen roten Sticker auf die Brust. »Aber die Jahreszeit, das mußt du zugeben, war eine bekloppte Idee. Nur zweieinhalb Stunden Helligkeit! Wo gibt es denn so was?«

»In Lappland!« sagte Berit und lachte. »Nur, ich hab nun mal im Dezember Geburtstag. Was soll ich da machen?«

»Mit mir anstoßen«, antwortete Nina und hob die Flasche. »Prost Lappland! Prost Berit! Auf deine Siebenunddreißig! Und auf unsere Freundschaft!«

MAIKE WETZEL

Nachsaison

Die Nachsaison kam, ohne daß wir es merkten. Die Wolken ziehen schnell am Meer, die Sonne scheint. Die Sandburgen sind zerfallen, die Strandkörbe zugeklappt, bereit zum Abholen. Es war Juli, als wir an die grüne Pfütze zwischen Deutschland und Schweden fuhren. Der Fiat von Klaus fand einen Parkplatz vor der Pension. Dort steht er immer noch. Wir klopfen ihm jeden Morgen, wenn wir aus der Tür treten, auf die Motorhaube. Es klingt hohl. Marie und ich, wir sind allein. Laura mußte wieder zur Schule. Klaus kümmert sich um sie, solange Marie weg ist. Marie ist nicht sicher, ob sie sie vermißt. Du mußt an dich denken, Marie, sage ich. Denk an dich. Innerlich sage ich: uns.

Wir gehen über die Promenade. Immer gehen wir erst über die Promenade. Marie, mit ihren Kinderaugen, mit den Latzhosen und den Murmelzehen. Ich sage Murmeln zu ihren Zehen, weil sie auf ihnen rollt. Es sieht eigenartig aus, wenn sie geht. Sie hat sich Federn ins Haar gesteckt. Schaut aus wie ein wilder Vogel. Gleich wird sie abheben, da bin ich mir sicher. Ich greife nach ihrer Hand, die ich mit meinen Wühltischfingern leicht umfasse. Mit dem Daumen drücke ich gegen den Schlangenring. Er paßt ihr nur am Zeigefinger. Landa, landa, singt sie ihren Schritten voraus. Langsam, langsam. Sie spricht von den Fruchtstückchen, die ihre Zunge erschrecken, wenn sie über die Eiskugel gleitet. Sie erzählt, wie ihre Zähne schreien, wenn sie ins Eis beißt. Sie schwindelt, daß sie Luigis Eis immer erkennen würde. Sie macht seine Stimme nach. Sie kichert, lacht und prustet. Ihr

Mund wird breiter. Ihre Augen schielen. Der Wind hat die Promenade für uns leergefegt. Sie steckt einen Finger in den Mund und hält ihn in den Wind.

Sie haucht auf meine Fingerspitzen und hüpft die Promenadenplatten entlang. Ich ärgere sie mit Blicken. Bald findet sie ein besseres Spiel. Sie springt von der Promenade auf die Mauer. Ich kitzele ihre Knöchel, damit sie runterkommt. Sie will nicht. Ich hebe meine Beine neben sie auf die Mauer. Aber da liegt sie schon rückwärts im Sand. Die Körner knirschen zwischen unseren Zähnen. Sie knirscht mit den Augen. Sie spielt zu gerne, um lange nachzudenken. Wir rollen über den Sand und hangeln uns in einen Strandkorb. Die Körbe starren auf das Meer. Wir machen es ihnen nach. Sie schmiegt sich an mich. Die Augen hat sie halb geschlossen, der Wind reizt sie. Vielleicht ist sie nur müde. Ich frage nicht. Wir sitzen lange so da. Sie döst und ich wache. Ich bin ihr Leuchtfeuer. Ich warne alle, die ihr nahetreten wollen. Ich habe einen Blick, der ihnen scharf in die Augen schneidet. Gestern vermißte der Bankkassierer den Ehering an ihrem Finger. Leichtfertig versprach er ihr einen. Mein Blick schnitt ihn. Sie sagte, daß sie keine Diamanten mag. Er zuckte mit den Achseln und gab ihr das Geld. Ich kaufte ihr den Schlangenring. Ich starre auf das Wasser. Die Ostsee ist ein grünes Meer mit Sahnestreifen. Wir haben wieder angefangen, Sahne zu essen. Ich mag ihre Eieruhrfigur. An ihrer Nasenspitze hängt ein Tropfen. Ich tupfe ihn vorsichtig ab. Sie hebt die Lider. Ihr ist kalt. Wir stapfen durch den Sand zurück.

Der Wind ist unser ständiger Begleiter. Bis zur Cafétür folgt er uns. Wir verstecken uns hinter den blaukarierten Gardinen und schlürfen einen Grog. Vor uns war hier Tanztee. Sie haben ihre Anleitungen zurückgelassen. »Der Kopf sitzt immer gerade zwischen den Schultern. Der Blick des Herrn fällt durch das Fenster der Dame«, lese ich vor. »Der Blick soll nicht auf den Boden gleiten, sondern stolz und überlegen wirken. Der Hals soll lang wirken.« Marie reckt ihren Hals wie Vogel Strauß und rollt die Augen. Ich strecke die Hand nach dem Zuckerstreuer aus. Ich drehe ihn unschlüssig hin und her, ich höre den Zucker. Sie hört mein Schweigen. Ich genieße es. Ich will auch nicht mehr alles verstehen, was ich sage und schon gar nicht, was sie sagt. Es ist angenehm, wenn das Reden unwichtig wird. Wir können den Mund öffnen und wieder schließen. Ich sehe das Grau in ihrem dunklen Haar. Sie sieht mich an und wartet. Der Zucker rieselt aus dem Streuer. Auf der Tischdecke wächst ein süßer Berg. Sie haben rote Gummitischdecken hier, an denen der Dreck der letzten Jahre klebt. Sie nimmt den Salzstreuer und schüttet Salz auf meinen Zuckerberg. Ihre Finger sind vorwitziger als meine. Ich lecke gehorsam an ihrem salzigen Finger. Sie grinst. Der Wind reibt an den Mauern. Es ist warm hier. So könnte ich ewig sitzen, mit ihr in der Ecke und einem Zuckerberg vor Augen. Der Kellner tritt an den Tisch. Er schnauzt uns an, weil wir die Tischdecke besudeln. Ich verstehe ihn nicht. Nur die Zahlen auf der Rechnung kann ich lesen. Sie zahlt wie immer, sie hat Geld. Goldmarie. Meine Augen schneiden den Weg frei, ihre sind zum Streicheln da.

Sie ist kalt, die Nachsaison. Wir reiben uns Wärme in die Körper. Sie hat die blauen Strümpfe ausgezogen. Ungeduldig zu Boden gezerrt, zum Schluß mit den Beinen gestrampelt, um sie loszuwerden. Das Pensionszimmer hat den stumpfen Geruch von Betten ohne Falten verloren, mit jedem Sprung auf den Matratzenfedern schleudert sie ihren Duft ins Zimmer. Die alten Damen nebenan schlafen schon. Sie steigt vom Bett, wirft ihre Arme um meinen Hals und führt mich auf die Promenade. Sie hat einen blauen Anorak mit Kapuze. Die Kapuze weht ihr in die Stirn, sie sieht nichts. Wir ziehen lange durch die Nacht. Ich erzähle ihr von den Nachtwanderungen mit meinem Vater. Damals an der Steilküste. Wir haben ein Feuer gemacht und geredet. Ich habe nicht geredet. Zumindest ist meine Erinnerung stumm. Jetzt ist sie still, während ich rede. Sie sucht den Strandkorb von heute nachmittag, zieht mich in die dunkle Höhle. Ihr Knie drückt sich zwischen meine Beine. Ich spüre ihren Atem. Sie nimmt meine Hand und legt sie zwischen ihre Brüste. Ihre Brustwarzen stoppen meine Hand, die über sie hinwegfliegen will. Sie wendet den Kopf ab, als wäre es zuviel. Sie vertraut mir ihren Körper an, verschlingt meinen Mund und gibt ihn wieder frei. Unsere Zungen sind Brausepulver auf der Haut. Irgendwann reißt meine Kette. Die Glasperlen verlieren sich im Sand.

Ich habe immer im Schatten geliebt. Sie in Lichtjahren. Wo ich Dunkel suchte, wollte sie Klarheit. Grashalme im Sommer, den wir hinter uns ließen, als sei er eine Krankheit, die uns nicht gehörte. Meine Erinnerung ist Stückwerk. Sie zerläuft wie zu weiches Spritzgebäck aus der Teigpresse. Ich esse Popcorn, abwechselnd mit Zucker und Salz, während ich an Marie denke. Die Krümel fallen mir aus dem Mund auf den frisch gesaugten Boden. Mich stört es nicht. Sie jetzt auch nicht mehr. Sie ist weg. Hat das Auto genommen und mich am Frühstückstisch sitzen gelassen. Sie muß zu Laura, hat sie gesagt. Und zu Klaus, habe ich gedacht. Es tut ihr leid, hat sie gesagt, als wäre ich ihr Unfallzeuge. Eis lecken ist doch kein Dauerzustand. Ich esse Popcorn und warte. Ich gehe allein ins Kino und warte. Ich packe meinen Koffer und warte. Ich bezahle meine Rechnung und wünsche mir, daß die Wirtin fragt, warum ich jetzt schon fahre. Aber die Wirtin fragt nicht. Auf dem Weg zum Bahnhof esse ich an der Imbißbude, die die fettigsten Pommes frites hat. Sie schmekken nicht mal salzig. Einmal hat Marie danach Magenkrämpfe bekommen. Altes, ranziges Fett schwimmt im Pott hinter der Theke. Ich gehe und schmeiße im Laufen die Plastikgabel hinter mich. Soll sie ihr die Augen ausstechen. Was kümmert's mich.

Ich rufe sie an. Sie meldet sich mit ihrem Nachnamen. Das tut weh. Sonst hat sie laut Bismarckhering in den Hörer gebrüllt, um dann leise zu lachen und zu fragen: Hallo? Bist du's? Ich lege auf. Ich habe nicht geschrieben. Ich habe gewartet und gelernt. In meiner Koje stapeln sich die Papiere. Ich stehe nicht mehr auf. Zur Küche führt eine Krümelspur. Prinzenrollen. Ersatzfutter. Meine Tage sind ausgeblieben. Ich bin wohl schwanger von ihr. Wundern würd's mich nicht. Frage mich nur, was dabei herauskommen soll. Ich putze meine Zähne nicht mehr. Am Samstag bin ich ins Bett gegangen und am Donnerstag aufgestanden. In der Küche klingelt die Eieruhr. Ich habe gekocht. Zumindest so getan. Spinat aufgetaut und mir beim Aus-der-Packung-Pulen fast die Hände abgefroren. Die Zunge beim Teetrinken verbrannt. Ich werde aufräumen, waschen und putzen. Fernsehen vielleicht. Viola anrufen. Maries Tassen aus dem Regal schmeißen. Den Zahnarzt wechseln.

Ich gehe mit Viola weg. Es war dumm, sie anzurufen. Sie hat immer noch denselben badischen Dialekt, mag die Filme nicht, in die ich will, erzählt mir statt dessen von ihrer Parteikarriere und den Sorgen mit der Müllabfuhr. Wenigstens hat sie nicht nachgebohrt. Auf eine zwiespältige Art tut es gut, sie neben mir zu wissen, zu wissen, daß sie mich nach Hause fährt und mich an die Hand nimmt. Ich trinke Wasser, sie Bier. Wir klappern mehrere Kneipen ab, sie fährt mich heim und schaut meine Koje an. Machen wir es nun jedes Jahr einmal? fragt sie mich im Laufe der Nacht. Das ist der erste Satz von ihr, über den ich ernsthaft nachdenken muß.

Ich besuche meine Mutter. Sie fragt nicht, wie es mir geht. Aber einen Zwetschgenkuchen hat sie gebacken, obwohl die Saison vorbei ist. Ich esse keine Sahne dazu. Der Verkäufer im Jeansladen starrt mir in den Ausschnitt. Ich probiere, es zu genießen, wie Marie es getan hätte. Es gelingt mir nicht. Ich gehe in die Praxis. Sie kennen mich da. Es ist immer noch alles weiß. Ich habe Zeit, das Weiß auf seine Qualität hin zu überprüfen. An den Wänden schafft die Rauhfaser es, geringfügige Grauschatten einzubringen. Auf den Ledersesseln ist es Vanille. Gesichter aus Käse oder Papier. Auf dem Boden Marmorzeichnungen. Ich warte vor dem Röntgenraum. Die Kinderzeichnungen an der Wand sind älter geworden. Laura weiß jetzt, daß Menschen Finger haben. Ob ihr Klaus das beigebracht hat? Ich weiß nichts von ihm, ich will nichts wissen. Ich höre Marie bohren, im Behandlungszimmer. Irgendwann kommt sie heraus. Der weiße Kittel hat einen Fleck, da, wo sie sich immer unter der Rippe kratzt. Sie schaut mir in die Augen und lächelt. Wie geht's? Wie bist du nach Hause gekommen? Ich sage, ich bin geschwommen. Schweigen. Laß uns noch mal reden. Aber nicht hier.

Sie kommt vom Ausgang her. Mit hohem Schritt, die Arme um den Spindelkörper schlagend. Ich bleibe sitzen, während sie sich nähert. Der Geruch von trunkenem Herbst klebt noch an ihren Sohlen. Sie bemüht sich nicht, ihn abzustreifen. Das Laub haftet am Beton. Sie geht schnell, der Rock tollt ihr um die Beine. Ihre Knie stoßen den Saum vorwärts. Über den steilen Schuhen pendeln ihre Hüften. Sie kreiselt durch die Menge. Ich verfange mich in ihren wehenden Haaren. Wer sie übersieht, ist blind. Ich mag ihre kleine, vorspringende Nasenspitze. Sie antwortet nur auf ihre eigenen Fragen. Im Moment hat sie keine. Ich ahne das bittere Lächeln auf meinem Gesicht. Schnell wende ich mich dem Gemüsestand zu, zähle Äpfel. Sie tritt heran. Wir reden. Ich bin kläglich. Es hat keinen Sinn. Es beschränkt sich darauf, sagt sie. Hat sie den Strandkorb, den Schlangenring, Matratzenfedern, Zucker und Salz vergessen? Und da war noch was, glaube ich. Da war noch was. Ich möchte es dabei belassen, sagt sie. Ich weiß es nicht mehr. Sie muß gehen, ich rennen.

Die Tage sind heller geworden. Es schneit. Das hat es schon seit Jahren nicht mehr. Es bleibt weiß. Ich sage Viola ab und gehe allein spazieren. Der Park ist fast leer, die Kinder mit den Schlitten sind in der Schule. Es gibt nur mich, Wald und Schnee. Die Luft gleitet kühl durch meine Lungen. Meine Nasenspitze friert zwischen Lapplandmütze und Fransenschal. Schlimm sind nur meine Hände. Sie werden starr und wachsweiß. Um mich aufzuwärmen, beschließe ich, eine Schloßbesichtigung mitzumachen. Eine Studentin der Kunstgeschichte führt mich, ein grantiges Paar mit Kind und ein Mädchen mit ausgeprägten Wangenknochen. Das Mädchen sieht aus wie ein Eichhörnchen, wenn es den Erklärungen mit schiefgelegtem Kopf lauscht. Das Kind rennt immer wieder vor, und die Führerin ermahnt es. Ich schaue mir hellblaue Vasen, große Betten, Gemälde mit gehetzten Hirschen und ausgeprägte Wangenknochen an. Das Mädchen zückt einen Kunstführer und korrigiert eine Jahreszahl, die die Führerin einfließen ließ. Ich wende mich den Vasen zu. Meine Hände sind noch wachsweiß. Von der Führung habe ich genug. Ich verschwinde in einem Nebenzimmer.

Ich erkläre mich selbst für geheilt. Doch Marie läßt mir keine Ruhe. Hast du Lust, ins Kino zu gehen? fragt sie mit belangloser Stimme am Telefon. Ja, Lust habe ich. Mit Händen, die nicht wissen, wohin sie sollen, sitzen wir im Dunkel des Kinos. Sie hat eine abgetragene Bluse an, die ihr nicht steht. Die Hornplatten im Haar erinnern mich an Schildkröten, die am Strand ihre Eier eingraben. Sie werden uralt, wenn sie kein Jäger erwischt. Einen komischen Film hat sie da ausgesucht. Ich lege meinen Arm neben ihren. Unterarm an Unterarm. Die Schauspieler vor uns lieben, hassen, schlagen und verfolgen sich. Ihr Arm spreizt sanft die Haare an meinem. Ich ersticke fast. Sie neigt die Locken und flüstert in mein Ohr: Kannst du Marmor lesen? Wir stolpern aus den Sesselreihen.

Das Licht bleibt aus. Wir setzen uns auf den Marmorboden in der Praxis. Die Straßenlaternen winken durch die Fenster. Es stürmt. Es gibt nur sie und mich, die unter Zahnarztstühlen sitzen. Der fahle Schein auf ihrem Gesicht malt ihr Heiligenzüge. Sie hat die Augen geschlossen. Das Licht der wankenden Laternen blitzt im Metall der Instrumente. Ich höre das Sausen des Windes. Ich lausche dem Lied. Sie schlägt die Augen auf, wühlt die Hände in ihr Haar. Sie will etwas sagen, denke ich. Daß sie Zeit brauchen wird. Meine Augen tasten nach ihren. Ich lege die Hand auf ihre Stirn. Sie schließt die Augen und atmet in den Bauch. Meine Hände wandern über ihr Gesicht. Sie finden alles, knicken ihre Wimpern, so daß die Tusche verwischt, fahren über den Bogen ihrer Augenbrauen. Sie rührt sich nicht. Ich habe Angst, daß meine Lippen zu spröde sind. Sie öffnet den Mund nicht. Der Wind stürmt. Sie riecht wie ein Kuchenteig, nach Vanille und reiner Butter. Der Marmor wird feucht unter unserer Haut. Die Fenster beschlagen.

NINA GEORGE

Sieben Minuten

Die Toilettenbrille war kalt, klamm, es zog, und draußen schrien Kinder. Gräßliche, dicke Spackenkinder, die in der Hitze eines Berliner Sommers nichts mit sich anzufangen wußten. Ich haßte Kinder niemals so sehr wie jetzt, dabei sah ich diese Flitschen nicht mal. Ich hörte sie, spürte sie und wollte sie nicht um mich haben, niemanden, allein sein und doch nicht einsam.

Ich saß nur mit heruntergelassenen Hosen da und wartete. Weit weg von zu Hause. Ein Mann draußen im Biergarten. Ein weiterer Mann im Hotel, schnarchend vor dem Fußballfernseher, und noch ein Mann auf der A 24 Richtung Hauptstadt, nur um mich zu sehen, aber das ahnte ich nicht, und von dem soll hier auch nicht die Rede sein. Alle waren da, und nur eine Freundin fehlte.

Man sollte dazu sagen, daß ich keine Frau bin, die viele Freundinnen hat. Wieso das so ist? Vielleicht, weil man als Frau mehr auf Männer achtet, aber vielleicht ist es auch die Ungeübtheit. Jugendfreundinnen, mit denen man shoppen geht, in der Schule Hello-Kitty-Briefchen austauscht oder sonstwie über Jahre liiert ist, gab es bei mir nie, weil wir ständig umgezogen sind, und Briefe sind für die Verschweißung junger Nähte der Emotionen nicht sonderlich hilfreich. Meine Freundschaften entstanden aus gemeinsamer Not, meist der Außenseiter. Man war gemeinsam zu groß, trug eine Brille oder hatte schon einen Freund, während andere Briefchen auf rosarotem Comic-Katzen-Papier malten.

Also, weit und breit keine Freundin, und erst recht keine, die das Prädikat »beste« getragen hätte.

Und ausgerechnet hier in diesem fünftklassigen Klohäuschen im Berliner Tiergarten, umgeben von hohen Kastanien, einem mit grünem Entendreck glasierten Teich und in der Nähe ein Ex-, Ex-Ex... Ach, vergessen wir es, die Nummer auf dem Küchenfußboden einer Hinterhofwohnung in Wedding war so lange her, daß sein Name erlaubt ist. Also, in der Nähe saß Stefan mit seinem Zopf und seiner Brille und wartete genauso wie ich auf eine Entscheidung.

Er saß da, auf der unvermeidlichen Bierbank, grub seine scheußlichen Sandalen in den Kies, polierte seine Brille und zupfte Tabakfädchen aus dem Mundwinkel, kratzte sich vielleicht versonnen an einer Aknenarbe. Er ahnte nicht im entferntesten, wie lang ich auf dem Berliner Toilettenhäuschen zu verweilen plante, und es ging ihn auch nichts an, obwohl er ein Freund war, sogar mal für ein, zwei Jahre der beste und einzige. Oder besser gewesen war. Vor den langen Haaren und den Sandalen.

Normalerweise ist es doch so im Leben: Du hast Leute, mit denen trinkst du ein Bier, andere, mit denen du bei H&M einkaufen gehst, mit den nächsten sprichst du nur, wenn sie dich mit ihren Problemen vollnölen. Und die wenigen, die übrigbleiben, sind Freunde. Freundinnen auch, meinetwegen. Einige davon hast du ein halbes Leben, andere nur für, sagen wir, sieben Minuten. Normalerweise sind allerdings auch Freunde selten da, wenn du jemanden brauchst im Leben. Das ist eine bittere Wahrheit: Wenn's ernst wird, bist du allein. Jeder. Jede.

Zurück zu mir. Es war so heiß in diesem Berliner Sommer, und ich habe gelogen, denn ich saß nicht mit heruntergelassenen Hosen da, sondern in einem blauen knielangen Leinenkleid mit Blümchen, das ich bis zu den Hüften hochgerafft hatte – während ich das tat, was man sich als Frau, die mit einem sterilisierten Mann ein Haus besitzt, am allerwenigsten zu tun wünscht: Ich pinkelte in einen Plastikbecher, den ich mir zuvor bei einer Wurstbude in der Nähe vom

Bahnhof Zoo gekauft hatte. Gekauft, verdammt, mit einer Dose Cola, weil ich mich schämte, um einen Becher zu bitten. Ich mag keine Cola.

Drei Monate zuvor war es zwischen den Ausläufern der Rocky Mountains und dem sechs Meter tief zugefrorenen Yukon-River zur Ursache der heutigen Becheraktion gekommen, unter einem Ölbild, das einen röhrenden Elch zeigte und ein joggendes Mammut, in einem Zimmer mit einfachverglasten Fenstern mit Blick auf den Parkplatz, auf einem französischen Monsterbett.

Er war nicht schön, nicht mal mein Typ, aber er war der einzige, der mir in der hohlen Hand seinen Schlüssel mit Türnummer entgegenhielt, als gerade keiner hinsah. Ich war für mickrige sechs Tage meinem Leben entronnen und tat so, als ob ich arbeitete. In Wirklichkeit stellte ich mir vor, all die anderen auf dieser kalten Reise in den ewigen Schnee seien Freunde. Nur weil man das Frühstück aus Eipulver und kanadischem Kaffee zusammen genoß und einen als Schauspieler getarnten Alkoholiker interviewen mußte. Was man sich eben so einbildet, weit weg von daheim und der Tristesse eines irrtümlichen Glücks.

Es bleibt der Phantasie überlassen, was genau nötig war, um das herbeizuführen, warum ich nun hier saß und auf den Mittelstrahl hoffte – dort unter Elchen, Mammuts und Eiskaskaden.

Drei Nächte reichten aus, damit ich mir drei Monate Gedanken machen mußte über eine Zukunft, die sich binnen der nächsten sieben Minuten zu entscheiden hatte. Wenn doch nur diese Kinder still wären und die Zeit eine andere. Ich traf den Becher und packte das kugelschreibergroße Röhrchen aus. Die Gebrauchsanweisung konnte ich auswendig.

Und ausgerechnet dann. Wenn das Leben auf der Kippe steht. Meist klingelt dann das Telefon.

Alexandra. War sie eine Freundin? Dafür waren wir zu oft verschiedener Meinung, ich mochte ihre Pullover nicht und daß sie im Kino niemals still dasitzen konnte, um den Film zu sehen, und ich mochte auch ihre kieksende Stimme nicht, die sie immer dann einsetzte, wenn sie etwas haben wollte. Aufmerksamkeit zum Beispiel. Ich mochte auch nicht, daß sie die Welt dafür verantwortlich machte, wenn es ihr mies ging. Aber ansonsten mochte ich sie, auch wenn ich niemals mit ihr hätte verheiratet sein wollen.

Doch der Zufall oder das Schicksal hatte uns zu Nachbarn gemacht, die ihre Telefonnummern, Anzahl der Lover im Leben sowie kulinarische Süchte ausgetauscht hatten, und somit rief sie mich an.

Schon mal auf einer öffentlichen Toilette telefoniert? Dämlicher geht's nur noch, wenn man auf der Nachttankstelle dem Traummann begegnet, mit Chipstüten, ungeschminkt, in grüner Betthose, rosa Pulli und rotschwarz gemustertem Schal sowie Mundgeruch wegen zuviel Fernsehen und schlechtem Sekt.

»Wo bist du?« kiekste sie, was soviel hieß wie: Kümmere dich um mich, du hast dich ewig nicht gemeldet, und warum hast du mir immer noch kein Rendezvous mit einem reichen, alleinstehenden Arzt mit normaler sexueller Veranlagung und über ein Meter fünfundachtzig verschafft?

Ich konnte mich nicht mal mehr ärgern über das kieksende, vorwurfsvolle Stimmchen. Ich sagte ihr, was Sache war, denn es war Zeit, ehrlich zu sein, anstatt zu rechtfertigen, warum ich zwei Tage nicht angerufen hatte.

»Ich sitze in Berlin auf einem Klo im Biergarten und teste, ob ich schwanger bin.«

Sie fragte nicht von wem. Sie sagte nicht: O Gott. Sie meinte nicht mal: Okay, ruf mich doch später noch mal an, oder gar: Na, da will ich dich nicht aufhalten.

Alexandra sagte nur: »Okay. Ich warte mit dir. Am Telefon.« Sie sagte es mit ihrer normalen, rauchigen Stimme, und in diesem Moment war sie die beste Freundin, die ich jemals haben konnte.

Wie lang diese Minuten dauerten, die nur mit knisterndem Schweigen der elektrostatischen Aufladungen unserer Mobiltelefone, der Kilometer dazwischen gefüllt waren, kann keiner ahnen, der sie nicht bis zum Ende durchgeschwiegen hat.

Sie ließ mich ohne einen Ton alles zu Ende denken, was ich fürchtete. Ein blondes Kind zu bekommen, ich selbst dunkel – ja, Entschuldigung, ich will ein Ebenbild von mir und kein Abziehbild von irgendeinem Schnellbumser. Von einem Mann, der niemals als Vater meiner ungeborenen Kinder in Frage käme. Von einer Liebschaft in den kalten Nächten am Yukon, von der weder Alexandra noch ich ahnten, daß er eines Tages auch ihr Liebhaber sein würde. Das ganze Leben, so wie es jetzt war, würde auseinanderfaulen. Alles. Haus. Job. Einfach alles. Ich war noch nicht soweit, aber wer konnte das schon vorher behaupten?

Ich wollte es Ben nennen, oder lieber Leon, vielleicht doch Sara oder Marie, und es lieben bis ans Ende der Welt, und den Führerschein würde es sich selbst verdienen müssen, aber es dürfte mein Auto fahren, sofort am nächsten Tag. Ich würde für mein Kind Kuchen backen lernen und das Rauchen aufgeben.

Ich konnte mein Leben doch nicht aufgeben? Ich war noch gar nicht fertig. Ich war doch erst losgelaufen, wußte gerade erst, wohin überhaupt, und wieso hatte der Idiot kein Kondom dabei, und wieso hatte ich nicht darauf bestanden, und wieso konnte es sein, daß drei Schuß ein Blag ergaben? Ich würde nie mehr ausschlafen können. Ob ich wohl schön aussehen würde, schwanger?

Ich habe Angst. Ich will dieses Kind. Okay. Ich habe mich entschieden. Ich will es.

Und so saßen wir gemeinsam da, zu dritt, Alex, ich und das Röhrchen. Ich balancierte den Becher zwischen den Knien. Der Slip hing auf Halbacht, die Handtasche stand in verwelktem Toilettenpapier, und ich betrachtete die Sprüche, die in die hellgrünen Toilettenwände gekratzt waren. Das Handy hatte ich zwischen Ohr und Schulter geklemmt, und das Röhrchen verfärbte sich. War grün ein Blag oder rot keines? Bedeutete rot, daß ich gleich zu C & A in die Babyabteilung gehen würde, anschließend zum Sozialamt, oder war es die Rettung? Würde ich als Mutter aus der Tür spazieren und Stefans umständlichen Heiratsantrag, linkisch, aber wehmütig vorgetragen, panikgleich annehmen? Ich sah keine Farbe mehr. Weiß blieb das Miststück. Und ich hatte immer noch Angst.

All das dachte ich allein, und doch nicht allein, denn sie war da und stand mir bei. Keine Ausreden wie: Ich hab keine Zeit, wollte mich bloß mal gemeldet haben. Kein Gefrage nach meinen Ängsten oder vorauseilende Lösungen wie Reisen nach Holland oder was alles im Mutterpaß zu stehen hat. Sie war einfach da.

Ich sprach zuerst.

»Kann sein, daß du doch nicht Babysitten mußt«, krächzte ich und war enttäuscht, irgendwie, warum enttäuscht? Seit wann definierte ich mich über die Rolle als Muttertier?

Und sie fragte: »Bist du traurig?«

Daß sie nicht sagte: Gott sei Dank, oder: Na fein, wir hören uns, wenn du wieder in Hamburg bist, oder: Wer war der Arsch? – all das machte sie für diese kostbaren Minuten im heißesten Sommer des vergangenen Jahrtausends zu einer großartigen Freundin. Der besten für diesen Moment, und kommt es nicht immer nur auf die wichtigsten Momente im Leben an?

Das war einer.

Ich wurde also nicht Mutti. Aber ich hatte für sieben Minuten eine Freundschaft genossen, die so pur und rein und liebevoll war, wie man es sonst nur in schnulzigen Filmen mit ganz viel Horizontaufnahmen erlebt.

Ich ging also wieder da raus, und die Spackenkinder nervten immer noch, es war nicht viel kühler als zuvor.

Stefan war am Ende seines Bierglases angekommen, irgendwo in einem Berliner Hotel wartete der Mann, den ich wenig später verließ, irgendwo auf der Autobahn fuhr jener der nächsten Jahre – und der, den es am meisten anging, ob ich die Mutter seines dritten Kindes geworden wäre, der hing irgendwo im Senegal herum und versuchte sich als Abenteurer.

Dieses Gefühl der Freundschaft mit Alexandra kam so niemals wieder. Doch die Erinnerung an diese sieben Minuten des absoluten Zugehörigkeitsgefühls trägt uns bis heute durch Wochen der Stille.

Und das Merkwürdige daran: Es trug uns selbst über die Monate, als sie mit dem Abenteurer die Laken teilte, mit dem ich sie völlig unbeabsichtigt zusammengeführt hatte.

Niemals wird er es schaffen, das zu zerstören, was die Menage à trois auf dem Klohäuschen im Berliner Tiergarten fundamentiert hat. Das Vertrauen darin, daß es im Leben Freunde gibt, die vielleicht nur kurz für dich da sind, aber dafür etwas hinterlassen, was für eine halbe Ewigkeit reicht: Hoffnung.

Ätschbätsch.

JENNIFER EGAN

Sacred Heart

In der neunten Klasse war ich eine große Bewunderin von Jesus Christus, der in Sacred Heart allgegenwärtig schien. Er thronte in Nischen und über Türen, blickte von Kalendern und Filzwandbehängen herab. Mir gefielen seine traurigen Augenbrauen und wie die dünnen, zarten Beine an den Knöcheln gekreuzt waren. Die Bleiglasfenster in unserer Kapelle erinnerten mich an nasse Bonbonhaufen, aus der Orgel strömten Klänge wie aus einer anderen Welt, einer Welt der Ekstase und Gewalt. Wo immer das war, dorthin wollte ich sehnlichst und betete inständig darum, auch wenn wir geheißen waren, für unsere Familien zu beten.

In dem Jahr kam ein neues Mädchen in unsere Klasse. Sie hieß Amanda, hatte kurzes rotes Haar und trug dünne Perlonkniestrümpfe, die vom vielen Waschen unterschiedlich verfärbt waren. Außerdem trug sie silberne Armreifen mit dicken, darin eingelassenen Türkisbrocken, schlug die Beine übereinander und starrte ins Leere. Bestimmt war ihr Leben schwer und geheimnisvoll. Wir waren gleich, dachte ich, wenn Amanda es auch nicht wußte.

Während der Messe sah ich sie einmal mit dem spitzen Ende ihrer Brosche etwas in die Kirchenbank ritzen. Als die Kapelle leer war, schlich ich zurück, um zu erkunden, was es war. Ich fand nur ein A, den Anfangsbuchstaben ihres Namens. Sich auf einer Kirchenbank zu verewigen war phantastisch und schrecklich zugleich, und ich ertappte mich dabei, wie ich Amanda danach häufiger beobachtete. Einmal versuchte ich mit ihr zu reden, doch sie rollte sich den Füller über die Wange und starrte unbeirrt irgendwohin zu meiner

Linken. Von nahem wirkten ihre Augen rissig und seltsam leblos, wie Augen auf Mosaiken, von denen ich Bilder im Religionsunterricht gesehen hatte.

Obwohl Sacred Heart eine reine Mädchenschule war, hatten wir durchaus auch mit Jungen zu tun. Denen von St. Pete's, unserer Partnerschule drei Straßen weiter; immer und ewig lungerten sie vor den Eingängen zu unserem Gebäude herum. Im Gegensatz zu Jesus, der sanft und traurig war, brachen diese Jungen dauernd in grundloses, unbändiges Gelächter aus. Mich schockierten die Geschichten, die ich über sie gehört hatte, wie sie von den heiligen Oblaten gegessen und den Meßwein getrunken hatten. Sie erinnerten mich an große Hunde, die, wenn man an einem Zaun entlanggeht, wie irre bellend aus dem Nichts angesprungen kommen und einen regelrecht bannen. Ich hielt mich von diesen Jungen fern und mied auch die Mädchen, die um ihre Aufmerksamkeit zu konkurrieren begannen.

Im Spätherbst des Jahres sah ich in der Schülerinnentoilette, wie sich Amanda den Arm aufritzte. Ich tat so, als bemerkte ich es nicht, doch als ich die Zelle wieder verließ und mir die Hände wusch, stand sie immer noch da und hatte einen Arm, Handgelenk nach oben, auf die Holzverschalung des Heizkörpers gelegt. Sie stieß eine Haarklemme in die Haut ihres Unterarms und schob sie zusammen.

»Was machst du da?« fragte ich. Amanda sah mich ausdruckslos an, und ich trat einen Schritt auf sie zu. Ruhig und verbissen bearbeitete sie ihren Arm, als entfernte sie einen Splitter.

»Sie ist nicht spitz genug«, sagte sie ungeduldig und zeigte auf die Haarklemme. Sie hatte sie geradegebogen und die Plastikköpfchen an den Enden entfernt. Amanda schien völlig unbeeindruckt von meiner Gegenwart, als sei sich den Arm aufzuritzen nicht verrückter, als sich Bänder ins Haar zu flechten. Neugierig, fasziniert von der Dringlichkeit, mit der sie zu Werke ging, sah ich ihr zu.

Ich trug eine Brosche mit einer weißen Ziege, die mir der Mann meiner Mutter, Julius, auf einer Reise in die Schweiz gekauft hatte. Ich trug sie meiner Mutter zuliebe, denn obwohl man sich kaum einen netteren Menschen als Julius vorstellen konnte, gelang es mir einfach nicht, ihn zu mögen. Es war, als sei meine Abneigung im vorhinein von jemand anderem beschlossen worden und als gehorchte ich nur einem Befehl. Nun tastete ich nach Julius' Geschenk; ich wollte unbedingt, daß Amanda es benutzte – ich sehnte mich danach, wie man sich nach einem bestimmten Geschmack sehnt. Es war falsch und schlimm und genau richtig. Als ich die Brosche von meinem Pullover nahm, spürte ich ein wohliges Ziehen im Magen, und meine Hände zitterten.

»Hier«, sagte ich und hielt sie ihr hin. »Versuch's mal mit der.«

Amandas Gesicht wurde ungewöhnlich weich. Sie nahm den Blick nicht von mir, als ich ein Streichholz suchte, um die Nadel zu sterilisieren. In der Toilette wurde häufig heimlich geraucht, und ich fand ein Streichholzbriefchen hinter den Spiegel geklemmt. Ich hielt die scharfe Nadelspitze meiner Ziegenbrosche in die Flamme, bis sie schwarz wurde. Doch als ich sie Amanda anbot, schüttelte sie den Kopf.

»Du«, sagte sie.

Die Ziege in der Hand, stand ich einen Moment still. Obwohl ich Angst hatte, lag doch in dem Anblick des glatten weißen Arms über der abblätternden Farbe der Heizkörperverkleidung etwas Ursprüngliches, Wunderschönes. Behutsam faßte ich Amanda am Handgelenk und berührte den Kratzer, den sie schon gemacht hatte, mit der Nadel. Und zuckte sofort zurück.

»Ich kann nicht«, sagte ich.

Enttäuschung breitete sich auf ihrem Gesicht aus. Als ich noch einmal versuchte, ihr die Nadel aufzudrängen, drehte sie sich verlegen von mir weg. Ich kam mir feige vor und wußte, wenn ich Amanda nicht half, sich zu ritzen, würde sie nie meine Freundin werden.

»Warte«, sagte ich.

Ich packte ihr Handgelenk und hielt es fest. Diesmal fuhr ich heftig mit der Nadel darüber und hinterließ einen dünnen Kratzer, der sofort blutete. Furchtlos geworden, machte ich weiter und war überrascht, daß die scharfe Spitze auf der Haut ein Geräusch verursachte, als schabte ich über ein Stück dicken Stoff. Es war anstrengend, und bald zitterten mir die Arme. Auf meiner Stirn sammelte sich Schweiß. Bis ich ein A zustande gebracht hatte wie das, das sie in die Kirchenbank geritzt hatte, sah ich Amanda nicht einmal an. Als ich es endlich doch tat, hatte sie die Augen fest zusammengepreßt und die Lippen verzogen, als lächele sie.

»Fertig«, sagte ich und ließ los.

Sie öffnete die Augen, und die Tränen strömten heraus. Sie wischte sie mit der anderen Hand weg. Ich merkte, daß auch ich weinte, teils vor Erleichterung, weil ich fertig war, teils wegen eines Kummers, den ich nicht verstand. Schweigend betrachteten wir ihren Arm, der mit der helleuchtenden Tätowierung schmal und fiebrig aussah. Nun erst kamen mir das heiße Licht der Lampe von oben, der Geruch nach Kreide und Desinfektionsmitteln, mein klopfendes Herz zu Bewußtsein. Dann endlich strich sich Amanda übers Haar und zog ihren Pulloverärmel herunter. Sie lächelte mich an – ganz fein – und küßte mich auf die Lippen. Einen Moment spürte ich ihr Gewicht, ihren festen Körper, dann war sie verschwunden.

Allein in der Toilette, sah ich ihr Blut auf meinen Fingern. Es war rötlich-orange, wäßrig klebrig wie Spucke, wenn man ein Bonbon gelutscht hat. Eine Welle der Verzweiflung überrollte mich, ich schloß die Augen und lehnte mich ans Waschbecken. Dann wusch ich mir langsam die Hände, säuberte die Ziegennadel und steckte sie in die Tasche. Eine Weile lang blieb ich stehen, starrte den Heizkörper an und versuchte, mich an alles zu erinnern, an die exakte Abfolge des Geschehens. Aber es war schon verblaßt.

Von dem Tage an stieg mir, immer wenn ich Amanda anschaute, ein warmes Gefühl vom Bauch in den Hals. Wenn ich den Klassenraum betrat, ging mein erster Blick zu ihrer Bank, und wenn sie mit einem anderen Mädchen redete, wurde mir fast übel. Ich kannte Amanda in allen Einzelheiten: ihre schmuddeligen Hände mit den abgebissenen Fingernägeln, die tiefe, zarte Einbuchtung am Halsansatz. Um ihre Knie war die Haut trocken und weiß; mit Fortschreiten des Herbstes wurde es schlimmer. Ich liebte diese Unvollkommenheiten – jedes Anzeichen von Schwäche schien Amanda zerbrechlicher zu machen, dringender meiner Hilfe bedürftig. Der Gedanke, daß ich ihr Blut gesehen hatte, ließ mich nicht los, und immer wieder suchte ich in ihrem gequälten Blick irgendeinen Beweis für diese Begegnung, ein Indiz dafür, wie nahe wir uns waren. Aber ihr Blick blieb vage, als sei ich ein Mädchen, das sie vor langer Zeit einmal kennengelernt hatte, und als wisse sie nun nicht mehr, wo sie mich hinstecken sollte.

Damals wohnte ich mit meiner Mutter und Julius, dem Mann, den sie ein paar Monate zuvor geheiratet hatte, in einem großen Mietshaus. Julius war Kürschner. Letztes Weihnachten hatte er mir einen kurzen Fuchspelzmantel geschenkt, der auf einem gepolsterten Kleiderbügel in meinem Schrank hing. Ich trug ihn nicht. Nun, da beinahe Winter war, befürchtete ich, daß meine Mutter mich dazu zwingen wollte, damit Julius nicht gekränkt war. Seine Lippen waren immer unnatürlich feucht, als habe er zu lange vergessen zu schlukken. Er bat mich, ihn »Dad« zu nennen, was ich aber vermied, indem ich ihn stets mit »du« ansprach und dabei direkt ansah. Wenn ich etwas von ihm wollte, suchte ich lieber die ganze Wohnung ab, bis ich ihn gefunden hatte. Als ich einmal meine Mutter aus der Schule anrufen wollte und Julius am Telefon war, sagte ich »Hallo ...« und geriet dann in Panik, wie ich ihn anreden sollte. Ich legte auf und betete, er möge meine Stimme nicht erkannt haben. Er erwähnte es nie.

Es ging auf Weihnachten zu. In den Schaufenstern der windigen Straßen der Innenstadt wimmelte es von Weihnachtsmännern mit Wattebärten und hoch mit Geschenken beladenen Schlitten. In der Kapelle von Sacred Heart wurde es dunkler, und die Kerzen auf den dünnen goldenen Untersetzern warfen Heiligenscheine auf die Steinwände. Während der Messe schloß ich die Augen und stellte mir das Jesuskind in der Scheune auf dem Strohballen vor, die Tiere mit Kletten und Heufetzen im weichen Fell. Ich betrachtete unseren dünnen Jesus über dem Altar und dachte, welche Gewalt er seit dem Tag seiner Geburt hatte ertragen müssen, was für ein Mitleid er verdiente. Und zu meiner Verwirrung stellte ich fest, daß ich eifersüchtig auf ihn war.

Im Laufe des Winters wurde Amanda immer dünner. Ihre Kniestrümpfe rutschten und schlugen Falten um die Knöchel. Ihr mittlerweile ganz spitzes Gesicht sah manchmal so fiebrig und rosig aus, daß ihre Augen wie weiße Murmeln darin glänzten. Unsere Klassenlehrerin, Schwester Wolf, erlaubte ihr, einen türkisfarbenen Pullover mit gelben Punkten zu tragen, nachdem sie erklärt hatte, daß ihre Eltern nicht zu Hause seien und ihr der Schulpullover aus Versehen eingelaufen sei. An dem Tag fing ihre Nase im Physikunterricht an zu bluten, und ich sah zu, wie Schwester Wolf eine Viertelstunde lang hinter der Bank stand und Amandas Kopf in ihrer Hand bettete, während ein Mädchen mit einem Handtuch das dunkel fließende Blut auffing. Amanda hatte die Augen geschlossen, die Lider waren ein ganz klein bißchen feucht. Als ich ihre feingliedrigen Hände anstarrte und die kalte, blau marmorierte Haut an ihren Waden, wußte ich, daß mir nichts wichtiger war als Amanda. In meinem Mund sammelte sich ein salziger Geschmack, den ich nicht herunterschlucken konnte. Ich kriegte Kopfschmerzen. Ich wußte, ich würde alles für sie tun. Doch so viel Liebe empfand ich als bedrohlich, und selbst in der vertrauten, alltäglichen Umgebung des Klassenraums bekam ich Angst.

Später an dem Tag sah ich Amanda draußen auf einer Bank ausruhen. Das Herz hämmerte mir in der Brust, aber ich zwang mich, mich neben sie zu setzen. Ich warf einen Blick auf ihren Arm: Ihre Pulloverärmel bedeckten die Handgelenke.

»Sind deine Eltern im Urlaub?« fragte ich.

»Sie lassen sich scheiden.«

Wie Amanda die Worte aussprach, klang es grandios, wie eine Reihe bunter Eisenbahnwagen, die über gutgeölte Schienen gleiten. Lassen sich scheiden.

»Meine Eltern sind geschieden«, erzählte ich ihr, aber es zischte, als hätte ich etwas zertreten.

Zum erstenmal seit dem Tag in der Schülerinnentoilette vor einigen Wochen schaute mich Amanda direkt an. Die Iris in ihren Augen wirkten wie zersplittertes Glas. »Ach ja?« sagte sie.

»Mein Vater wohnt in Kalifornien.«

Wie gern hätte ich Amanda mein ganzes Leben erzählt, angefangen damit, wie ich, als ich sechs war, mit meinem Vater in Disneyland die Devil's Paint Pots angeschaut hatte, mit verschiedenfarbiger, zäh blubbernder Flüssigkeit gefüllte Krater, aus denen Dampf quoll. Mein Vater und ich waren auf Eseln daran vorbeigeritten. Seitdem hatte ich ihn nicht mehr gesehen.

»Ich habe einen Bruder«, sagte Amanda.

Die Devil's Paint Pots blubberten mächtig in meinem Kopf, aber ich behielt es für mich. Amanda schlug die Beine übereinander und rückte einen halben Meter von mir ab. Sie spielte mit ihren Armreifen.

»Warum beobachtest du mich immer?« fragte sie.

Ich spürte, wie mein Gesicht und Hals glühend heiß und rot wurden. »Weiß ich nicht.«

Durch unser Schweigen drang das Geschrei der jüngeren Schülerinnen, die an den Ringen und Kletterstangen schwangen. Ich dachte an die Zeit, als auch ich mit dem Kopf nach unten an den Stangen gehangen und das kalte Metall in den Kniekehlen gespürt hatte. Daß mir das Kleid über den Kopf fiel und man meine Unterwäsche sah, war mir einerlei gewesen. Doch nun besuchte ich die neunte Klasse, und nichts war mehr wie vorher.

»Wenn du einen Wunsch hättest«, sagte Amanda und schaute mich mit ihren Mosaikaugen von der Seite an, »was würdest du dir wünschen?«

Ich dachte nach. Ich wünschte mir alles mögliche: daß ich mal nach Herzenslust in unseren Altarschreinen herumstöbern, die Hostien pfundweise essen und einen Schluck Meßwein trinken durfte. Doch zu Amanda sagte ich: »Ich würde mir wünschen, du zu sein.«

Ich hatte sie noch nie richtig lächeln sehen. Ihre Zähne waren gelblich, und ihr Zahnfleisch wirkte roter als bei den meisten anderen Leuten. »Du bist verrückt«, sagte sie kopfschüttelnd. »Du spinnst ja total.«

Dann beugte sie sich vor und stieß einen hohen, dünnen Laut aus, der klang, als wische man mit einem feuchten Tuch über einen Spiegel. Zuerst dachte ich, sie hätte wieder Nasenbluten, doch als ich mich vorlehnte und in ihr Gesicht schaute, sah ich, daß sie nur lachte.

Jeden Morgen, an dem die Eisblumen auf meiner Fensterscheibe größer wurden, mußte ich an den Fuchspelzmantel denken. Er hing in meinem Schrank wie ein hungriges Haustier, von dem ich wußte, daß ich es zum Schluß doch füttern mußte. Wenn ich den weichen Pelz berührte, schwang er ein wenig hin und her. Manchmal drängte es mich, ihn zu streicheln.

Als ich mich eines Morgens für die Schule anzog, kam meine Mutter in mein Zimmer, mit vom Schlaf verquollenem Gesicht und sehr bleichen Lippen. Ich staunte immer noch darüber, daß sie und Julius zusammen in dem großen Bett lagen, in dem sie so viele Jahre allein geschlafen und in dem auch ich geschlafen hatte, wenn mich Alpträume plagten. Ich stellte mir immer vor, daß Julius in einem Extrazimmer schlief, daß er und meine Mutter sich vor einer weiteren Tür dort drinnen einen Gute-Nacht-Kuß gaben und erst am nächsten Morgen wieder trafen.

»Es ist kalt draußen«, sagte meine Mutter.

Ich nickte und suchte einen Pullover in meinem Schrank. Ich spürte, wie sie den Mantel anschaute. Sie schwieg, während ich mir die Kniestrümpfe anzog.

»Weißt du«, sagte sie, »Julius mag dich wirklich. Er findet dich ganz toll.« Ihre Stimme klang so vergnügt, als sei es schon eine Lust, bloß seinen Namen auszusprechen.

»Ich weiß«, sagte ich. Und das stimmte – er buk mir morgens Pfannkuchen und hatte mir schon oft angeboten, mich mal mit in sein Lager mitzunehmen, in dem gewiß Reihe um Reihe weiche, verführerische Pelze hingen. »Ja, bald«, murmelte ich dann immer in mich hinein.

»Sarah«, sagte meine Mutter und wartete, daß ich sie anschaute. »Bitte, willst du ihn nicht anziehen?«

Ihr Haar war plattgedrückt, ihre Miene offen, bittend. Wenn sie fein angezogen und geschminkt war, fand ich sie wunderschön. Aber als sie nun in dem ersten weißen Licht des Wintermorgens dasaß und versuchte, ihre Tasse auf dem Knie zu halten, sah sie erschöpft und traurig aus.

»Doch«, sagte ich und meinte es auch ehrlich. »Ich trage den Mantel, wenn es friert.«

Zwei Wochen vor Beginn der Weihnachtsferien fehlte Amanda. Als ich ihren leeren Stuhl sah, überfiel mich sofort Angst. Ich betrat das Klassenzimmer und setzte mich an meinen Tisch, aber ohne Amanda, die meine Aufmerksamkeit fesselte, fühlte sich der Raum übergroß an. Schon bevor die

Lehrerin ihr Fehlen festgestellt hatte, befürchtete ich, daß sie nicht mehr wiederkommen werde.

Eine außerordentliche Schulversammlung wurde einberufen. Schwester Brennan, unsere Direktorin, verkündete allen Anwesenden, daß Amanda mit ihrem Bruder, der die High School abgebrochen hatte und bei Marshall Field arbeitete, von zu Hause weggelaufen war. Sie hatten sogar Kreditkarten gestohlen. Als Schwester Brennan sprach, entstand allenthalben um mich herum große Erregung, wie an dem Tag, an dem wir erfahren hatten, daß Melissa Shay mit den langen goldblonden Zöpfen, zwei Klassen unter mir, in den Sommerferien an Leukämie gestorben war. Diese Erregung war mit Freude durchsetzt, einer nervösen Lust an Neuigkeiten, die so schockierend waren, daß sie kurzfristig sogar die Abläufe des normalen Alltags überlagerten. Wie die anderen Mädchen drehte ich mich um und gab ihnen – wie sie mir – durch Gesten und Gebärden zu verstehen, wie überrascht ich war. Es tröstete mich, daß ich das gleiche wie alle anderen empfand, daß ich so tun konnte, als bedeutete der Skandal um Amanda für mich nicht mehr als eine verkürzte Mathematikstunde.

Konzentrieren konnte ich mich danach nicht mehr. Ich empfand einen körperlichen Schmerz in Magen und Armen, als ich durch die Türen von Sacred Heart lief, diesen Ort, den Amanda einfach so aufgegeben hatte. Sie ließ mich mit alldem allein: mit Pater Damian im Talar, den alten Wandtafeln und Pulten, der ehrwürdigen Kapelle mit ihrem Gestank nach feuchten Steinen und altem Linnen, den abgeleierten Echos der immer gleichen, endlos wiederholten Worte. Als Pater Damian uns einen Vortrag über Amandas Sünde hielt, fiel mir auf, daß sein Priesterkragen seinen Hals zusammenquetschte und faltig machte, so daß er aussah wie die Gurgel eines Puters, und daß seine Augen verhornt und matt wie Fingernägel waren. Ich schaute Jesus an und sah statt seiner gekreuzten Knöchel die ordentlich gefalteten

Keulen eines Brathähnchens. Von nun an schaute ich ihn nicht mehr an.

Statt dessen starrte ich ständig auf Amandas Tisch. Dort hatte sie gesessen, den Füller über die Wange gerollt und wochenlang – wer wußte schon, wie lange? – ihre Flucht geplant. Wenn sich nach der Schule die dunklen Flure leerten, setzte ich mich manchmal auf ihren Stuhl und fühlte mich von ihrer Abwesenheit umgeben. Ich öffnete ihre Tischschublade und betastete die abgekauten Bleistifte, den gammeligen Radiergummistummel, die während des Unterrichts mit ein paar flüchtigen Notizen bekritzelten Blätter. Eines nach dem anderen nahm ich diese Dinge mit nach Hause, reihte sie sorgfältig auf meiner Fensterbank auf und betrachtete sie, bevor ich schlafen ging. Ich malte mir aus, wie Amanda und ihr Bruder über dichte Sanddünen stapften und auf Burgtürme kletterten. In meiner Vorstellung hatte dieser Bruder eine schlagende Ähnlichkeit mit Jesus Christus. Amanda wurde mit jedem Tag unirdischer, bis mich zum Schluß weniger erstaunte, daß sie verschwunden war, als daß ich sie überhaupt je gesehen – und berührt – hatte.

Als meine Mutter eines Abends einmal zu einem Termin weg war und Julius im Arbeitszimmer las, nahm ich mir eine Rasierklinge aus dem Päckchen, das er im Medizinschränkchen aufbewahrte. Mit spitzen Fingern trug ich sie in mein Zimmer, setzte mich auf die Bettkante und zog meinen Pullover aus. Es war der Schulpullover, darunter hatte ich die kurzärmelige Bluse an. Ich legte mir ein Kissen auf den Schoß und bettete den Arm darauf. Mein nackter Unterarm war weiß wie Milch, glatt und voll blaßblauer, schlängeliger Adern. Ich berührte ihn mit der Klinge und merkte, daß ich entsetzliche Angst bekam. Ich schaute mich um, betrachtete die Teddybären aus meiner Kindheit, das blubbernde Aquarium, die Ballerinaposter. Sie gehörten jemand anderem – einem Mädchen, das es schon für groben Unfug hielt, mit dem Arm die Fische durch das Aquarium zu jagen und zu versuchen, sie an ihren glitschigen Schwänzen zu packen. Einen Moment lang grauste mir vor dem, was ich nun tun wollte, und ich hielt inne. Aber etwas mußte ich tun. Ich konnte an nichts anderes denken.

Behutsam, doch stetig schob ich eine Ecke der Rasierklinge ungefähr in der Mitte zwischen Ellenbogen und Handgelenk in die Haut. Von dem Schmerz stiegen mir die Tränen in die Augen, und meine Nase fing an zu laufen. Ich hörte ein seltsames Summen, schnitt aber weiter, entschlossen, mich nicht anzustellen, mir selbst gegenüber so brutal zu sein, wie Amanda es mit sich gewesen war. Die Rasierklinge drang tiefer ein als der Schmerz. Einen Moment blutete der Schnitt auf meinem Arm nicht – eine Sekunde lang –, und dann quoll das Blut wie angehaltener Atem plötzlich daraus hervor und durchtränkte den weißen Kissenbezug. Es geschah so rasch, daß ich zuerst lediglich staunte, als sähe ich einen packenden Wissenschaftsfilm. Dann erschrak ich vor dem, was ich da angerichtet hatte, diesem warmen, klebrigen Geblute, und mir wurde schwindelig.

Ich hatte etwas Schlimmes gemacht, das war klar. Aus der Küche hörte ich den Wasserkessel pfeifen sowie das Knarzen des Sessels, als Julius aufstand, um den Kessel vom Herd zu nehmen. Wenn doch bloß meine Mutter zu Hause gewesen wäre. Ich wollte zu Julius gehen und ihn um Hilfe bitten, doch mein Arm fühlte sich schwer verletzt an, das Blut strömte, wohin ich auch schaute, und ich war außerstande, ihn hochzuheben.

»Julius?« rief ich. Der Name klang fremd, und mir fiel auf, daß ich ihn fast ein Jahr lang nicht laut gesagt hatte. Der Kessel pfiff immer noch, und Julius hörte mich nicht.

»Dad!« brüllte ich, und das klang noch fremder als »Julius«.

Im Nachbarzimmer herrschte plötzlich Stille. »Dad!« rief ich wieder. Die warme Nässe rann mir bis zu den Beinen, mir wurde immer schwummeriger. Als ich mich zurücklehnte und die Augen schloß, erstanden vor mir die Devil's Paint Pots mit ihren Dampfwölkchen und der Mann auf dem Esel neben mir. Dann hörte ich, wie die Tür zu meinem Zimmer aufgerissen wurde.

Ich zitterte und bebte am ganzen Körper. Meine Zähne klapperten so fest aufeinander, daß ich mir auf die Zunge biß. Julius wickelte mich in den Fuchspelzmantel und trug mich zum Auto. Schon bevor wir dort waren, schlief ich.

Im Krankenhaus nähten sie mir den Arm und verbanden ihn mit weißer Gaze. Dann bekam ich eine Schlinge aus festem Stoff, und trotz meines Schocks darüber, was ich mir angetan hatte, freute ich mich wahrhaftig schon auf den Wirbel, den mein Arm in der Schlinge im Klassenraum verursachen würde. Julius telefonierte mit meiner Mutter. Ich hörte, daß sie total aufgelöst war, doch er blieb die ganze Zeit ruhig.

Als wir fertig waren und gehen konnten, hielt er mir den Mantel hin. Der war blutbesudelt, zerdrückt und verklebt. Mit Genugtuung sah ich, daß ich ihn unwiderruflich ruiniert hatte.

»Den kriegen wir schon wieder sauber«, sagte Julius und warf mir einen Blick zu. Er war groß, hatte olivfarbene Haut und Haar, das wie Plastik glänzte. Man sah die einzelnen Rillen vom Kämmen. Da wußte ich, warum meine Mutter ihn liebte – diesen Mann, der warm war, wenn es draußen fror, und wichtige Fahrkarten und Zettel in seiner Brieftasche behielt, bis man sie brauchte. In seinen Händen sah der Mantel klein aus. Er hielt ihn einen Moment und schaute sich den verklebten Pelz an. Bockig schüttelte ich den Kopf. Ich haßte das Ding, und das änderte sich nicht einfach mal so.

Zu meiner Überraschung begann Julius zu lachen. Seine feuchten, breiten Lippen verzogen sich erst zu einem Grinsen, dann gluckste er laut und schüttelte sich. Vorsichtig lächelte ich zurück. Da stopfte Julius die Jacke in den weißen

Krankenhausmüllcontainer. »Was soll's«, sagte er und lachte immer noch, als der silberne Deckel wieder zuklappte. »Was soll's.« Er nahm mich an der Hand und ging mit mir zurück zum Parkplatz.

Monate später, im Frühsommer, veranstalteten Sacred Heart und St. Pete's ihren jährlichen gemeinsamen Ball. Michael McCarthy lud mich dazu ein, ein hübscher, mürrischer Junge mit leuchtendblauen Augen, der die Angewohnheit hatte, sich häufiger als nötig die Haare aus dem Gesicht zu werfen. Er schien sich genauso zu fürchten wie ich, also nahm ich an.

Ich brauchte weiße Schuhe. In der letzten Schulwoche ging ich eines Nachmittags nach dem Unterricht zu einem großen Billigschuhladen in der Stadt: In der Tür schloß ich ungläubig die Augen.

Amanda saß auf einem Hocker und half einer Frau, in einen grünen Pumps zu schlüpfen. Um sie herum lag zerknülltes Seidenpapier. Ihr Haar war länger, fiel mir auf, und sie war nicht mehr so dünn.

Spontan hätte ich mich am liebsten durch die Tür wieder hinausgestohlen, bevor sie mich sah. Obwohl ich kaum noch an sie dachte, hing ich immer noch dem seltsamen Glauben an, sie sei der Erde entschwebt und lebe nun unter den dikken, silbrigen Wolken, die ich einmal aus dem Flugzeugfenster gesehen hatte. Bei ihrem Anblick empfand ich jähe Enttäuschung.

»Amanda«, sagte ich.

Sie fuhr herum und schaute mich an; kniff die Augen zusammen, erkannte mich aber nicht. Ich war schockiert: Da hatte ich die ganze Zeit an sie gedacht, und sie wußte kaum, wer ich war.

»Ach ja«, sagte sie dann lächelnd. »Sacred Heart.«

Sie bat mich zu warten, bis sie mit ihrer Kundin fertig war, und ich schaute nach Schuhen für mich. Ich suchte mir welche aus weißem Satin mit winzigen aufgenähten Perlen aus und brachte sie zur Kasse, wo Amanda wartete. Sie tippte den Preis ein.

»In welcher Schule bist du jetzt?« fragte ich.

Sie nannte eine große öffentliche Schule und sagte, dort gefalle es ihr besser. Ihre Finger bewegten sich flink über die Tasten.

Leise fragte ich: »Wo seid ihr hingegangen?«

Amanda zog die Kassenlade auf und nahm, lautlos mitzählend, das Wechselgeld heraus. »Nach Hawaii«, sagte sie und gab mir die Scheine.

»Hawaii?« Das hatte ich mir nicht vorgestellt.

In meinem Kopf erstanden Bilder von Baströcken, Blumenhalsketten und tropischen Getränken mit Papierschirmchen und Maraschinokirschen. Julius war dort gewesen und hatte mir davon erzählt.

»Wir waren zwei Wochen da«, sagte Amanda. »Dann ist mein Vater gekommen und hat uns geholt.« Sie schien sich nicht im geringsten zu schämen. Als sie mir meine Plastiktüte mit dem Schuhkarton aushändigte, sagte sie: »Er hat den ganzen weiten Weg gemacht. Mußte er. Sonst wären wir für immer und ewig auf Hawaii geblieben.«

Amanda schloß die Kasse und ging mit mir hinaus auf die Straße. Der Tag war warm, und wir trugen beide kurze Ärmel. Ihre Arme waren glatt und leicht gebräunt. Die Narbe auf meinem Arm war nichts weiter als ein dünner rosafarbener Strich.

Wir blieben einen Moment schweigend stehen, und dann küßte sie mich zum Abschied auf die Wange. Ich erwischte ihren Geruch, den warmen Geruch nach Brot. Sie winkte mir noch einmal aus der Tür des Schuhgeschäfts zu und ging dann wieder hinein.

Ich empfand ein plötzliches Verlangen, mich nicht von der Stelle zu bewegen. Ich spürte, wo ihre Arme mich gedrückt, wo ihre Hände meinen Nacken berührt hatten. Und roch sie noch, warm und würzig wie Duft, den ein Rasen nach vielen Stunden Sonnenschein verströmt. Ich versuchte Amanda durch die Schaufenster zu sehen, aber die Sonne knallte auf die Scheiben, so daß ich dahinter nichts erkennen konnte.

Endlich lief ich, meine Schuhtüte schwenkend, los. Ich holte tief Luft, wollte den Rest ihres Geruchs einatmen, doch er blieb um mich herum, und ein paar Straßen weiter begriff ich, daß ich nicht Amanda roch, sondern mich selbst. Mich und diesen Frühsommertag – die frischen, gekräuselten Blätter und sonnenbeschienene Erdhügel. Bald wurde ich fünfzehn.

EDITH EINHART

Spätes Wiedersehen

Am Tag zuvor war das Thermometer das erste Mal über fünfzehn Grad gestiegen, und es hatte schon zu tauen begonnen. Doch über Nacht war der Schneematsch zu eisigen Platten gefroren. Sie bedeckten die einspurige Straße, die den Alsterpark mit dem eleganten Hamburger Stadtteil Pöseldorf verband. Nur auf dem schmalen Gehweg, der an den strahlend weißen Villen und feinen Interieurläden vorbeiführte, war ein schmaler Asphaltstreifen vom Eis befreit worden.

Eine alte Frau ging dort, mühsam, den Körper über einen Gehwagen gebeugt. Ihre nackten, von der Kälte geröteten Hände schlossen sich fest um das Rollgestell und einen Strauß Blumen, deren Köpfe bei jeder Erschütterung auf und ab wippten.

Sie wußte, sie mußte vorsichtig sein. Wenn die Rollen ihrer Gehilfe versehentlich auf das tückische Eis gerieten, konnte sie ausrutschen und böse stürzen. Im Heim hätten sie sie niemals allein gehen lassen, aber sie hatte die Pflegerinnen einfach ausgetrickst. Lena lächelte. Jetzt konnte sie ihr kleines Geschenk doch persönlich vorbeibringen. Im Heim hätten sie nicht verstanden, wie wichtig ihr das war. Sie mußte sich nur ein wenig beeilen, denn bald schon würde es dunkel werden, und dann würden sie bemerken, daß sie nicht zum Abendbrot erschienen war und sie vielleicht sogar suchen lassen. Doch sie hatte sich nicht früher an der Pforte vorbeischleichen können.

Ihre Finger waren schon ganz klamm. Sie hatte ihre Handschuhe vergessen. Wieder einmal. Lena seufzte leise. Sie war in der letzten Zeit häufig so zerstreut. Aber an den Geburtstag hatte sie gedacht. Sie hatte ihn noch nie vergessen, und sie würde ihn nie vergessen.

Hoffentlich hielt sie niemand auf. Sie hatte es eilig.

Langsam wandte sie den Kopf und kniff die Augen zusammen. Sie sah trotz Brille nicht mehr besonders gut.

Wenn nur die Frau heute in ihrem Haus blieb. Aber natürlich saß sie wieder auf der efeuumrankten und abgeblätterten alten Gartenbank, die so gar nicht in dieses blankgeputzte Viertel paßte, und sah in ihre Richtung. Ausgerechnet jetzt. Und Lena konnte noch nicht einmal auf die andere Straßenseite wechseln, wie sie es immer tat, wenn sie an dieser Stadtvilla vorbeiging.

Am Anfang hatte die Frau Lena leid getan. Immer saß sie dort, so wie jetzt, und wartete, ob nicht jemand kam, mit dem sie sich unterhalten konnte. Ein paar Minuten nur, um zu vergessen, wie einsam sie war. Sicher hatte sie niemanden mehr, der ungeduldig auf ihren Besuch wartete. Lena hatte sich ein paarmal ganz gut mit ihr unterhalten. Es war schön gewesen, auch einmal mit einem Menschen zu reden, der nicht im Heim wohnte. Sie war ihr sympathisch gewesen, sehr sympathisch sogar, und vielleicht wären sie sogar Freundinnen geworden. Doch wenn sie geahnt hätte, daß es diese Frau war, die sie …

Lenas Gesichtszüge verdüsterten sich, und sie verkrampfte ihre Hände. Ihre Finger protestierten schmerzend, doch sie versuchte, einfach nicht darauf zu achten, und ging schneller. Stieß das Rollgestell vor sich her wie ein widerspenstiges Tier. Die Schmerzen in ihren Händen wurden stärker. Lena verzog verbissen den Mund. Nein, sie hatte wirklich weder Lust noch Zeit, mit dieser Frau zu reden.

Weder heute noch an irgendeinem anderen Tag.

Mittlerweile war sie beinahe auf der Höhe der Bank, wo die Alte lauerte. Sie sah nicht hin, aber Lena spürte ihre aufdringlichen Blicke. Sie beobachtete sie. Wut stieg in Lena auf. Ich hätte sie von Anfang an einfach ignorieren müssen. Jetzt kann ich noch nicht einmal mehr in Ruhe meine Mutter besuchen. Das habe ich von meiner Gutmütigkeit.

Die Rollen schlitterten über Eis. Erschrocken lenkte Lena die Gehhilfe auf den Asphalt zurück.

Beinahe wäre ich gestürzt. Ich muß besser aufpassen, darf mich nicht von der Alten ablenken lassen. Soll sie mich doch anstarren, wenn sie sonst nichts zu tun hat.

Sicher hatte sie Lena heimtückisch aufgelauert, genau wie diese verfluchten Katzen. Natürlich! Die Katzen. Jetzt war ihr wieder eingefallen, warum sie nicht mehr vor dem Haus der Alten stehenblieb. Wegen ihrer Katzen. Warum war ihr das nicht schon vorhin eingefallen? Lena haßte diese Tiere, schon immer. Sie waren so nett ins Gespräch gekommen, bis diese Katzen aufgetaucht waren. Lena zitterte. Sie waren um die Beine der Frau gestrichen, und dann war eine auf den Briefkasten gesprungen, hatte sie angefaucht, und Lenas Herz war vor Angst fast stehengeblieben. Ja, genauso war es gewesen. So und nicht anders. Darum machte sie einen großen Bogen um diese Frau, nur darum. Wie hatte sie das nur vergessen können?

Lena hatte das Gartentor der weißen Stadtvilla fast erreicht. Angestrengt und doch schlafwandlerisch, wie ein Bergsteiger auf den letzten Metern zum Gipfel, setzte sie einen Fuß vor den anderen und schaute hartnäckig auf den Weg vor sich und die Eiskanten, die im Licht der Frühlingssonne funkelten, wie der silberne Ring, den Claudia ihr vor vielen Jahren geschenkt hatte. Aber daran durfte sie nicht denken. Lena schwitzte am ganzen Körper. Aber war das ein Wunder? Sie war es nicht mehr gewöhnt, sich so abzuhetzen. Ihr Herz schlug heftig.

Aber auch das kam sicher nur vom schnellen Gehen.

Sie hielt den Atem an und sah aus den Augenwinkeln, daß die Frau aufgestanden war und ans Gartentor kam. Sie öffnete das Gartentor, aber Lena sah noch immer nicht auf, als verschwände die Frau, wenn sie nur nicht hinsah. Jetzt fiel ihr Blick auf orthopädische Schnürschuhe, ganz ähnliche, wie sie selbst sie trug.

Warum steht sie denn nur da und sagt kein Wort? Sie trug dicke Wollstrümpfe, die knapp über dem Knie vom Rocksaum verdeckt wurden. Lena runzelte die Stirn. Damals hat sie nie Röcke getragen, immer nur Hosen, auch, als es noch gar nicht modern war, Hosen zu tragen. Sie hat immer gedacht, ihre Beine wären nicht schön genug für Röcke und Kleider. Aber ich habe ihre Beine geliebt. Ich konnte gar nicht aufhören, sie zu streicheln. Und manchmal träume ich noch nachts davon, wenn ich in den frühen Morgenstunden endlich einschlafen kann, dabei ist es doch alles schon so lange her. So lange, als wäre es schon längst nicht mehr wahr.

Lena blieb stehen.

Und wenn ich ihr nun doch in die Augen sehe, in diese graublauen Augen, die so häufig die Farbe der stürmischen Nordsee annahmen, wenn sie sehr glücklich oder sehr zornig war. Diese Augen, die mich als erstes wiedererkannt haben.

Lenas Körper spannte sich, sie wollte sich aufrichten und die Frau anlächeln, so wie damals, als ihr gemeinsames Lächeln sie für einige Monate von der restlichen Welt abgeschlossen hatte, doch dann streifte ihr Blick die Blumen. Sie erwiderten ihr Lächeln nicht, sondern nickten nur vorwurfsvoll. Lenas Wangen verfärbten sich, und sie schloß schuldbewußt die Augen. Wie konnte sie nur daran denken, am heutigen Tag? Sie ging hastig weiter. Würden diese Gedanken denn nie aufhören? Was war sie nur für eine Tochter!

Sie versuchte verzweifelt noch schneller zu gehen, als könne sie so die Vergangenheit abschütteln. Der Kopf tat ihr weh, und das Blut pulsierte dumpf an ihren Schläfen. Das war gut. Das war sogar sehr gut. Besser als Nachdenken. Sie keuchte. Jetzt bloß nicht langsamer werden. Weitergehen. Nicht umdrehen. Jetzt hatte sie auch noch Seitenstechen.

Natürlich. Ihr Körper wollte sie verraten. Wieder einmal. Aber diesmal nicht. Sie würde sich nicht mehr von ihren Gefühlen terrorisieren lassen, von verwirrten und verirrten Gefühlen, die anderen nur wehtaten und die ihrer Mutter nichts als Kummer bereitet hatten.

Es kam bloß darauf an, sich zu beherrschen. Nicht jeder Grille einfach nachzugeben. Ich werde nicht noch einmal schwach werden, wie damals, und wenn ich hier auf der Stelle tot umfalle. O nein. Nie wieder. Ich habe es Mama versprochen und mich zusammengerissen. All die Jahre ist es doch auch so gegangen! Ich hatte einen netten Mann, und an Claudia habe ich kaum mehr gedacht. Das war eine kindische Jugendsünde, mehr war das nicht.

Aber auch nicht weniger.

Lena wurde übel. Für einen Augenblick verschwamm der Weg vor ihren Augen. Gott sei Dank, sie war fast da.

Sie blieb stehen und atmete tief durch, wartete, bis ihr Herzschlag sich wieder beruhigt hatte. Ein kleines Motorflugzeug brummte in der Ferne. Ein Frühlingsvogel sang. Der Schwindel ließ nach, und Lena lächelte zaghaft. Kannst du ihn hören, Mama?

Sie betrachtete das Friedhofsgatter, ohne es zu sehen, und sagte immer wieder leise: »Du hörst ihn doch, oder?«

Tote hören nichts, und sie sehen nichts.

Vielleicht hätte ich Claudia nach ihrem Tod lieben können?

»Oh, sei still, sei still, sei still, sei still!« Sie stieß die Worte hervor wie Geschosse, und bei jeder Silbe nickte sie gequält mit dem Kopf und beugte den Oberkörper vor und zurück. Ihre Faust preßte die Blumenstiele zusammen, und Pflanzensaft mischte sich mit Schweiß. Etwas Speichel lief Lena übers Kinn, auch er glitzerte im Sonnenlicht wie ein seidener Faden. Sie bemerkte es nicht.

Dann stand sie lange ruhig da, während die Dämmerung sich über die Gräber senkte und die Straßenlaternen aufleuchteten. Es war dunkel, als sie endlich das Gatter aufschob.

Sie hörte Schritte hinter sich und verharrte erstaunt in der Bewegung. Noch ein Friedhofsbesucher, um diese Zeit?

Die Schritte näherten sich Lena. Dann stand jemand hinter ihr. Sie hörte den Atem.

Lena wandte langsam den Kopf und sah in tiefschwarze Pupillen, die in einem Meer aus Bernstein schwammen. Sie roch angeekelt den Geruch nach Fleisch, als das Tier sein rosiges Maul aufsperrte und sie anfauchte, und dann schlug eine Tatze zu, riß Lenas trockene Haut auf, und sie trat entsetzt einen Schritt zurück.

Das Rollgestell schwankte, und Lena hielt die Blumen, die für ihre tote Mutter bestimmt waren, schützend vor ihr Gesicht. Sie verlor das Gleichgewicht, sie mußte das Friedhofsgatter zu fassen bekommen, aber ihre Hände öffneten sich nicht. Sie wollte den Geburtstagsstrauß für ihre Mutter nicht einfach fallen lassen und dann mit leeren Händen dastehen, undankbar, sie wollte ihrer Mutter nicht noch einmal weh tun, denn Lena liebte ihre Mutter, und es war die einzige Liebe in ihrem Leben gewesen, für die sie sich nicht geschämt hatte.

Sie hielt die Blumen noch immer fest umklammert, als sie schon auf dem Asphalt lag. Die alte Frau stand einfach nur da, niemand sonst war auf der Straße, und es kam auch niemand. Sie stand lange da und betrachtete Lena. Dann trat sie näher, bückte sich und schloß sanft Lenas Augen. Diese Augen, die auch jetzt noch an ihr vorbei in den klaren Nachthimmel starrten und so taten, als hätten Lena und sie sich nie gekannt.

Dann drehte Claudia sich um und ging langsam den Weg zurück, immer sorgfältig darauf bedacht, nicht auszurutschen.

Es war höchste Zeit, die Katzen zu füttern.

SYBIL GRÄFIN SCHÖNFELDT

Das andere Mädchen

»Ich möchte zaubern können«, sagte Marie beim Mittagessen. Der Vater warf ihr einen Blick zu und antwortete: »Iß deinen Teller leer und halt den Mund, wenn du nicht gefragt wirst.«

»Du willst zaubern lernen?« fragte sie der große Bruder nach Tisch, als sie im Baumschatten auf der Veranda saßen, träge vom Essen, Marie halb im Schlaf, ein Schulbuch auf dem Schoß.

»Ja«, antwortete sie, »das will ich.«

»Schau mir zu«, sagte der Bruder, »wie ich dich jetzt verzaubere, dann kannst du es auch.«

Sie blickte ihn mißtrauisch an, aber er war ernst, er hob ein wenig die Hände und wiederholte eintönig dumpf immer wieder: »Du warst ein Mensch, du wirst ein Wurm, du warst ein Mensch ...«

Marie spürte, wie sich ihre Lippen kräuselten und nach innen zogen, wie sich ihre Haut feuchter anfühlte.

»Merkst du's schon?« fragte der Bruder. »Merkst du schon, wie du ein Wurm wirst?« Da lachte sie endlich, und er stimmte in das Gelächter ein, ein wenig verächtlich.

»Na, hast du zaubern gelernt?« fragte die Patentante am Sonntag, als sie mit Marie die Kaffeetassen und die Kuchenteller zusammenräumte und in die Küche trug.

»Nein«, antwortete Marie.

»Willst du es immer noch können?«

Marie nickte nur. Sie träumte Tag und Nacht davon. Sie glaubte nicht, daß man es wie die Magier im Mittelalter in düsteren Alchimistenküchen zustande brächte, sondern daß es sie, wenn sie nur wüßte, wie sie es auslösen könne, wie eine starke, helle Kraft überfiele und in den Stand setzte, große Schritte über die Hügel zu tun, durch Hausmauern in das Leben und in die Geheimnisse anderer Menschen zu sehen und, natürlich, zu fliegen. Sie konnte schon die Luft an ihren Beinen vorbeirauschen fühlen und wußte, wie sie die Arme eng an den Leib pressen mußte, wenn sie sich über eine Schulter kippen und hinabstürzen ließ, hinab zur Erde und im gleichen Schwung wieder nach oben ins Blau, ins Unendliche.

»Jeder Mensch«, sagte die Tante, »kann manchmal zaubern. Manche wissen das freilich nicht.«

»Und woher weiß man, wann manchmal ist?«

»Ach«, erwiderte die Tante, »das merkt man.«

Marie starrte die Tante an. »Hast du schon einmal gezaubert?« Plötzlich wurde die Tante rot und murmelte etwas Unverständliches, und Marie dachte: Also wieder nichts! und beschloß, nie mehr von ihrem Traum zu sprechen.

Dann zog nebenan eine Familie mit drei Kindern ein, einem fast erwachsenen Jungen, so groß und so widerwärtig wie Maries eigener Bruder, einem kleinen Pummel im Krabbelalter und einem Mädchen, das ungefähr so alt war wie sie und auch in ihre Klasse kam. Sie gingen miteinander in die Schule. Sie saßen nebeneinander auf der Bank. Sie machten zusammen Hausaufgaben, und sie spielten zusammen in den Gärten und auf den Baustellen, die hinter den Gärten lagen.

Einmal sahen sie einen leeren Eimer in einem Tümpel schwimmen, und Marie rief: »Sieh mal, wie schief er im Wasser liegt!«

»Das ist der Zauberer«, sagte das andere Mädchen, »der drückt durchs Wasser gegen den Eimer.«

Marie schwieg verblüfft. »Der Zauberer?« fragte sie. »Aber der Eimer ist doch so schräg, weil er schwimmt. Oder weil er leer ist.«

»Liegt denn alles schräg im Wasser, was schwimmt oder leer ist?«

Wieder schwieg Marie. Sie dachte an Boote im Bach. An die Seifenschale in der Badewanne. »Nein«, gab sie zu. »Na siehst du«, sagte das andere Mädchen, »das ist eben der Zauberer.«

»Unten unter dem Wasser?«

»Da ist er meistens.«

»Und wo sonst?«

»Im Baum, im Baum, im Hain, im Busch«, sang das andere Mädchen und tanzte davon, »und bringt mir bei, wie man zaubert.«

»Dir?« schrie Marie verzweifelt. »Wann denn? Und wie?«

»Das kann ich nicht sagen«, antwortete das andere Mädchen und blieb wieder stehen, dicht vor Marie, die schneeweiß im Gesicht war. Sie starrten sich einen Augenblick lang schweigend an, dann flüsterte das andere Mädchen: »Ich kann's dir ja zeigen. Willst du das?«

Marie nickte nur und umklammerte den Arm der anderen. »Ja. Jetzt gleich!«

»Nein, nein«, wehrte das andere Mädchen ab, »zuerst müssen wir den Baum finden, in dem der Zauberer gerade haust.«

»Wie können wir das?«

»Er hinterläßt immer ein Zeichen. Aber heute ist es zu hell.«

Sie rannten durch den Regen in den Stadtpark. »Warum denn jetzt?« keuchte Marie.

»Weil es diesig ist und weil es mittags nur einen Augenblick richtig Tag gewesen ist und weil das Laub noch an den Bäumen sitzt.«

»Das tut es doch immer im Sommer.«

»Eben. Deshalb ist ein Tag wie dieser so schwer zu erwischen«, sagte das andere Mädchen ungeduldig und fuhr mit beiden Händen in das nasse Laub der Büsche und drückte die Zweige beiseite und kletterte in die Bäume, die sich schon so tief zu teilen begannen, daß das Klettern keine Mühe machte. »Such mit!« rief es.

»Was denn?« fragte Marie.

»Das Zeichen, das Zeichen ...« sang das andere Mädchen, und das Gras schlug ihnen feucht an die Beine, Borke und winzige Zweige gerieten ihnen in die Haare, Spinnweben hafteten an ihren Händen, und es gab nichts als das Rauschen von Regen und Laub, und Marie wünschte sich so sehr, daß sie es sein möge, die dieses Zeichen fand.

Sie begriff zuerst gar nicht, daß sie etwas in der Hand hielt. Dann schrie sie auf, und das andere Mädchen kam quer durch ein Tannengestrüpp zu ihr gelaufen.

»Was ist?« fragte es. »Was hast du?«

Marie streckte ihm stumm die flache Hand hin. Das andere Mädchen nahm mit spitzen Fingern den goldenen Ring und drehte ihn hin und her.

»Wo hast du ihn gefunden?« fragte es.

»Im Baum. Er hat ein Loch im Stamm, und das war ganz trocken. Ich fuhr mit der Hand hinein, und da war der Ring. Das ist das Zeichen, nicht wahr?«

Das andere Mädchen nickte und probierte aus, an welchem Finger Marie der Ring paßte. Er war mit einem winzigen blauen Stein besetzt, und er paßte genau an ihren linken kleinen Finger.

»Kann ich jetzt zaubern?« flüsterte sie.

»Versuch's doch«, sagte das andere Mädchen.

Marie schloß die Augen und dachte an den ersten großen Schritt über die Hügel, aber sie hörte das andere Mädchen so laut atmen, wie man atmet, wenn man gerannt ist, und sie machte die Augen wieder auf und sah, daß das andere Mädchen sie ebenso betrachtete, wie es ihr Bruder getan hatte, und sie meinte, das Herz müßte ihr brechen.

Sie schloß abermals die Augen und verfolgte, wie sie wie

ein Falke in die Höhe stieg, frei und schnell und unglaublich sanft, und dann kippte sie über die linke Schulter ab und stürzte wie eine Sternschnuppe durch den Himmel, und die Haare wehten ihr um den Hals, und die Luft zischte vorbei, und sie schlug auf wie eine Sternschnuppe und verging in tausend Funken, und sie lächelte und dachte: Ich kann die Geheimnisse der anderen erkennen und weiß, wer lügt und so tut als ob, und sie schlug die Augen wieder auf und sagte: »Jetzt nicht. Ich brauche Sonne zum Zaubern.«

Maries Mutter regte sich auf, weil beide Mädchen nasse Füße hatten, und zuerst mußten sie sich die Schuhe und die Strümpfe ausziehen und die Füße abwechselnd in eine Schüssel mit heißem Wasser stecken und danach in kaltes Wasser, und dann kochte ihnen Maries Mutter Schokolade, und dann entdeckte sie den Ring.

»Wo hast du den denn her?« fragte sie. »Das ist ja ein echter Türkis!«

Marie streckte die linke Hand aus und schaute den Ring an. »Den hab ich ...«, begann sie.

»Den hab ich Marie geschenkt«, unterbrach sie das andere Mädchen, und Marie schwieg, während die Mutter eine Weile »Aber das geht doch nicht – aber das kann Marie doch gar nicht annehmen!« sagte, bis sie schließlich beim »Das ist ja wirklich reizend von dir!« landete und fragte: »Hast du dich auch ordentlich bedankt, Marie?«

»Aber Mama«, sagte Marie und lachte, »das ist doch nur ein Spiel gewesen! Ich brauche den Ring gar nicht mehr.«

Sie streifte ihn ab und gab ihn dem anderen Mädchen.

Danach beschloß Marie, sich praktische Sachen zu wünschen. Als sie beim Zähneputzen im Spiegel sah, daß ihr eine Wimper auf der Wange lag, nahm sie sie vorsichtig ab, legte sie auf den Handrücken und wünschte sich einen Wäschekorb für ihre Puppen und pustete die Wimper weg. Dieser

Wunsch ging nie in Erfüllung, aber das kümmerte Marie nicht, denn bald darauf hörte sie auch auf, mit Puppen zu spielen.

Sie wurde zehn und in den Bund deutscher Jungmädel aufgenommen. Alle Mädchen aus ihrer Schulklasse bekamen eine Uniform, die man fertig kaufen konnte, aber Maries Vater sagte: »Für diesen Unfug wird kein gutes Geld ausgegeben. Eine Kletterweste kannst du kriegen, aber weiße Söckchen und einen dunkelblauen Rock hast du sowieso.«

»Aber alle anderen ...«, jammerte Marie.

»Wenn alle anderen ins Wasser springen, springst du dann auch?« fragte der Vater streng.

»Aber der Rock hat oben Knopflöcher, und das hat meiner nicht, und das Hemd ...«

»Ich näh dir ein altes weißes Hemd von Vater um«, sagte die Mutter.

»Und die richtigen Knöpfe dran?«

»Ja«, antwortete die Mutter, »ich kauf dir auch die richtigen Knöpfe.«

Der Hemdenstoff war jedoch schon mürb, und die Mutter sagte: »Wenn ich da noch Knöpfe annähe, und du knöpfst den Rock dran und mußt dich recken, also: das hält das Hemd nicht mehr aus. Dann wird es reißen.«

Sie nähte die weißen Knöpfe mit den eingepreßten Buchstaben BdM deshalb fest auf das Rockbündchen, und wenn sich Marie sehr gerade hielt, blieb das umgenähte Vaterhemd ordentlich im Rock.

Der Dienst an jedem Mittwoch und Samstag nachmittag begann jedoch damit, daß die Führerin die Mädel grüßte. Sie hob den rechten Arm und rief »Heil Hitler, Jungmädel!«, und die Mädchen, in Dreierreihe angetreten, hoben auch den rechten Arm und antworteten: »Heil Hitler!«

Dabei zog sich das Vaterhemd aus dem Rockbund, und deshalb durfte Marie nicht den Wimpel tragen.

»Du hast keine vorschriftsmäßige Uniform«, sagte die

Führerin, »ein Jungmädel ohne vorschriftsmäßige Uniform kann den Wimpel nicht tragen.«

Marie trat zurück ins Glied, gedemütigt und rot vor Scham, weil alle anderen den Hals verdrehten und ihre unvorschriftsmäßige Uniform anstarrten, und sie dachte: Ich hasse meinen Vater. Ich hasse ihn. Ich wünschte, er wäre tot.

Sie war noch außer sich, als der Dienst zu Ende ging und sie nach Hause lief. Da saß das andere Mädchen auf der Gartenmauer, im Sommerkleid, und baumelte mit den Beinen und fragte: »Wie war's?«

»Na ja«, erwiderte Marie und kletterte neben das andere Mädchen auf die Mauer und baumelte auch mit den Beinen.

»Ich wünschte«, sagte das andere Mädchen, »ich könnte mit euch marschieren. Ich hab euch zugeschaut. Es sieht so schön aus, wie ihr alle in der gleichen Uniform und im gleichen Schritt und Tritt marschiert.«

»Und warum machst du nicht mit?« fragte Marie.

»Mich nehmen sie nicht«, antwortete das andere Mädchen.

»Weil du keine vorschriftsmäßige Uniform hast?«

»Weil ich jüdisch bin, sagt mein Vater.«

»Kannst du dann nie mit?« fragte Marie.

»Ich glaube nein.«

»Mist«, murmelte Marie, »alles versauen einem die Väter. Ich darf den Wimpel nicht tragen, und du darfst nicht mitmachen.«

Plötzlich war alles verflogen, die Eifersucht und der Spott und die Lüge. Plötzlich waren sie gleich, waren anders als die anderen und haßten alle Erwachsenen, die es dazu gebracht hatten, und das Mädchen flüsterte: »Bleibst du trotzdem meine Freundin?«

»Ja«, antwortete Marie, »du auch?«

»Das hab ich mir immer gewünscht«, sagte das andere Mädchen, und das war der einzige Wunsch, der in Erfüllung ging, trotz allem, was kam.

WIEBKE LORENZ

Leonie

Es kommt wohl nicht besonders häufig vor, daß man eine Freundin findet. Ich meine damit nicht irgendeine Freundin. Nein, ich rede von einer besonderen, einer wirklichen, echten Freundin. Einer, die für immer im Herzen bleibt, vollkommen egal, was auch passiert und ob man ein ganzes Leben miteinander verbringt oder nur wenige Augenblicke. So eine Freundin, die siehst du, und – zack! – du weißt es einfach. Ein ganz kleines bißchen wie verlieben ist das, nur noch viel wärmer, viel vertrauter, weil da nicht dieser Riesensack voller Ängste ist, den du sonst mit dir rumschleppst, wenn du dein Herz an jemanden hängst. Oder vielleicht ist es sogar Liebe, wo will man da schon die Grenze ziehen? Ich jedenfalls weiß noch ganz genau, wie schön es damals war, als ich Leonie kennenlernte.

1978 war das, an einem schwülen Tag im Spätsommer, meinem ersten Schultag. Die Nacht zuvor hatte ich natürlich kein Auge zugetan, so aufgeregt war ich. Stündlich hüpfte ich aus dem Bett, um den Inhalt meines blauen Scout-Tornisters zu überprüfen und mich anschließend im Wohnzimmer nach der Schultüte umzusehen, die Mami und Papi für mich irgendwo versteckt hatten.

Ab fünf Uhr morgens konnte ich es kaum noch aushalten und widerstand nur schwer der Versuchung, meine Eltern zu wecken, damit sie sich schon einmal fertig machen würden. Um sechs Uhr war ich bereits gewaschen und komplett angezogen. Den Scout-Tornister hatte ich unten im Flur neben die Haustür gestellt, nur diese vermaledeite Schultüte war nirgends zu finden.

Sechs Uhr dreißig. Stolz posierte ich vor dem riesigen Badezimmerspiegel, zupfte mein orangefarbenes ABC-Schützen-Kopftuch zurecht und machte dabei ein möglichst erwachsenes Gesicht. »Ja«, sagte ich zu meinem Spiegelbild, »jetzt beginnt der Ernst des Lebens, heute kommst du in die Schule.«

Ein lautes Lachen ließ mich herumfahren, hinter mir standen meine Eltern, die mich äußerst amüsiert musterten. Schnell streckte ich ihnen die Zunge heraus, was vielleicht nicht besonders erwachsen, aber in diesem Fall meiner Meinung nach durchaus angebracht war.

Zwei quälende Stunden später saßen wir endlich in Papas silbernem Opel Senator und fuhren in Richtung Grundschule Römerstraße. Mein neuer Scout-Tornister stand neben mir auf der Rückbank, und in meinen Händen hielt ich die größte Schultüte, die man sich überhaupt vorstellen kann: Äpfel, Orangen und Nüsse waren darin, aber auch herrlich ungesundes Zeug wie Schokoriegel, Fruchtgummis, Mäusespeck, Eßpapier und Brausetabletten. Aber das Allerbeste in der Tüte war eine Dose Slimy, nach der ich schon mehr als ein halbes Jahr gequengelt hatte. Heute, das hatten meine Eltern offensichtlich beschlossen, war ich alt genug, um eine Packung grünes Glibberzeug zu bekommen. Am liebsten hätte ich schon im Auto damit herumgespielt, aber ich hütete mich, das Risiko einzugehen, es auf den Sitzen zu verteilen und damit wieder weggenommen zu bekommen. Also saß ich nur da und grinste glücklich, es war wirklich der schönste Tag meines Lebens!

Auf dem Hof der Grundschule tummelten sich gut und gern hundert andere ABC-Schützen. Alle trugen orangefarbene Kopftücher oder Kappen, und jeder von ihnen hantierte mit einer Schultüte. Aufgeregte Eltern rannten auf der Suche nach dem richtigen Lehrer umher, in dessen Obhut sie ihren Schützling übergeben konnten.

Vor dem Eingang hatte man vier Landkartenständer mit

Pappschildern aufgestellt, auf denen »A«, »B«, »C« oder »D« stand. Rings um die Ständer hatten sich bereits kleine Grüppchen von Kindern gebildet. Rechts daneben stand ein großer Tisch, und eine Frau rief immer wieder laut: »Hier sind die Listen! Hier können Sie nachsehen, in welche Klasse ihr Kind kommt!«

Mein Vater bahnte sich seinen Weg durch die Menge, um einen Blick auf die Listen zu werfen. Dann kam er zu meiner Mutter und mir zurück und teilte mir mit betont wichtiger Miene mit: »Du kommst in die Klasse 1 a.«

Also A. Ich sah hinüber zu der Gruppe von etwa fünfzehn Kindern, die sich bereits um den A-Ständer versammelt hatten. Meine Mutter griff nach meiner Hand und wollte mich offensichtlich hinführen, aber ich machte mich von ihr los. Ab jetzt wollte ich allein gehen, ich war ja schließlich kein Baby mehr. Ich bekam von meinen Eltern noch jeweils einen letzten Kuß aufgedrückt, bevor sie zurück zum Auto gingen. Erst als sie hupend und winkend weggefahren waren, drehte ich mich um und marschierte hocherhobenen Hauptes, meine Schultüte wie einen Schild vor mir hertragend, Richtung »Ernst des Lebens«.

Ich weiß heute nicht mehr, ob irgend etwas auf dem Boden gelegen, ob sich eine meiner roten Sandalen geöffnet hatte oder ob einfach nur mein dämliches Über-den-großen-Onkel-Latschen schuld daran war. Ich weiß nur: Kurz bevor ich meine Klasse erreicht hatte, stolperte ich.

Es geschah wie in Zeitlupe: Alle meine zukünftigen Mitschüler sahen mich an, ich ließ meine Schultüte fallen, ruderte wild mit den Armen und schlug im nächsten Moment auf den rauhen Asphalt. Sofort spürte ich einen brennenden Schmerz auf den aufgeschürften Knien, merkte, daß meine Lippe blutete. Aber viel, viel schlimmer als das war das Gelächter der anderen Kinder. Ich lag direkt vor ihnen auf der Nase, alle viere von mir gestreckt, und meine neuen Schulkameraden hielten sich den Bauch vor lauter Lachen.

Alle – bis auf eine. Und das war Leonie. Wie ein Engel trat sie aus der Menge hervor (mit ihren weißblonden Locken, den hellblauen Augen und der transparenten Haut sah sie tatsächlich aus wie ein Engel), kam auf mich zu und reichte mir wortlos lächelnd ihre Hand. Ich ergriff sie dankbar und stand keine Sekunde später wieder halbwegs sicher auf den Beinen.

Die anderen lachten noch immer, aber jetzt störte es mich auf einmal nicht mehr. Leonie und ich sahen uns an, und da war es plötzlich vollkommen egal, daß meine Schulkameraden sich auf meine Kosten amüsierten. Sollten sie doch, das war mir gleich.

»Ich bin Leonie«, sagte meine Retterin schließlich. Ihre Stimme war genauso zart und hell wie sie, und hätte man sie als Duft beschreiben können, dann war sie wie Vanille oder Pfirsich oder etwas anderes, woran man immer wieder schnuppern möchte. Ich bedankte mich bei ihr, und dann fingen wir gemeinsam an, den Inhalt meiner Schultüte, der sich über den halben Hof verteilt hatte, einzusammeln.

Schnell hatten wir alles zurück in die Tüte gestopft, nur eine einzige Sache war nicht mehr zu retten: mein Slimy. Wie ein grüner Tümpel hatte sich die klebrige Masse auf dem dreckigen Asphalt ausgebreitet, da war nichts mehr zu machen. Traurig guckte ich auf meinen verlorenen Schatz – ich hatte noch nicht ein einziges Mal damit herumgemanscht!

Leonie nahm den leeren Plastikbecher und wirkte für einen kurzen Moment ratlos. Aber dann lachte sie auf einmal, nahm ihre Schultüte, die sie gegen ihren Tornister gelehnt hatte, und wühlte darin herum. Einen Moment später holte sie eine Dose Slimy hervor, öffnete sie, kippte die Hälfte des Inhalts in meine leere Packung und überreichte sie mir mit einem breiten Lächeln. Und da soll ich nicht von Liebe sprechen?

Von diesem Tag an waren Leonie und ich das, was man landläufig wohl »beste Freundinnen« nennt. In der Schule saßen wir immer nebeneinander, spielten in den Pausen Hüpfekästchen, sprangen gemeinsam Seil oder Gummitwist, und wenn wir nachmittags die Hausaufgaben gemacht hatten, trafen wir uns wieder, um so wichtige Dinge zu tun wie Conny-Heftchen lesen oder Barbiepuppen-Haarefärben. Wir entwickelten eine eigene Geheimsprache, planten unsere gemeinsame Zukunft (ich Astronautin, Leonie Tierärztin) und erzählten uns nachts, wenn eine bei der andern schlafen durfte, Gruselgeschichten.

Ich verehrte Leonie glühend, obwohl oder vielleicht gerade weil wir unterschiedlicher nicht sein konnten. Sie, die Zerbrechliche, Feine, die auch noch nach zweistündigen Walderkundungen aussah wie aus dem Ei gepellt. Ich, die Robuste, Wilde, die immer irgendeinen Flecken auf dem Pulli oder einen Riß in der Hose hatte. Wir waren wie Pat und Patachon, aber trotzdem habe ich mich nie wieder mit einer Freundin so verbunden gefühlt wie mit Leonie. Damals war ich mir ganz sicher, daß wir für immer und ewig die besten Freundinnen bleiben würden, daß uns nichts und niemand trennen könnte. Immer wieder legten wir uns neue Treuegelübde zurecht, mit denen wir uns gegenseitig unsere grenzenlose Liebe und Ergebenheit versicherten.

Es war irgendwann in der zweiten Klasse, bei einem Völkerballspiel in der großen Pause, als ich zum ersten Mal bemerkte, daß Leonies Zuneigung offensichtlich nicht allein mir galt. Leonie stand am Rand, weil sie bereits abgeworfen worden war, und beobachtete den Fortgang des Spiels höchst interessiert. Das heißt, wie ich zwischen zwei Würfen irritiert feststellte, sie beobachtete Sebastian aus der 2 b.

Zuerst meinte ich, mir das nur eingebildet zu haben, aber als Leonie am nächsten Tag wieder am Spielfeld stand, Sebastian anschmachtete und verlegen den Blick senkte, sobald er einmal in ihre Richtung sah, war es eindeutig: Leonie hatte sich verliebt! Und zwar ausgerechnet in den größten Rüpel der Parallelklasse.

Als mir diese Tatsache bewußt wurde, spürte ich auf einmal ein bisher unbekanntes Gefühl in mir: Eifersucht. Mich durchfuhr ein regelrechtes Stechen, als würde sich mein Herz zusammenziehen. Meine heilige, meine heißgeliebte Leonie! Unter keinen Umständen wollte ich sie hergeben, sie war mein, mein, mein!

Natürlich versuchte ich alles, um Leonie wieder für mich allein zu haben. Am nächsten Tag stellte ich fest, daß ich in der Pause viel lieber Gummitwist als Völkerball spielen wollte. Erst da wurde mir das Ausmaß der Katastrophe bewußt, denn Leonie zuckte nur mit den Schultern und stellte lapidar fest: »Dann geh du halt zum Gummitwist, ich will zum Ballspiel.« Das hatte es noch nie gegeben, daß wir die Pause nicht zusammen verbrachten! Ich war so gut wie abgemeldet, interessierte überhaupt nicht mehr. Aber ich wollte Leonie nicht kampflos aufgeben, dann also Völkerball.

Drei Wochen später hatte sich Leonies blöde Schwärmerei für diesen noch viel blöderen Sebastian noch immer nicht gelegt. Im Gegenteil, sie schien immer schlimmer zu werden, Leonie redete fast ununterbrochen von ihm. Ich war verzweifelt, was sollte ich nur tun? »Sie verstehen«, sagte meine Mutter, als ich ihr schließlich irgendwann mein Herz ausschüttete. »Und ihr eine Freundin sein. Wenn sie für diesen Jungen schwärmt, hat das nichts mit euch beiden zu tun.«

Wenn auch nur sehr widerwillig beschloß ich, mich mit den Gegebenheiten zu arrangieren und Leonie zu unterstützen. Wenn sie nach der Schule unbedingt ein Stückchen hinter Sebastian hergehen wollte – ich war dabei. In den Pausen stand ich mit ihr am Spielrand, half ihr dabei, jeden von Sebastians Blicken zu deuten und darüber zu orakeln, ob er wohl auch in sie verknallt war. Bestimmt mehr als hundert Liebesbriefe entwarf ich gemeinsam mit Leonie, die dann doch alle samt und sonders im Papierkorb landeten. Und mit der Zeit war es fast so, als hätte auch ich Sebastian ein bißchen gern gewonnen, und wenn es nur war, weil Leonie ihn so sehr mochte.

Die Wochen vergingen, und als es Winter wurde, spielten wir in der Pause nicht mehr Völkerball sondern »Jungen fangen die Mädchen«. Leonie und ich führten akribisch darüber Buch, wie häufig Sebastian sie im Vergleich zu den anderen Mädchen gefangen hatte, aber auch das brachte uns bei der Frage um die Größe seiner Zuneigung keinen Deut weiter. Manchmal dachte ich, es wäre am einfachsten, wenn Leonie ihn einfach gefragt hätte, doch das hätte sie niemals übers Herz gebracht. Lieber beschränkte sie sich für den Rest ihres Lebens darauf, ihn weiterhin einfach anzuschmachten.

Vielleicht wäre es tatsächlich noch einige Jahre so weitergegangen, wenn sich nicht etwas geändert hätte. Nichts wirklich Bedeutendes, nur eine vollkommen unwesentliche Sache, die aber trotzdem alles umwarf: Leonie bekam eine Brille. Schon eine ganze Weile hatte sie über leichten Schwindel und Kopfschmerzen geklagt, und irgendwann tauchte Leonie das erste Mal mit einer rosafarbenen Nickelbrille in die Schule auf.

Wie jeden Morgen trafen wir uns am Eingang, und Leonie grinste mich schief und unsicher an. Doch bevor ich etwas zu ihrer Brille sagen konnte, erklang hinter uns schon Gelächter. Wir drehten uns um, und vor uns standen Sebastian und fünf, sechs andere Jungs, die Leonie und mich spöttisch musterten.

»Brillenschlange Leonie! Brillenschlange Leonie!« schrien sie laut, Sebastian sogar am lautesten von allen. Leonie brach augenblicklich in Tränen aus und rannte fort in Richtung Schultoilette, in die sie sich einschloß. Ich stand für einen Augenblick bewegungslos da, unschlüssig, was ich nun tun sollte. Aber dann, mehr im Reflex als daß ich es wirklich geplant hätte, stürzte ich auf Sebastian zu und gab ihm, so fest ich konnte, eins auf die Nase. Er guckte mich ungläubig an, geriet ins Stolpern und landete auf seinem Hosenboden.

Noch bevor er sich wieder hochgerappelt hatte, war ich schon zu den Toiletten gelaufen und brachte die weinende Leonie dazu, mir zu öffnen. Niemals werde ich vergessen, wie meine Freundin und ich an diesem Tag in der großen Pause mit stolzgeschwellter Brust über den Schulhof marschierten. Vorbei an unseren kichernden und flüsternden Schulkameraden und vorbei an einem finster dreinblickenden Sebastian, der mit seinem Veilchen noch viel, viel bescheuerter aussah als Leonie.

Heute ist es Jahre her, daß ich Leonie das letzte Mal gesehen oder gesprochen habe. Ehrlich gesagt weiß ich noch nicht einmal, was sie macht, wo sie jetzt lebt, ob sie vielleicht verheiratet ist und Kinder hat. Aber trotzdem wird sich eines nie ändern: In meinem Herzen war und ist und bleibt sie für immer meine beste Freundin.

TANJA DÜCKERS

Henna-Hexen

Krissi hängt sich noch eine dicke Holzperlenkette um den Hals. Drei trägt sie schon. Eine ist orange (»Farbe der Energie«), eine türkis (»Farbe der Verschmelzung«) und eine braun (»Farbe der Erdung«). Manchmal wundere ich mich, daß sie nicht schon mit gebeugtem Rücken geht. Jeden zweiten Tag bastelt sie sich eine neue Kette in unserem Gemeinschaftsraum. Alle paar Minuten rollt so eine Kugel, Perle kann man ja zu diesen Dingern mit drei Zentimeter Durchmesser nicht mehr sagen, unter eines unserer versifften Sofas, und sie ruft: »Leute, alle uffstehen, das Teil kostet mich zweifuffzig in der Hobbythek, also los.« Krissi und ich sind die einzigen Berliner in unserem Haus, alle anderen kommen von sonstwoher, von Bielefeld bis Guinea-Bissau, aber das ist jetzt ein anderes Thema.

Die Holzkugeln sind nicht alles: auf dem Arkona-Trödelmarkt im Prenzlauer Berg zieht Krissi aus Klamottenbergen mit verwaschenen Jogginghosen, Kinder-Badeanzügen und schmuddeligen Krawatten Indien-Hausschlappen, bestickte Blusen hervor, sogar einmal einen Sari. Die dünnen mit Batikmotiven versehenen Leinenhosen trägt sie auch im Winter, sie legt sich lieber im Gemeinschaftsraum eine Wolldecke auf den Schoß, als mal einen Tag eine ordinäre Jeans anzuziehen. Aber mir soll's egal sein. Bei uns kann jeder tun und lassen, was er will. Sage ich mir immer wieder, wenn ich mich eigentlich aufrege. »Wir sind Gott« hat Moni im ersten Jahr groß an die Hinterhofwand gesprayt. Jetzt kann man diese Schrift kaum noch erkennen, denn wir haben im Hof riesige Terrassen gebaut, auf denen unsere Bands bei den

Hoffesten spielen und wo wir, wenn es das Berliner Wetter zuläßt, auf den ausrangierten Gartenstühlen von Daniels Eltern lümmeln und unsere Plantagen wegrauchen.

Krissi steht vor mir und zieht an meinem Halstuch: »Leute, wir gehen los, wer mitkommen will, muß jetzt seinem Arsch einen Tritt geben ...«

Ich schüttele den Kopf, sphärisches Geklimper von einer Frau, die sich »Die Meisterin« nennt, ist nicht meine Sache. Lieber hänge ich mit Daniel und Guido auf Daniel Düsentriebs Hochbett ab und lasse mir den von Guido-Friguido gemachten Erdnußbutter-Reis schmecken. Daniel, Guido und ich werden seit der Küchenspaltung eigentlich nicht mehr gefragt, ob wir irgendwohin mitkommen möchten.

Es begann letzten Sommer damit, daß Moni, Lauri, Krissi und Nelli plötzlich anfingen, sich die Haare hennarot zu färben, Indienkrempel anzuziehen (natürlich war noch niemand von ihnen in diesem Land), »Kräuterjoghurt« flächendeckend in orangenen, türkisen oder braunen Emaille-Schalen in unserer Küche zu verteilen und natürlich sich für Hexen zu interessieren. Hexen-Märchen, Hexen-Zaubertricks, Hexen-Kräuterbuch, Hexen-Gesundheitsratgeber, sogar ein Buch mit dem merkwürdigen Titel »Hexen-Yoga« fand ich bei Krissi, mit der ich damals noch zusammen war. Irgendwann ging uns pragmatischen Langweilern, wie Moni Daniel, Guido, Ulrike und mich einmal bezeichnet hat, der Eso-Krempel und die entsprechenden Kochkünste und Dünste in der Küche so auf die Nerven, daß wir die zweite Kochgelegenheit ins Visier nahmen und uns vom alten Ideal der großen Gemeinschaft trennten. Diese obere Küche gehört zu einer mit einer Stahltür verschlossenen Wohnung, in der in den siebziger Jahren ein Mann an einer sehr ansteckenden Krankheit gestorben ist. Niemand weiß Genaueres dazu, nur, daß diese Wohnung seitdem nicht mehr betreten wurde. Wir machten uns an die Arbeit und entsorgten alles, inklusive durchgelegenem Totenbett und Kanistern voller zwanzig Jahre altem Urin neben dem Bett. Guido spottete, das wäre doch mal eine richtige Aufgabe für die Hexen-Fraktion, aber unsere Mitbewohnerinnen sind doch lieber mit Haare-Färben und Kräutertee-Aufsetzen beschäftigt.

Krissi und ich haben uns vor fünf Jahren in Berlin kennengelernt, auf einem Hoffest hier in der Tucholskystraße. Ich war in eines der Kellergewölbe geschlichen, zu denen man einfach so Zugang hatte. Später hat Jaromir dort dann seine Gruft-Bar, die »Speicheldrüse«, gestartet. Aber damals flogen da lauter Akten herum, Ost-Zeugs, Siebziger-Jahre-Möbel, Jugendweihe-Fotos. Als ich mich gerade zwischen drei alten Telefonen entscheiden wollte, stand Krissi vor mir. Sie hatte einen verblichenen braungelb-orangen Morgenmantel übergezogen und malte sich mit einem auf einen Flaschenhals gesteckten Lippenstift dunkelrote Lippen. Acht Stunden verbrachten wir zusammen in diesem Keller, quasselten, tanzten zu den Bands, die von draußen bis in den letzten Winkel hämmerten, küßten uns zwischen dem ganzen Gerümpel und aßen zwischendurch Smarties, die sie aus einem Plastikkrokodil schüttelte, das sie aus ihrer Armyhose zauberte. Wenn sie das Krokodil auf den Kopf stellte, purzelten Smarties aus seinem Maul. Ich werde es nie vergessen.

Kurze Zeit später zogen wir in die »Villa Verde« ein, das grüne Haus, wie wir das besetzte Haus damals noch nannten. Zu diesem Zeitpunkt war Krissi ein Mensch, der sich von niemandem etwas sagen ließ und jeden Tag neue Einfälle hatte. Sie war dabei keine Spur von einer aggressiven Frustnudel, sondern voller Energie und sehr souverän. Sie schaffte es sogar, neben dem Leben in der »Villa Verde« Textil-Design zu studieren. Sie war absolut nicht die Sorte Frau, die einen Mann gleich verachtet, weil er ihr zeigt, daß er sie klasse findet, und wir hatten wirklich eine schöne Zeit zusammen. Bis sie Lauri kennenlernte. Eigentlich waren wir alle schon ziemlich aufeinander eingespielt: Wer wen mochte oder weniger mochte, wie die Hierarchien verteilt waren, wer sich für was oder wen verantwortlich fühlte, mir schien, unsere Gruppe hätte das alles schon durchlebt und ausgestanden. Eines Tages stand Lauri mit Seesack und Brokat-Stirnband bei uns auf dem Hof – wir feierten gerade Monikas fünfundzwanzigsten Geburtstag – und fragte, ob sie *jetzt* hier einziehen könne. Wir klärten sie darüber auf, daß es eine Gemeinschaftskasse gäbe, wo jeder monatlich einen festgelegten Betrag einzahlt, und hier kein Umsonst-Betrieb sei, wo sich obdachlose Schmarotzer ausmären können.

»Habt ihr noch ein Zimmer frei?« fragte Lauri, die damals noch Laura hieß. Hatten wir, weil Florian gerade sein gespartes Taxi-Geld auf Jamaika verrauchte.

»Für ein halbes Jahr kannst du hier einziehen, wenn du mit anpackst. Wir wollen das Dach und den Keller renovieren und einen Probe-Raum für unsere Bands schallisolieren.« Daniel, der später Lauri mehr als jeder andere hassen und von ihr nur noch als »Esoterik-Hexe« (in Kurzform: »Eso-Hexe«) sprechen sollte, nahm ihren Seesack und zeigte ihr Florians Zimmer.

Ich hätte nie gedacht, daß eine Person unsere Gruppe nach vier Jahren Zusammenlebens so durcheinanderwirbeln und so viel Einfluß auch auf mein Leben haben könnte. Ich galt immer als der ruhige Typ, den nichts aus der Fassung bringt, der Krissi ein bißchen vergöttert und ansonsten das Leben im besetzten Haus, das Taxi-Fahren und das Verfahrenstechnik-Studium irgendwie unter einen Hut bringt. Wenn Lauri nicht bei uns eingezogen wäre, würde Krissi sich jetzt nicht einbilden, vor dreihundertsiebenundzwanzig Jahren eine Hexe im Thüringer Wald gewesen zu sein, die einen Papageien und einen Maulwurf in ihrer Hütte beherbergte, die auf die Namen Wacholder und Meinhart hörten. Sie hätte keine Angst, alleine in den Wald zu stiefeln, das heißt in Berlin durch den Tiergarten, denn Lauri hatte ihr »durch eine Meisterin« erzählt, sie sei in noch jungen Jahren im Wald gestorben. Ich habe Krissi hundertmal eindringlich gesagt, daß sie im Treptower Park nicht von einem Bären angefallen wird und den Park nachts sowieso meiden sollte, eher wegen der menschlichen Bären, die da herumwuseln. Als ich letzten Sommer eine Blutvergiftung hatte – ich hatte versucht, unseren verrosteten Flaschenzug abzubauen, der mir prompt durch den Handteller jagte –, bin ich lieber in die Charité gestapft, als mir Krissis Tigerfett auf die schmerzende Stelle zu streichen. Wir hatten einen riesigen Streit deswegen, der damit endete, daß Krissi und Lauri feierlich erklärten, daß moderne Hexen versuchen würden, wirklich unabhängig zu leben, nicht nur wie wir halbherzigen Hausbesetzer, die im Grunde genommen doch die Gesellschaft in jeder Hinsicht in Anspruch nehmen. Lauri, Krissi und Moni waren aus der Krankenkasse ausgetreten und bauten ihr eigenes Gemüse auf dem Dach an.

Kaum war Lauri damals zwei Tage bei uns, riß sie eine Wand in Florians Wohnung heraus und bohrte sich ein dreieckiges Guckloch durch die Außenwand. Daniels Einwände, daß Florian diese Veränderungen in sechs Monaten vielleicht nicht so prickelnd fände, ignorierte sie. Daß Florian noch ein weiteres Abhäng-Jahr auf Jamaika einplante, wußte zu diesem Zeitpunkt ja noch niemand. Aber das waren nicht die Dinge, die mich beunruhigten. Morgens um halb sieben hörte ich ein lautes »OOOOHM« aus Lauris Gefilden, vor ihrem Bett hatte sie einen kleinen Hausaltar aufgebaut. Fotografien von drei hakennasigen Frauen mit Stirnbändern, die jedem Klischee einer Hexe entsprachen, hingen an der rubinrot gestrichenen Wand. Über ihrem Kopfkissen baumelte ein selbstgebasteltes, eigentlich eher lächerlich als furchterregend aussehendes »Medusenhaupt«, dennoch machten mir diese Zeichen Sorge.

Lauri hält mich längst für einen Langweiler, der sich gerne mit »klaren Dingen« umgibt und Angst hat vor »den Bildern, die aus dem Unbewußten aufsteigen«. Seit dieser Bemerkung meint sie, sie hätte meine Psyche exakt erfaßt, und guckt mich immer leicht mitleidig-nachsichtig an, wenn sie mit roten Pumps, passend zu ihren Haaren, durch unser Haus trampelt. Pumps und trampeln, das kann zusammengehen.

Krissi, die sonst überhaupt nicht anfällig für schwärmerhaftes Verhalten ist, war von Anfang an beeindruckt von Lauri. Bald fing Lauri den Unsinn mit den Vornamen an, jeder wurde mit dem »i« am Ende verkindlicht, um unter ihre Obhut gestellt zu werden. Bei mir ist sie am weitesten gegangen: aus Stefan wurde »Steini«, und sie schaffte es auch wirklich, dies in der sich formierenden Eso-Hexen-Clique durchzusetzen, selbst bei meiner Freundin.

Ich habe Krissi, solange wir zusammen waren, Kristina genannt, aber jetzt ist mir klar, daß sie wirklich zur Krissi mutiert ist. Nur Daniel, Guido, Jaromir und Ulrike weigerten sich, neue Namen verpaßt zu bekommen. Wenn Daniel Lauri Zettel vor die Tür legt, in denen es um von Lauri so verabscheute »pragmatische Dinge« geht, unterschreibt er jedoch immer schwungvoll mit Sataniel. Ansonsten bleibt es bei den hausüblichen Scherzen: das fieserweise von Moni geprägte Guido-Friguido, Daniel Düsentrieb (weil er an einem Tag zwei Kühlschränke leer fraß) und Bibo (das soll ich sein, vom Aussehen, Blödsinn!).

Krissi ließ sich von Lauri die Haare färben und ein Mond-Amulett schenken. Sie feierten plötzlich auf unserem Dach die »Mittsommerwende« und den Herbstanfang. Im Februar verkleideten sie sich zum Fasching als Hexen, mit Besen und allem Drum und Dran, und liefen keifend auf unseren Terrassen herum, was niemanden sonderlich beeindruckte, denn daß im besetzten Haus Spinner wohnen, ist ja nichts Neues. Sie hätten mal mit ihren Besen über den Kudamm hoppeln sollen, dann hätten sie vielleicht Beachtung erhalten. Meine anfängliche Angst vor Lauris unglaublichem Selbstbewußtsein und der Art, wie sie andere beeinflußte, nahm langsam ab, und ich fing an, sie albern zu finden. Alles schien auf Effekt angelegt. Es fehlte bloß noch, daß sie sich eine »Ich bin eine Hexe«-Plakette an die Lederjacke setzte. Was sie wirklich glaubte oder nicht, was genau ihren Privatkosmos ausmachte, war mir nie ganz klar. Irgendwie verquaste sie alles mit allem: hiesige Hexenmärchen mit tibetanischer Meditation, chinesische Astrologie mit indianischer Medizin. Heraus kam, daß sie – genauso wie fast alle anderen Mädchen in unserem Haus – im siebzehnten Jahrhundert eine Hexe im Thüringer Wald war. Nun haben sie alle durch »Rebirthing« das in ihrem untersten Unbewußten angelegte, bei anderen Menschen hoffnungslos verschütt gegangene Wissen über ihr früheres Dasein in Erfahrung gebracht und wieder in ihr »Jetzt-Ich« aufgenommen und sind anderen durch ihre geheimen Kenntnisse auf mehr oder weniger allen Gebieten haushoch überlegen. So ein Glaube ist praktisch. Wenn Lauri mit irgend jemandem Streß hat, wissen die »Ephemeriden«, die Sternkarten, Rat. Wenn sie abwaschen soll, beginnt gerade ihre mit dem Saturn einsetzende »introvertierte Phase«, die sie in der Badewanne oder im Bett verbringen muß. Wenn ihre Eltern mit einem Besuch drohen, wird mit der Hand auf der linken Brust ein mitternächtlicher Fluch gesprochen. Auf die Häupter blöder Hauptstadttouristen, die knipsend vor unserem Haus stehen, spritzt sie aus dem dritten Stock Knoblauchwasser, eine Idee, die wir anderen auch lustig fanden – ohne zu wissen, daß Knoblauch das Nervensystem beeinflussen soll.

Wahrscheinlich ist auch gegen alkoholbedingte Kopfschmerzen irgendein Fliegenpilz gewachsen: Wenn Lauri sieht, wie ich morgens durchgekatert einfach eine Aspirin schlucke, verdreht sie die Augen. Ich reagiere gar nicht mehr auf solche Gesten, aber Daniel-Sataniel, der ein ziemlicher Wortkünstler ist, fängt immer wieder Diskussionen an, in denen er sie auf Lücken und Widersprüche in ihrem »Weltbild« hinweisen will. Er sitzt dann da, schmächtig, wie er ist, im Sechziger-Jahre-Rüschenhemd, das schmale Gesicht von der Pilzkopffrisur überwuchert, die spitzen Schuhe auf der Tischkante abgesetzt, so daß sie nicht unaggressiv in die Luft weisen, und lenkt geschickt den Gesprächsverlauf in Richtung seiner vorher ausgeheckten Falltüren – und der dicke südamerikanische Macho-Klunkerring an seinem kleinen Finger zieht wilde Kreise in der Luft, wenn er seine Argumente unterstreicht. Irgendwann schmeißt Lauri dann eine unserer ohnehin schon henkellosen Tassen an die Wand und brüllt, daß Daniel sein »scheißkausalanalytisches Geschwafel« wohl von seinen Professoreneltern abgekriegt hätte und daß das mit der Art, wie Hexen denken und fühlen, der »Hexen-Logik«, sowieso nichts zu tun hätte. Daraufhin sagt Daniel ruhig wie ein gelangweilter Elite-Schüler: »Wenn du das Wort ›Logik‹ verwendest, bleibst du aber genau diesem Denksystem verhaftet und offenbarst deinen Mangel an sprachlicher und gedanklicher Innovationsfähigkeit« – und alles geht wieder von vorne los.

Anfangs hat Krissi nur stumm daneben gesessen, ob die Diskussionen im Gemeinschaftsraum, auf dem Dach oder auf Daniels riesigem, mit Plattencover dekoriertem Matratzen-Podest stattfanden. Sie hat zugehört, dabei Fransen an Röcke oder Blusen genäht, manchmal den Kopf geschüttelt. Plötzlich hat sie sich nicht mehr für Musik interessiert, die Kocherei mit Guido in der Volxküche drangegeben. Vielleicht hatte Krissi sich schon damals nach der Krebsoperation ihrer Mutter und unserem bescheuerten Rügen-Silvester nach etwas anderem gesehnt. Ich weiß es nicht. Sie kann bis heute nicht verstehen, daß ich Lauri nicht für eine »total tolle Frau« halte.

Lauri ist mit sechzehn zu Hause abgehauen und hat sich eine Weile im »Rauchhaus«, einem sehr abgewrackten besetzten Haus in unmittelbarer Nähe des ehemaligen Todesstreifens, mit Dealen durchgeschlagen. Dann fand sie von heute auf morgen Drogen und Dealen scheiße, begann zu meditieren und Klamotten zu schneidern. Erst bot sie nur auf den hiesigen Trödelmärkten ihre Hüte, Flatterblusen und Eso-Röcke, im Schneidersitz auf dem Boden sitzend, an, weil sie nicht mal Geld für einen Tapeziertisch hatte, jetzt verkauft sie schon an Boutiquen, und H&M hat ihr für viel Geld ein Modell für einen szenekompatiblen Sari abgekauft. All ihre geschäftlichen Dinge geht sie nicht – jetzt wieder das Teufelswort – »pragmatisch« an, sondern befragt zuvor die Sternkarten oder, bei größeren Entscheidungen (zum Beispiel der, ob es für Krissi besser wäre, sich von mir zu trennen), eine »Meisterin«. Daß sie Krissi vorausgesagt hatte, es würde ihrer Mutter im Jahr 1995 »nicht gut« gehen, hatte Krissi völlig beeindruckt. Allerdings hatte ich das auch schon mal angedeutet, nachdem ihre Mutter am Telefon sagte, sie hätte Absenzen. Aber an meine Worte erinnerte Krissi sich später nicht mehr.

Jedenfalls ging mit Lauri die Kräuterjoghurtkultur und das Vorlesen von Horoskopen in der Gemeinschaftsküche los, Daniels Zeichnungen von Kleine-Mädchen-fressenden-Monstern wurden abgerissen, weil sie »gemein« seien, und all das Theater endete in der Küchenspaltung. Für Berliner Innenpolitik interessierte sich Lauri nicht die Bohne, was aus anderen besetzten Häusern wurde, ob sie unter Vertrag genommen oder geräumt wurden, was der Senat mit dem »Tacheles« vorhatte, alles rauschte an ihr vorbei, und als ein Trupp Skins bei uns die Scheiben einschmiß, kriegte sie nichts mit, weil sie walkmanhörend in ihrer über und über mit sich ringelnden lila Schlangen bemalten Badewanne lag.

Im Frühjahr 95, nachdem unser sonntägliches Plenum schon mehrfach durch das »lesbische-Hexen-Frühstück« unterbrochen wurde, fanden Krissi und Moni heraus, daß sie sich eigentlich mehr zu Frauen hingezogen fühlten – eine Erkenntnis, die Lauri ihnen natürlich schon voraushatte. Irgendwann servierte mir Krissi, daß sie sich weder mit einem

Mann noch mit einem spirituell desinteressierten Menschen – zwei Eigenschaften, die eindeutig auf mich zutrafen – eine weitere Perspektive vorstellen konnte. Obwohl ich täglich Krissis Veränderungen verfolgen konnte und Rügen auch schon so scheiße war, heulte ich nächtelang auf meinem Hochbett und fuhr Hals über Kopf zu meinen Verwandten nach Bergen, wo ich drei Wochen in einer Neubauwohnung saß und norwegische Comics durchblätterte.

Irgendwann zog der H&M-Klamotten nähende Pseudo-Hexenhaufen, inklusive meiner gestörten Ex-Freundin, ins Vorderhaus, und der Rest der normal gebliebenen Leute okkupierte das Hinterhaus. Nach der Küchenspaltung gab es also noch die interne Hausspaltung.

Während Lauri, Moni, Nelli und die einst schönste und spannendste Frau der Welt dem sphärischen Gepiepse einer selbsternannten Meisterin lauschen, topfen Daniel und ich unsere Hanfpflänzchen um. Der biedere Alltag, den gibt es eben auch. Ich glaube, wenn's mich irgendwann schon mal gegeben haben sollte, war ich einfach ein Bauer, der auf dem Acker rumgetigert ist, abends Bier gesoffen und in die untergehende Sonne geglotzt hat. Falls Kristina wirklich eine Hexe war, wären wir uns bestimmt nicht begegnet. Oder vielleicht doch?

Ich hätte in einem finsteren Keller seltsame Aufzeichnungen aus einem anderen Land gefunden und Klamotten einer vergangenen Mode staunend aus dem Staub gehoben. Plötzlich hätte ich Schritte vernommen, und eine junge Frau hätte vor mir gestanden, vielleicht ein paar Kräuter unter den Arm geklemmt … einen Finger würde sie mit einer selbstvergessenen Geste in eine herumliegende, zerbrochene Puderdose stecken … einen ausgeblichenen Morgenmantel hätte sie vom Boden aufgehoben und sich umgelegt, einen Morgenmantel, der in Amalgamation mit ihrer Haut sofort wieder leuchtete … während der Krach von mehr oder weniger begabten Wandermusikern aus der Ferne erscholl …

Ich höre, wie jemand auf die Terrasse steigt. Krissi steht vor mir und hält einen zerrissenen malvenfarbenen Rock hoch. »Was, bei Mutter Gaya, ist mit diesem Teil passiert?«

Ich zucke die Schultern, erinnere mich, daß sie vor ein paar Wochen einen halben Tag damit beschäftigt war, das Ding mit Planetenmotiven zu bedrucken.

»Weiß nicht, war bestimmt eine der Katzen, wo lag das Biest denn?«

»Im Gemeinschaftsraum.«

»Na ja, warum bist du auch so blöd und läßt das Ding da liegen, wo du weißt, daß da jeden Tag die Katzen sind.«

Jetzt steht Lauri hinter Krissi und zieht sie am Ärmel.

»Wir kommen zu spät, wir dürfen die Initiationsgesänge nicht verpassen, das weißt du doch!«

Krissi läßt den Planetenrock fallen und verschwindet auf der wackeligen Leiter, die in unseren Hof führt.

Nein, wir hätten uns nicht kennengelernt.

KRYSTYNA KUHN

Also sprach ...

»Die Vertreibung des Menschen aus dem Paradies ist endgültig.«

Zumindest in diesem Punkt mußte ich Karla recht geben. Schließlich waren die Wetteraussichten für das Wochenende düster. Im gesamten Alpenraum war mit ergiebigen Regenfällen zu rechnen.

»Und da gibt es kein Zurück. Wir müssen uns abfinden.«

Was das Paradies betraf, hatte ich mich längst abgefunden, aber noch war Gelegenheit, wenigstens die Wanderung abzusagen.

»Doch wenn wir wieder zurückkehren ... zu den einfachen Dingen ... Erde, Wasser, Steine, Pflanzen, Tiere ... Vielleicht können wir dann wieder einen Fuß ins Paradies setzen.«

Ich konzentrierte mich auf den ergiebigen Verkehr im Alpenraum und schwieg. Schließlich zerstörte ich brutal die ersten Schritte meiner Tochter zurück ins Paradies, indem ich sie Abend für Abend aus dem Garten holte und kräftig abduschte.

Vor einer Woche hatte mir Karla am Telefon mitgeteilt, daß sie gerade ihren Job als Außendienstmitarbeiterin eines Pharmakonzerns gekündigt habe, um – wie sie begeistert erklärte – ein Leben als vollkommenes Individuum anzustreben. Kurz: Sie befand sich wieder einmal in einer ihrer manisch-philosophischen Phasen. Lebte vom Optimismus pur, nachdem sie in einer Ayurvedaklinik ihr Prakruti entdeckt und ihr Vata, Pitta und Kapha aktiviert hatte. Ganz abgesehen von den sechs Kilo, die sie abgenommen hatte, um ihren idealen Broca-Index zu erreichen. Sie fühle sich leicht wie eine Feder, versicherte sie, und ich kam mir plötzlich prall vor wie mein Staubsauger, bei dem es höchste Zeit war, wieder einmal den Beutel zu leeren.

Gestern abend im Hotel hatte sie mir vorgeschwärmt: »Ich habe ein Gefühl ... wie soll ich es beschreiben, als würde meine Haut nicht Schweiß, sondern nur noch reines Körperöl abgeben.« Und tänzelte vor mir im Hotelzimmer in roter Unterwäsche auf und ab, die Hände nach oben gestreckt, als ob sie Marilyn Monroe mit »Diamonds are a girl's best friend« imitierte.

Als wir dann schlafen gingen, band sie die roten Haare nach oben. Dies hatte ihr Igor empfohlen, Akupunkteur und ehemaliger Trainer einer russischen Eistänzerin. Außerdem hatte er ihr geraten, nackt zu schlafen. Nur so könnten alle relevanten Punkte ihres Körpers frei atmen und zum Leben und damit zur Liebe erwachen.

»Vielleicht«, übte ich mich im Spott, »solltest du die Punkte mit einem Lippenstift rot markieren. Dann kann Peter sie zwischen deinen Sommersprossen nicht verfehlen.«

»Welcher Peter?«

»Gehe ich recht in der Annahme, daß du ihn liquidiert hast?«

Karla fuhr sich mit der Hand über die Kehle: »Ein für allemal.«

An diesem Morgen war der Nebel so dick, daß ich am liebsten im Bett geblieben wäre, um die Müdigkeit der letzten Wochen wegzuschlafen. Aber Karla verbreitete eine Stimmung, als handele es sich bei dem grauen Himmel um einen erfolgreichen Geschäftsabschluß mit der Wettergöttin.

»Glaube mir, es gibt kein schlechtes Wetter, es gibt nur die falsche Einstellung.«

Während ich auf dem leeren Parkplatz unsere Rucksäcke

aus dem Auto lud und die Bergstiefel zuband, redete Karla weiter.

»Also weißt du, jetzt, wo ich meinen Körper innerlich auf Hochglanz gebracht habe, muß ich mich um meinen Geist kümmern. Was wir brauchen, ist ab und zu eine mentale Fastenzeit. Sport, ich höre immer nur Sport, aber daß wir uns täglich geistig zumüllen, hast du davon schon einmal etwas gehört?«

»Nein.«

»Siehst du, und schließlich weiß doch jeder: Wahre Schönheit kommt von innen.«

»Hm.«

Karla ging immer einen Schritt vor mir. Sie setzte in ihren Turnschuhen auf dem steinigen nassen Weg einen Fuß vor den anderen und redete ohne Punkt und Komma.

»Und dabei ist so eine mentale Entspannung ganz einfach. Also du mußt dir die ganze Zeit nur sagen: Ich bin ganz ruhig«, rief sie mir laut über die Schulter zu und hatte es genauso eilig wie mit elf, als ich im BH ihrer Mutter nach ihren Brüsten suchen sollte.

Andere Kinder übersprangen Klassen, Karla ihre Kindheit. Das Ergebnis war, daß sie jetzt mit einem Kater namens James Bond zusammenlebte und mein Leben mit Ben als Rückschritt betrachtete. Tatsächlich glaube ich, war sie der Meinung, ich sei immer noch nicht erwachsen und spiele Mama, Papa, Kind mit Ben und Janina. Also nichts Ernstes. Nur eine Phase.

»Probier es doch einmal: Ich bin wirklich ganz ruhig. Ich entspanne mich. Mein Körper wird leicht. Da fühlt man sich, als ob man auf Watte geht, oder?«

»Ehrlich gesagt, das einzige, was ich momentan denke, ist: Mein rechter Fuß wird schwer. Wir haben schließlich noch fünfhundert Höhenmeter vor uns.«

»Also weißt du, Anne, du hast dich überhaupt nicht verändert. Du gehörst einfach zu den Menschen, deren Glas immer und ewig halbleer ist. Meins dagegen ist immer halbvoll.«

Halbvoll war auch Karlas roter Profirucksack. »Das ist für mich keine Wanderung wie für dich«, hatte sie mir beim Frühstück erklärt. »Es ist eine Art philosophisches Experiment. Ich möchte einen Berg hochsteigen mit nichts anderem als geistiger Nahrung im Gepäck.«

So kam es, daß ich Proviant und Trinken trug und Karla nur ein altes Buch. Ach ja, und die Steine, die sie sammelte, weil sie angeblich Spiralwindungen von Ammoniten aus der Jurazeit aufwiesen. Sie steckte sie in die Außentasche ihres Rucksacks, der dadurch Schritt für Schritt stärker an ihr hinabzuhängen schien.

Nach etwa hundert Höhenmetern nahm Karla den Rucksack ab, lehnte ihn an einen Felsen und breitete die Arme aus. »Wann haben wir eigentlich das letzte Mal etwas zusammen unternommen? Das muß Jahre her sein.«

»Bevor ich schwanger wurde.«

»Also, ich verstehe nicht, warum Frauen immer in diese Art Mütterstarre fallen, nur weil männliches Sperma in ihnen hängengeblieben ist. Ihr sitzt dann in euren Reihenhäusern wie eine Eidechse in der Kälte, bewegt euch nicht und schaut anderen beim Leben zu.«

Ich schwieg. Der Zeugungsakt, aus dem Janina hervorgegangen war, hatte schließlich zu den intensivsten in meinem Liebesleben gehört.

»Gewohnheiten, Anne, Gewohnheiten, sind erst nur Spinnweben, aber später werden sie zu Fallstricken. Paß lieber auf.«

»Das ist nicht Gewohnheit, was Ben und mich zusammenhält.«

»Was dann? Sekundenkleber?«

»Das ist ja wohl eher bei dir der Fall, oder? Schließlich killst du jede Beziehung so schnell wie möglich.«

»Kommt darauf an, was du unter Beziehung verstehst.«

»Na ja, eben eine Beziehung.«

»Für mich ist die kleinste Einheit einer Beziehung der One-Night-Stand. Damit kann man ganz toll messen. Two-Night-Stand, Three-Night-Stand …« Karla kicherte. Ein Kichern, das mitreißen sollte.

»Vielleicht kommt es nicht nur auf die Quantität, sondern auch auf die Qualität an!«

»Also, wenn dich das tröstet.«

Ich wandte mich von ihr ab und den Bergen zu. Sie waren leer, kahl, farblos und vor allem: sie schwiegen.

Wir hatten den ersten steilen Hang überwunden, und der Weg zum Gipfel führte nun über einen breiten Rücken nach oben. Karla setzte den Rucksack auf und ging weiter. Offenbar wurde ihre Gehirntätigkeit durchs Wandern angeregt, während es in meinem Kopf immer leiser wurde.

Ich verfiel in eine Art Trance, ähnlich dem Zustand, den man in einer Seance benötigt, um mit den Toten zu sprechen. Karla zog ihr Buch aus dem Rucksack und las laut im Gehen:

»Als Zarathustra dreißig Jahre alt war, verließ er seine Heimat und den See seiner Heimat und ging in das Gebirge.«

Schon am Telefon hatte sie mir verkündet, daß wir nur deshalb hier seien, weil Zarathustra in den Bergen seinen Geist und seine Einsamkeit genossen habe, dessen dann zehn Jahre nicht müde geworden sei, bis er beschlossen habe abzusteigen und Philosoph zu werden oder so ähnlich.

»Du und Ben, ihr seid doch früher öfter in die Berge gegangen, oder?«

Seit Janinas Geburt hatte Karla eine primitive Zeitrechnung eingeführt, die sie »früher« nannte: Früher sind wir immer zusammen einkaufen gegangen. Früher haben wir alles zusammen gemacht.

Sie hatte recht. Wir lebten in verschiedenen Zeitlöchern.

Und wenn Raum und Zeit miteinander verknüpft waren, dann war es nur natürlich, daß wir nicht miteinander Schritt halten konnten.

Ich seufzte laut.

»Kannst du noch?« rief Karla von vorne.

»Ich schon, aber wenn du zu schnell gehst, dann verausgabst du dich jetzt schon.«

»Nee, das glaube ich nicht, ich bin durchtrainiert. Irgendwie muß sich das Geld für das Fitneßstudio ja amortisieren. Ich glaube, ich sollte dich dafür werben. Es kann doch für Ben nicht so schwer sein, abends einmal auf Janina aufzupassen.«

»Hast du eigentlich schon neue Bewerbungen geschrieben?«

»Also, ich muß mich jetzt erst einmal neu orientieren, das weißt du doch. Den Leuten Medikamente aufschwatzen, die ihr Karma zerstören, bringt gutes Geld, aber es füllt mich nicht aus. Ich muß jetzt erst einmal nach meinem Potential suchen. Du weißt doch: Das Leben ist wie ein Rennrad mit zehn Gängen. Die meisten von uns haben Gänge, die sie nie benutzen ... Vielleicht solltest du einmal darüber nachdenken. Ich meine, du kannst doch nicht zufrieden sein ...«

Bis zu diesem Moment war ich eigentlich ziemlich zufrieden gewesen.

»Sollen wir eine Pause machen?« Karla blieb stehen und sah auf die Uhr. Doch nichts auf der Welt würde mich jetzt dazu bringen, eine Pause zu machen.

»Wenn du eine brauchst ...«

»Ich? Um Gottes willen, ich dachte, du würdest vielleicht ...«

»Ich? Nein. Ich bin das gewohnt.«

Und so rannten wir weiter, und ich wurde Karla nicht los, weil Karla mich nicht los sein wollte.

Karla war nur wenige Minuten älter als ich. Unsere Mütter hatten sich im Krankenhaus kennengelernt. Wurden wir gefragt, wie lange wir befreundet seien, lachten wir. Denn die Frage hätte anders lauten müssen: Wie lange haben wir uns eigentlich nicht gekannt? Wir waren eineiige Zwillinge, die bei der Zeugung getrennt wurden.

Als ich nach dem Studium nach München zog, um ein Volontariat zu machen, reiste Karla mir nach. Eines Tages stand sie mit ihrem Koffer vor der Tür und rief: »Überraschung!« In einem Moment, in dem ich sie erstens nicht erwartet hatte und zweitens nicht gebrauchen konnte. Weil Ben nackt in meinem Bett lag.

Doch Karla zog ihre Jacke aus und stellte den Kosmetikkoffer ins Bad. »Was tust du in München?« fragte ich.

»Das errätst du nie!«

»Sag schon!«

»Freust du dich nicht?«

»Doch, natürlich!« Was hätte ich auch sonst sagen sollen? Daß sie mir gerade in die Quere kam?

»Also, gewährst du mir Asyl?«

»Asyl?«

»Ja, ich ziehe her!«

»Nach München?«

»Genau, du hast mir so gefehlt. Und da war diese Stellenanzeige ...«

Sie zog eine Flasche Champagner aus der roten Handtasche.

»Das müssen wir feiern. Du sagst ja gar nichts.«

»Schön«, kam es mir von den Lippen, eine Floskel automatisiert wie der Schluckvorgang.

»Wo ist unser Schlafzimmer?« fragte Karla, und schon stand Ben in der Tür. Der erste Mann in meinem Leben, bei dem nicht die ersten Zweifel in dem Moment gekommen waren, als er sich seiner Boxershorts entledigt hatte. Und er hatte eine verdammt tiefe Stimme. Wie zwei Klanghölzer, die aufeinandertreffen. Karla dagegen krächzte plötzlich wie eine diebische Elster. Und fragte am nächsten Morgen:

»Rasiert er sich eigentlich nie?« Und wenn er morgens zum Frühstück blieb, sagte Karla: »Er stört mich nicht.«

Schließlich nahm ich allen Mut zusammen und wies sie darauf hin, daß dies meine Wohnung sei und Ben und ich zusammenziehen wollten.

»Adoptieren willst du ihn? Ich dachte, wir wären uns einig: Männer sind wie Modeschmuck, billig zu haben und daher nicht zu schade zum Entsorgen.«

Ein Schild: Fünfundvierzig Minuten bis zum Gipfel. Der Nebel wurde dichter und schlug sich auf unsere Kleider. Nicht mehr lange, und der Wetterpsalm trat in Kraft: Der Himmel soll verdammt sein, die Wolken ihre Schleusen öffnen, die Meere über die Ufer treten, es soll Schwefel und Feuer regnen vom Himmel herab auf Sodom und Gomorra.

»Also … na ja … vielleicht ist das so, wenn man heiratet und Kinder bekommt«, sagte Karla plötzlich. »Man ist ja jeden Tag zusammen … jeden Tag, da gibt es keine Überraschungen mehr.«

Vielleicht hatte sie recht. Vermutlich lief tatsächlich etwas schief, wenn man die Brusthaare seines Ehemannes mit der Lieblingskamelhaardecke verwechselte und sich nicht mehr die aufregende Frage stellte: Bringt er's oder nicht, weil man wußte, daß er es immer brachte. Es war natürlich schwer, das aufzugeben, genausogut könnte man die noch intakte Kamelhaardecke einer gemeinnützigen Institution für bedürftige Singles spenden.

»Die Hälfte aller Scheidungen«, fuhr Karla fort, »ereignet sich in den ersten sieben Jahren.« Sie sagte es so, als wolle sie mich aufmuntern, dabei wußte sie genau, daß ich mit Ben sechs Jahre und ein paar Monate verheiratet war. »Und jede dritte Ehe wird geschieden. Also, ich glaube, das Geheimnis vieler langjähriger Ehen ist oft weniger das gemeinsame Glück, sondern daß einfach noch keiner die Scheidung eingereicht hat.«

»Aber verheiratete Menschen leben länger und gesünder. Sie leiden weniger an Depressionen, Selbstmordgedanken, Psychosen, Drogenmißbrauch und Mordgedanken.« Mehr fiel mir nicht ein, was Singles zustoßen konnte, abgesehen von den üblichen Todesursachen wie Autounfall und Krebs.

»Und warum gibt es dann die Einrichtungen für geschlagene Frauen?«

Ja, warum eigentlich?

»Ich sag dir: Besser gut geschieden als schlecht verheiratet.«

Aids hatte ich vergessen.

»Schau dich doch mal an. Warst du eigentlich seit Janinas Geburt beim Friseur?«

Da hatte Karla recht. Mit meiner Frisur war ich tatsächlich unglücklich, und wenn ich in den Spiegel starrte, kam mir mein Gesicht vor, als hätte ich einen meiner Gummihandschuhe übergezogen, die ich zum Putzen verwendete. Und anschließend versucht, mit etwas Dior und Lancôme »Punkt Punkt Komma Strich« ein Gesicht darauf zustande zu bringen.

»Und zugenommen hast du auch. Nach der Lehre des Ayurveda läßt ein Übermaß an Schwere auf zuviel Kapha-Energie schließen, und das zeigt sich in Form von Übergewicht und Zellulitis. Du mußt unbedingt für mehr geistige Anregung und körperliche Bewegung sorgen. Zeig mal deine Hände. Allein schon der Fingerabdruck verrät, was du für ein Mensch bist.«

Karla blieb stehen, genau an der Stelle, wo im Frühjahr ein kleiner Bach die Felsen herunterkam und im Lauf der Jahrhunderte eine Spalte in den Berg geschnitten hatte, die man jetzt überwinden mußte. Sie inspizierte meinen rechten Mittelfinger:

»Hier siehst du, eindeutig Bogenprofil. Menschen mit solchen Fingerlinien unterdrücken sich und ihre Gefühle. Da, die Linien ziehen sich schnurgerade von links nach rechts und nur hier in der Mitte, da ist eine leichte Bewegung Richtung Fingerspitze. Dagegen meine! Wirbelmuster!«

Ihr linker Turnschuh verlor den Halt und rutschte nach vorne. Für einen kurzen Moment schwankte sie.

Ich griff nach ihrem Arm und zog sie zu mir herüber.

»Huch!« rief sie lachend. »Das war knapp ...«, und sie hielt mir ihren Zeigefinger unter die Nase. »Sag ich doch, Tornadolinien!«

Ich stapfte schweigend weiter, den schmalen Weg entlang, der um den Bergrücken führte, bis er schließlich oben an einer Weggabelung endete. Links ging es auf dem Nordostgrat Richtung Gipfel, rechts steil den Abhang hinunter.

Karla beugte sich schon wieder zu weit vor: »Also, das ist wirklich Wahnsinn, wie tief es hier hinuntergeht.«

»Siehst du den Gedenkstein da vorne?« fragte ich. »Da ist vor zwei Jahren eine ganze Familie ums Leben gekommen.«

»Hier? Wie kann man hier hinunterfallen? Vermutlich haben sie sich freiwillig hinuntergestürzt.« Karla lachte, hob einen Stein auf und warf ihn den Berg hinunter. »Familientherapie aus Verzweiflung!«

Ich wollte etwas Schneidendes sagen, das so scharfkantig war wie der Felsen unter uns. Doch alles, was ich hervorbrachte, war:

»Das solltest du nicht tun, du könntest jemanden treffen.« Doch Karla steigerte sich immer weiter in ihr Lachen hinein.

»Ich habe zwar nicht Nietzsche gelesen«, sagte ich wütend, »aber Konfuzius sagt, und der war auch nicht blöd: Es ist dies eine Krankheit der Menschen, daß sie die eigenen Felder vernachlässigen und in denen anderer Unkraut jäten.«

Dann drehte ich mich um und rannte dem Gipfel entgegen. Es war nicht das erste Mal, daß ich wünschte, Karla würde etwas Böses zustoßen. Ich hatte ihr zum ersten Mal die Pest an den Hals gewünscht, als sie mich bei den Bundesjugendspielen mit ihren langen Beinen überholte und im Ziel wie bei der Geschichte vom Hasen und dem Igel gerufen hatte: »Bin schon da!«

Noch hundert Meter durch die Felspassage bis zum Gipfel. An der Wand, an der das Regenwasser der letzten Tage in kleinen Rinnsalen herunterlief, waren locker Drahtseile gespannt, die Steine waren extrem glitschig. Ich hätte Karla warnen sollen, doch sie wußte sowieso immer alles besser. Ich versuchte mein Körpergewicht auf die Füße zu konzentrieren und das Seil nicht zu stark mit den Händen an mich zu ziehen. Wenn man zu eng griff, ließ man dem Seil zuviel Spielraum und lief Gefahr, zu weit nach hinten zu kippen und das Gleichgewicht zu verlieren.

Ich setzte die festen Bergstiefel eng nebeneinander, Schritt für Schritt. Karla würde schon sehen, daß sie mit ihren leichten Turnschuhen nicht weit kam. Ich hatte sie gewarnt und ihr Bens Schuhe angeboten, aber Karla hatte sich geweigert, als handelte es sich dabei um seine Unterhosen.

»Am besten gefällt mir am Bergsteigen die Stille«, sagte ich in den Abgrund. Dadurch klang es gewichtiger und – so hoffte ich – ein kleines bißchen philosophisch.

Karla schwieg. Sie war offensichtlich beleidigt.

»Und der Moment, wenn man endlich oben ist. Nicht nur die Aussicht, auch der Wind. Und wenn es plötzlich kalt ist. Daß ich friere. Daß ich wahnsinnig hungrig werde. Und der Irrsinn, daß ich hochgestiegen bin, um fünf Minuten die Aussicht zu genießen, und mich dann gleich wieder auf den Rückweg mache. Dann denke ich wieder, daß das Ganze einen Sinn haben muß. Sonst wäre ich nicht so zufrieden, wenn ich unten ankomme.«

Ich stieg weiter Richtung Gipfel.

»Seid wir losgelaufen sind, mäkelst du an meinem Leben herum. Die ganze Zeit fühle ich mich, als hätte ich einen Stein im Schuh. Dabei hast du keine Ahnung von meinem Leben. Du weißt ja gar nicht, was Leben ist. Du bist doch diejenige, die an allem vorbeirennt. Du shoppst dich durchs

Leben, und wenn deine Schränke voll sind, suchst du plötzlich nach Versteinerungen. Ich wäre verdammt vorsichtig an deiner Stelle. Ein Psychologe könnte sonst vermuten, es seien die Versteinerungen deiner Seele, nach denen du suchst. Was weißt du von meinem Leben? Nichts. Du siehst Janina an, als sei sie eine ständige Schmutzquelle und Ben die Kakerlake in meinem Alltag.«

Ich kam verdammt schnell voran. Die Bergschuhe waren Siebenmeilenstiefel. Vermutlich setzten meine Worte Energie frei – wie der Schrei bei Karate. Ich war im Begriff, einen Baustein meines Lebens mit Worten zu zerschlagen. Das war ein denkwürdiges Ereignis. Ich würde es ins Gipfelbuch eintragen: ›25. Oktober. Gemeinsam mit Karla bei dichtem Nebel den Gipfel der Einsicht bestiegen. Ende unserer Freundschaft.‹

Dann war ich oben. Hatte das Gefühl, der Nebel hätte sich plötzlich aus Furcht vor der Sonne den Berg hinuntergestürzt. Ich hatte Ben in einem Kletterkurs der Volkshochschule kennengelernt. Und mich verliebt, als er über mir den ersten Karabiner in den Haken klinkte, durch den das Seil lief, das uns verband.

Ich atmete tief durch.

»Ist das nicht toll?«

Still lag der Nebel unter mir. Man braucht nicht auf andere Planeten zu reisen, man kann auch einfach auf einen Berg steigen.

Ich drehte mich um.

Der Weg und Karla waren nicht zu sehen.

Es waren auch keine Schritte zu hören.

Diese verdammten Turnschuhe. Ich hatte sie gewarnt. Das Gefährliche am Bergsteigen war die Selbstüberschätzung.

»Karla!«

Der Name wurde vom leeren Raum verschluckt. Ich zog die Fleecejacke aus. Der Wind blies durch Bens Hemd.

Karla antwortete nicht. Sie wollte, daß ich ihr entgegenkam und mich entschuldigte – wie immer. Der felsige Grat mit den Drahtseilen führte steil nach unten. Meine Beine zitterten, und die Füße in den Bergschuhen suchten festen Halt, als ich mich nach unten beugte.

Vorsichtig stieg ich ab. Der Felsen war glitschig, wie abgeschliffen. Ich hatte vergessen, daß der Abstieg immer schwerer war als der Aufstieg. Endlich meinte ich tief unten einen roten Fleck zu sehen. War Karla schon so weit zurückgelaufen? Ich strengte die Augen an.

Der rote Fleck bewegte sich nicht.

War dort überhaupt der Weg? Verlief der nicht die andere Seite entlang?

Ich rannte zurück, ohne Rücksicht auf die glitschigen Steine. Achtete nicht auf den Weg. Mein Gott, wenn man jemandem die Pest an den Hals wünscht, dann heißt das noch lange nicht, daß man es wirklich will.

Es waren nur noch wenige Meter bis zur Weggabelung, als ich Karla endlich entdeckte.

Ohne Rucksack.

Den Kopf auf die Arme gelehnt, saß sie laut schluchzend da, und ich war froh, daß das Echo ausblieb, daß die Berge nicht Karlas Elend bis ins Tal hinab verkündeten. Vermutlich war das Streben danach, ein vollkommenes Individuum zu werden, tatsächlich schwerer, als verheiratet und zum zweiten Mal schwanger zu sein.

»Hej«, sagte ich beruhigend. »Hör auf zu heulen.«

»Da unten«, schluchzte sie, »da liegt er.«

»Wer?«

»Mein Rucksack!« schrie sie.

»Na und?« meinte ich und legte den Arm um ihre Schultern. »Also eigentlich war doch nichts Wichtiges drin, oder?«

DACIA MARAINI

Maria

Wenn ich morgens aufstehe, um zur Arbeit zu gehen, schläft Maria noch. Ich schlüpfe lautlos aus dem Bett, damit sie nicht aufwacht; ich nehme das Häufchen Wäsche, das über dem Stuhl hängt, und ich gehe ins Badezimmer, um mich anzuziehen. Ich ziehe leise die Tür hinter mir zu, ohne daß man sie einschnappen hört, und laufe über den eiskalten Flur. Unsere Wohnung hat keine Zentralheizung; wir haben zwar Gasöfen, aber sie haben den Nachteil, jedesmal nur ein Stück Luft zu erwärmen. Deshalb ist die Wohnung aufgeteilt in warme und kalte Zonen, die sich nie miteinander vermischen.

Um neun bin ich im Büro. Die ersten fünf Minuten bin ich betäubt von dem Krach und frage mich, wie ich ihn bloß bis heute ertragen habe. Ich kann mich nicht an ihn gewöhnen. Aber Verwunderung und Lähmung dauern nur die ersten wenigen Minuten. Danach verwandelt sich der Lärm der Werkzeugmaschinen hinter den Glasscheiben in etwas Bekanntes: in das Rauschen eines Wasserfalls, das in regelmäßigen Abständen von einem Trommelwirbel durchbrochen wird. Ich fange an, in den Zetteln herumzukramen, setze die elektrische Lochmaschine in Gang und halte die automatische Rechenmaschine griffbereit.

Mein Büro ist ein Glaswürfel mitten in der riesigen Halle einer Automobilfabrik. Mit mir arbeiten noch fünf andere Leute, drei Männer und zwei Frauen. Seit mehr als sechs Jahren lebe ich jetzt mit ihnen, aber ich kann nicht behaupten, sie zu kennen. Ich rede wenig. Sie unterhalten sich viel, aber ich kann sie nicht verstehen: Der Lärm überdeckt ihre

Stimmen. Wenn man sich verständlich machen will, muß man mit dem Mund ganz nahe ans Ohr seines Gesprächspartners gehen, und ich finde nie etwas so bedeutend, daß ich mit meinem Mund an die Brillantineköpfe von meinen Arbeitskollegen kommen möchte.

Um zwölf Uhr mittags heult die Sirene. Die Arbeiter hören schlagartig auf. Der Krach läßt nach. Die Stille ist im ersten Augenblick erleichternd, dann wird sie unerträglich. Ich nehme plötzlich vieles, das ich vorher nicht spürte, wahr: daß mir die Augen brennen vom Neonlicht, daß mir die Finger weh tun vom Tippen, daß Schweißgeruch in der schwülen Luft hängt.

Ich hebe den Kopf und sehe mir zum erstenmal, seit ich die Fabrik betreten habe, die Arbeiter an. Sie wirken, als wären sie froh, daß sie zur Mittagspause in den Hof gehen können. Ein paar haben Weinflaschen bei sich, andere haben Blechdosen mit Pastaciutta. Sie gehen an mir vorbei, ohne mich zu sehen. Obwohl der Würfel durchsichtig und hell erleuchtet ist, bleiben sie nie stehen, um hineinzuschauen. Sie sind so an uns gewöhnt, daß es ihnen vorkommt, als gäbe es uns gar nicht.

Ich sehe hinter einem jungen Mädchen her, das geschäftig an mir vorbeigeht, die schwarze Schürze hängt lose über dem kurzen Rock, die kräftigen, muskulösen Beine stecken in rotkarierten Kniestrümpfen. Ich betrachte sie, denn im Gesicht sieht sie Maria ähnlich: Sie hat hervortretende Backenknochen, einen breiten Kiefer, schräge, engstehende Augen und schwarze Augenbrauen; einen leicht mongoloiden Gesichtsausdruck.

Ich stehe auf und ziehe mir den Mantel über. Ich gehe nach draußen. Als ich über den Hof gehe, kann ich das Mädchen nicht finden. Ich sehe mich in der Gruppe von Frauen um, die am Rand der Blumenbeete auf dem Boden sitzen und essen, aber ich entdecke sie nicht. Sie gehört wohl zu denen, die das Gedränge und den Lärm in der Kantine lieber mögen.

Wenn ich nach Hause komme, ist Maria gerade aufgestanden. Die Wohnung ist in Unordnung. Das Schlafzimmer stinkt nach Zigaretten, das Bett ist total zerwühlt, das Bad überschwemmt, die Küche verräuchert und eiskalt.

Ich fange an aufzuräumen. Maria läuft in einem japanischen Morgenrock durch die Wohnung und raucht eine Zigarette nach der andern. Sie kommt hinter mir her, während ich hastig die Hausarbeit mache, und redet auf mich ein.

Maria hat eine sehr schöne Stimme. Manchmal setzt sie sich, während ich wasche, saubermache, aufräume, im Schlafzimmer auf einen Hocker am Fenster und läßt sich die Sonne auf den Rücken scheinen und redet, als ob ich gar nicht da wäre. Oft komme ich nicht mit, mit ihren tiefgründigen, komplizierten Gedankengängen, aber ich versinke dann in ihrer Stimme; sie klingt rein und leicht und melodiös wie ein Vogel.

Wir essen in der Küche. Maria sitzt mir gegenüber und ißt mit Appetit alles, was ich ihr auf den Teller lege. Aber sie merkt gar nicht, was sie ißt, sie achtet nur auf ihre Gedanken; ihr Gesicht bekommt dann diesen zerstreuten, angestrengten Ausdruck, der mir schon vertraut ist.

»Hast du nie darüber nachgedacht, was Liebe zwischen zwei Frauen ist?«

»Nein.«

»Es muß doch einen Grund dafür geben, glaubst du nicht?«

»Ich weiß nicht.«

»Warum sollte ich dich lieben anstatt einen Mann? Warum sollte ich mit dir schlafen anstatt mit einem Mann?«

»Ich weiß nicht. Weil es dir gefällt.«

»Aber warum gefällt es mir?«

»Ich weiß nicht. Weil du mich gern hast.«

»Schön doof. Warum denn?«

»Ich weiß es wirklich nicht.«

»Ich glaube, Männer und Frauen wollen nicht mehr miteinander schlafen, weil sie keine Kinder wollen. Wir sind zu viele.«

»Willst du noch Stockfisch?« Sie nickt. Sie schiebt sich ein großes Stück Stockfisch, von der billigsten Sorte und deshalb sehr fett und faserig, in den Mund, ohne ihn wirklich zu schmecken. Ich sehe es an ihrem Gesicht – sie kaut mechanisch, ihre Augen starren ins Leere – und an ihrem Hals, durch den ein Stück nach dem andern hinuntergewürgt wird.

»Wenn sie von Gewaltlosigkeit reden, kann ich nur lachen. Was machen wir denn anderes, als von morgens bis abends Gewalt anwenden.«

»Ich habe rote Trauben für dich gekauft. Willst du?«

»Wir stehen morgens auf und bringen erst mal gleich dreitausend Kühe um.«

»Kühe?«

»Natürlich, was glaubst du, wieviel Kühe und Kälber und Lämmer werden in so einer Stadt jeden Tag abgeschlachtet?«

»Was weiß ich?«

»Und du, leidest du nicht unter der Gewalt deiner Chefs?«

»Nein. Sie tun mir nichts.«

»Ich meine doch nicht körperliche Gewalt. Wieviel geben sie dir im Monat?«

»Achtzigtausend Lire.«

»Und weißt du, wieviel sie an deinen achtzigtausend Lire verdienen? Mindestens fünfundzwanzig im Monat. Das ist alles Verdienst, den sie dir klauen.«

»Was soll das denn jetzt?«

»Und wenn sie dich zwingen, in so einem Würfel zu sitzen, in dem ganzen Krach und bei künstlichem Licht, acht Stunden am Tag.«

»Was willst du denn. Ich arbeite, und sie bezahlen mich.«

»Schön doof. Du arbeitest, und sie klauen. Das ist nämlich die Wahrheit. Sie beklauen dich Tag für Tag, Stunde für

Stunde. Und du läßt dich beklauen, du bist sogar noch zufrieden damit. Ist das nicht wahnsinnig?«

Ich fange an zu lachen. Ihr Gesicht ist so ernst und so erbost, daß ich lachen muß. Ich habe keine Lust zu diskutieren, weil ich gleich wieder zur Arbeit muß und mich lieber noch einen Moment aufs Bett legen und ausruhen möchte. Aber Maria will ihre Ausführungen nicht unterbrechen. Sie will, daß ich auf meinem Platz sitzen bleibe, vor ihrer Nase, und ihr antworte, selbst wenn ich ins Blaue rede.

Ich mache Kaffee. Die Espressokanne ist aufgeschraubt, der alte Kaffee noch drin, oben drauf zwei Zigarettenkippen.

»Warum steckst du die Kippen in die Kaffeemaschine?«

»Ich will dir mal was sagen. Du hast kein politisches Bewußtsein. Du verzettelst dich im Kleinkram, im Kaffeesatz, im Waschpulver, im Stockfisch, in roten Trauben und schmutziger Bettwäsche. Du denkst nicht einmal nach über etwas, das alle angeht und nicht nur dich. Du denkst nie nach über die Welt, über all das Unrecht. Du weigerst dich, dir über irgend etwas ein Urteil zu bilden. Für dich ist alles in Ordnung. Du bist schlimmer als ein Tier.«

Wenn sie so etwas sagt, werde ich immer traurig. Ich fühle mich plötzlich müde. Ich habe zu gar nichts mehr Lust. Ich sehe ihr in das harte und schöne Gesicht, es ist so weiß, daß es einem angst macht. Ich gehe ins Schlafzimmer, lege mich hin, mache die Augen zu. Einen Augenblick später spüre ich ihre Lippen auf meiner Stirn, meinem Kinn, meinem Mund. Sofort vergeht mir alle Traurigkeit.

Den Nachmittag verbringe ich wieder im Würfel eingesperrt, mit Schreiben und Tippen, an der Lochmaschine und am Telefon. Ab und zu sehe ich aus meinen entzündeten Augen durch die Glasscheiben, die mich vom Rest der Abteilung trennen. Ich sehe gebeugte Rücken, Karosserieteile, die an Seilen hängend vorbeilaufen, schwarze Schürzen, die sich bewegen. Das junge Mädchen mit den muskulösen Beinen und dem mongoloiden Gesicht arbeitet in einer anderen Abteilung, an einer Presse für Plastikteile. Ich sehe sie nur zur Mittagspause und zum Feierabend. Sie geht an dem Würfel vorbei, ohne sich umzudrehen, und schwenkt dabei eine hellblaue Stofftasche.

Eines Tages empfängt mich Maria wutschnaubend. »Was ist denn los?« frage ich. Und fange schon an, das Schlafzimmer aufzuräumen. Ich habe gern ein bißchen Bewegung, wenn ich vorher stundenlang stillgesessen habe.

»Du weißt, daß mein Vater Bauer ist.«

»Ja, du hast es mir gesagt.«

»Und daß er in Urbino wohnt.«

»Ja.«

»Aber du weißt nicht, was im Kopf eines Bauern vorgeht, der kein politisches Bewußtsein hat.«

»Dein Vater ist dein Vater. Du mußt ihn gern haben.«

»Erzähl keinen Quatsch. Mein Vater ist ein armer Bauer und müßte eigentlich für die Revolution sein. Statt dessen ist er konservativ, und zwar noch viel konservativer als die Großgrundbesitzer, für die er arbeitet. Verstehst du? Er ist ein dämlicher Egoist, der nur daran denkt, Geld auf die Seite zu schaffen.«

»Aber er ist dein Vater.«

»Ach, scheiß doch drauf!«

»Ein Vater ist ein Vater. Da gibt es gar nichts.«

»Die Väter und die Mütter sind unsere Krankheiten. Man muß sie abtöten.«

»Was ist denn bloß passiert?«

»Mein Vater hat rausgekriegt, daß ich mit dir zusammenlebe, und will mich ins Irrenhaus sperren.«

»Aber warum denn?«

»Ihm ist es lieber, wenn ich für verrückt gehalten werde, als daß ich, wie er es nennt, ›anormal‹ bin.«

»Hast du ihn denn getroffen?«

»Ja, er war heute morgen hier, als du weg warst.«

»Und was hat er gesagt?«

»Er hat gesagt, er schämt sich wegen mir. Und daß sie im Dorf sagen, ich wäre anormal, und er hat denen dann erklärt, ich bin verrückt. Und er läßt mich ins Irrenhaus sperren.«

»Wie will er das denn machen?«

»Er hat einen Freund bei der Polizei, und der ist bereit, ihm zu helfen.«

»Aber du bist nicht verrückt. Wer soll denn so was glauben?«

»Mein Vater hat einen Dickkopf.«

Wir haben nicht mehr davon gesprochen. Ihr Vater ist nicht wieder in unsere Wohnung gekommen und nach drei Monaten dachte ich, daß die Gefahr vorbei ist.

Eines Morgens gehe ich wie üblich zur Arbeit. Nehme Platz in dem Würfel. Ich habe einen Haufen Rechnungen zu prüfen und sitze den ganzen Morgen an der Rechenmaschine. Es ist Samstag. Um Viertel vor zwölf sehe ich die Arbeiter vor dem Kassenschalter Schlange stehen, um ihren Lohn abzuholen. Ich warte darauf, das junge mongoloide Mädchen zu sehen, aber sie ist nicht dabei. Ihre Lohntüte wird von einer Blondine abgeholt, die sagt, sie sei ihre Kusine.

Um zwölf schließe ich meine Schubladen ab, decke die schwarzen Hüllen über die Maschinen und gehe nach Hause. Der Autobus ist dermaßen überfüllt, daß ich an meiner Haltestelle nicht rauskomme: Die Körper bilden eine Mauer vor der Tür, und bevor ich sie erreiche, ist der Busfahrer schon wieder angefahren. Ich muß dann ein Stück zu Fuß gehen, und als ich zu Hause ankomme, ist es schon eins.

Zu Hause ist niemand. Ich denke, Maria ist wohl einkaufen gegangen. Ich warte bis halb drei, um die Zeit müßte ich eigentlich wieder ins Büro. Aber Maria kommt nicht.

Ich renne ins Büro. Ich arbeite bis sieben, dann gehe ich nach Hause. Maria ist nicht da.

Zwei Tage später erfahre ich, daß man sie ins Irrenhaus gebracht hat. Ich gehe sie besuchen. Sie ist noch blasser und ernster als sonst.

»Mach dir wegen mir keine Sorgen. Ich komme ganz schnell wieder raus. Alle wissen, daß ich gesund bin.«

»Wann kommst du raus?«

»Bald. Aber was mich zur Weißglut bringt hier, sind nicht die Ärzte.«

»Wer denn?«

»Die Kranken.«

»Warum?«

»Sie lassen alles mit sich machen, was die wollen. Sie protestieren nicht, sie diskutieren nicht, sie organisieren sich nicht. Sie sind wie du, sie kleben an Dingen. Sie leben für die Suppe, für das Stück Fleisch, für den Fernseher.«

»Sie sind krank.«

»Nein. Sie sind Objekte.«

»Sie sind krank.«

»Sie haben es aufgegeben, sich ein Urteil zu bilden genau wie du.«

»Wann wirst du rauskommen?«

»Bald.«

Aber ich darf nicht lange mit ihr sprechen. Die Krankenschwester kommt und schließt die Türen ab. Erst in diesem Moment merke ich, daß ein bestialischer Gestank in dem großen Saal liegt, und mir schnürt sich vor Ekel die Kehle zu.

Eine Woche später will ich sie wieder besuchen. Man sagt mir, sie sei weg. Ich will gerade zufrieden nach Hause gehen, da kommt ein dicker, blonder Junge auf mich zu und erzählt mir, Maria hat sich umgebracht.

Sofort danach bricht er in ein schauriges, blödes Gelächter aus. Ich weiß nicht, ob ich ihm glauben soll. Aber dann sehe ich an der Art, wie die Schwester ihn am Arm packt und anschnauzt und wegzieht, daß es stimmt.

ANNA KALMAN

Durch dick und dünn

Frisch und locker lag die Erde auf den drei Särgen. Mit gesenkten Häuptern pilgerten Trauergäste in ein nahegelegenes Gasthaus, wo ein deftiger Leichenschmaus ihren Kummer schnell milderte. Sie labten sich an Leberspätzlesuppe, an Speckknödeln und an Schweinebraten, kauten und schluckten und beteuerten einander, was für eine schöne Beerdigung es doch gewesen sei, der Verblichenen durchaus würdig.

Der Tag schritt voran, und das goldene Licht des Septembernachmittags wich dem Aufdämmern der bevorstehenden Nacht. Während die Trauergemeinde noch immer auf die Dahingeschiedenen anstieß, schlug Maggie Sanwaldt selig langsam ihre blauen Puppenaugen auf und tastete nach der riesigen Beule an ihrer Stirn. Sie war noch da. Maggie seufzte und streckte ihre zierlichen Hände und Füße mit den rosa bemalten Nägeln in den rosa Satinkissen aus, wobei sie gegen die Wand ihres Sarges stieß. Sie hatte lange geschlafen und hungerte nach Zerstreuung. Aber niemand schien daran gedacht zu haben, daß sie nun Zeit bis in alle Ewigkeit hatte. Nicht einmal ihr heißgeliebtes Kartenspiel hatte man ihr mit auf die letzte große Reise gegeben. Also, was jetzt?

Maggie war ihr Leben lang darauf angewiesen gewesen, daß ihr jemand sagte, was zu tun war. Zuerst ihre Mutter, dann Engelbert, ihr verstorbener Gatte, und schließlich ihre Freundinnen, Gudrun und Isabelle. Irgendwie hatte sie auch erwartet, daß Engelbert in ihrer neuen Heimat auf sie warten würde, in einen Kranz aus gleißendem Licht gehüllt, mit ausgebreiteten Armen. Aber ganz entgegen seiner früheren Fürsorge hatte Engelbert sich bislang nicht blicken lassen. Und Maggie war sich nicht einmal sicher, ob sie das wollte. Was, wenn er tatsächlich dorthin gegangen war, wohin sie ihn manchmal heimlich gewünscht hatte, und er – statt seiner drei Haare – nun kleine rote Hörner auf dem Kopf und einen Schwanz am Hintern trug? Nein, nein, Maggie schüttelte heftig den blondgelockten Schopf, was sich in der Enge ihrer Umgebung als ungut erwies. Sie rumpelte gegen die Wand ihrer neuen Behausung und weckte damit Isabelle, die bis dahin in ihrer Ruhestatt nebenan friedlich geschlummert hatte. Diese gab ein verärgertes Brummen von sich, das Maggie erleichtert aufatmen ließ. Zu Lebzeiten hatte sie sich oft über die Launenhaftigkeit der Fernsehmoderatorin geärgert, jetzt klang dieser ungnädige Laut in ihren Ohren wie reinstes Hosianna. Maggie war nicht mehr allein.

»Was machst du gerade?« wisperte sie.

»Ich versuche zu schlafen.«

»Und dann?«

»Man hat mich hier zur ewigen Ruhe gebettet. Und ich gedenke, das Ganze wörtlich zu nehmen.«

Lieber Himmel, Isabelle hatte einen ihrer ganz schlechten Tage. Maggie überlegte. Früher hatte sie ihrer Freundin die Laune oft mit Pralinen versüßt. Ob das noch immer galt? Aßen Leute im Jenseits überhaupt noch, oder hielten sie sich jubilierend und ausschließlich an das Brot des Herrn? Und woher, bitteschön, sollte sie jetzt Orangentrüffel und französischen Nougat nehmen?

Ihre Einsamkeit ließ Maggie kühn werden. Mit eingezogenem Kopf richtete sie sich auf, schob den Sargdeckel zur Seite und glitt in ihrem zartrosa Chiffonkleid durch den braunen Erdhügel hindurch, als wäre er gar nicht vorhanden.

Über dem Friedhof lag totenstille Nacht. Es dauerte ein paar Sekunden, bis sich Maggies Augen an die Dunkelheit gewöhnt hatten. Dann schwebte sie los. Vorbei an Holzbänken, Komposthaufen, einer vergessenen Gießkanne und unzähligen Gräbern. Maggie, die einst Schokolade sogar durch Kühlschranktüren hatte wittern können, schnupperte und bemerkte, daß es eine Nacht voller Düfte war. Es roch nach Laub, lieblichen Blumen, Regenluft und Abfällen.

Und dann geschah es: Ein süßer und verlockender Geruch stieg in Maggies Nase, der ihren Kopf mit einem Ruck herumriß. Sie war ganz sicher: Es roch nach Smarties. Grünen, gelben, roten und braunen Smarties. Entschlossen und mit geblähten Nüstern schwebte sie weiter, dem Aroma hinterher. Offenbar hatte ein Kind die Schokodragees auf einer Bank vergessen. Für Maggie ein göttliches Geschenk. Liebevoll drückte sie das Pappröhrchen an ihren kalten Busen, und augenblicklich wurde ihr warm ums Herz. Völlig losgelöst und ermuntert vom Erfolg ihrer himmlischen Expedition, hob Maggie vollends ab. Sie ließ Gräber und Friedhofsmauern hinter sich und flog immer schneller durch die Weite der Nacht. Lautlos glitt sie dahin, in Ballerinenpose, ganz entrückt im Rausch der neuen Freiheit.

Eine Tür stoppte jäh Maggies Höhenflug. Wieder krachte ihr Kopf gegen Holz – offensichtlich gelang es ihr noch nicht so recht, einfach so durch die Wände zu gleiten. Ernüchtert schlug sie die Augen auf: »Paradise Inn« blinkte es in bunten Neonbuchstaben, und Frank Sinatra sang »Strangers in the Night«. Eine Bar, sie hatte mitten im Himmel eine Bar entdeckt. Sie zögerte. Doch dann siegte die Neugier, und Maggie trat ein.

Automatisch griff sie sich an die Frisur. Sie saß immer noch perfekt, und auch ihr Make-up schien für die Ewigkeit gemacht, wie sie im Spiegel des Foyers feststellen konnte. Allerdings schimmerte auch jetzt ihre Beule wieder in allen Farben des Regenbogens. Mit wiegenden Hüften – woher hatte sie plötzlich diesen Gang? – schritt sie geradewegs auf die Theke zu. Mutig bestellte sie einen Brandy Alexander und ließ ihre Blicke schweifen. Jede Menge Leute, die Maggie aus alten Filmen kannte, unterhielten sich mit ihr unbekannten Gesichtern. Zwischen Mozart und Marilyn entdeckte sie plötzlich Engelbert und erbleichte. Sie wollte, nein, sie konnte nicht glauben, was sie sah. Ihr sank das Herz, und auf der Stelle erwachte das unsichere Mädchen von früher in ihr. Aus Maggie, der Heldin, wurde wieder Maggie Hasenherz.

»Was ist los, Maggie? Einen Geist gesehen?« fragte Isabelle besorgt, nachdem Maggie in die plüschige Geborgenheit ihrer Gruft zurückgekehrt war. Der Heimflug war wesentlich beschwerlicher gewesen. Stundenlang war sie orientierungslos durch die dunkle Nacht geflattert wie eine rosa Fledermaus. Endlich waren am Horizont die flackernden Grablichter des Friedhofs aufgetaucht. Erschöpft und traurig, die Rolle Smarties noch immer fest an die Brust gedrückt, ruhte sie jetzt neben Isabelle in deren luxuriöser Grabkammer zwischen ausladenden Kissen.

Es dauerte eine Weile, ehe sie mit der Sprache herausrückte. Ihre späte Niederlage war ihr peinlich. Schließlich sagte sie mit Grabesstimme:

»Ich habe Engelbert in einer Bar gesehen. Mit einer Brünetten im Arm. Ich glaube, es war Audrey Hepburn. Ganz aufgekratzt war er dabei. Wo er mir doch ewige Treue geschworen hat.« In Ermangelung eines Taschentuchs schneuzte sie sich nicht sehr damenhaft in eine Falte ihres Kleides.

»Und«, sie schniefte noch lauter, »sie war so dünn wie in ihren Filmen, genau so, wie er mich immer haben wollte.«

In der Ruhestatt links von Maggie rappelte sich Gudrun Sperber aus ihren zerknautschten Kissen. Engelberts Treuebruch rührte sie wenig. Gudrun war ja so pragmatisch. Sie fuhr sich durchs feldmausbraune Haar, räusperte sich und sagte mit ihrer Männerstimme, die in den letzten Wochen ihres irdischen Daseins völlig verstummt war:

»Mein Gott, Maggie. Ich hätte dich wirklich für klüger gehalten. Früher oder später erwischt sie jeden Mann, die Panik vor dem Tod. Je älter sie werden, desto größer wird sie. Und da hilft eben nur eins: vögeln, bis die Lenden krachen.« Gudrun schwieg einen Moment. »Zugegeben, Engelberts Panikattacke kommt Jahre zu spät.«

Sie griff nach etwas Schwarzem Krauser, drapierte ihn auf ein Papierblättchen und rollte sich eine ihrer unvermeidlichen Zigaretten. Maggie schwieg verstimmt. Sie hatte sich mehr Verständnis erhofft. Aber dann dachte sie gehässig, wie sollte man von jemandem Verständnis erhoffen, dem der zyklische Verzehr – in Wirklichkeit waren es regelrechte Gelage – von Zwiebelkuchen und Apfelmost immer wichtiger gewesen war als reine Liebe. Aber die hatte Gudrun mit ihren Kerlen, die sie hin und wieder in ihren Tantra-Seminaren aufgelesen hatte, ohnehin nie erlebt. Und schließlich: Sex, bei dem der Pups abging, ließ Männer schnell verduften.

Isabelle hatte interessiert zugehört. »Halt den Mund«, wies sie Gudrun in ihre Schranken und besprühte sich mit Parfum. Seit ihrem – nun ja – Unfall umwehte sie immer ein Hauch von faulen Eiern.

»Schätzchen«, flötete sie an Maggie gewandt, »du sagtest, sie war dünn? Wie dünn?«

»Mein Gott, du kennst doch Audrey Hepburn«, brummte Gudrun zwischen zwei Zügen, so schnell ließ sie sich nicht abweisen.

»Außerdem: Wen interessiert das? Dünn ist Maggie jetzt selbst.«

»Ja«, schluchzte Maggie und fuhr sich über die schmächtig gewordenen Hüften.

»Aber ich habe mit dem Leben dafür bezahlt.«

Die drei schwiegen betreten.

Ein Rascheln zerriß schließlich die beklemmende Stille. Isabelle hatte sich an die Schachtel mit den Smarties erinnert und stopfte sich eines nach dem anderen in den Mund. Wie gut es tat, Schokolade regelrecht zu verschlingen, ohne hinterher mit einer Schrotkur dafür zu büßen. Der Gedanke versüßte Isabelle die Tragik ihres allzufrühen Todes, und sie griff gleich noch einmal zu.

»Du kaust doch schon wieder!« stänkerte Gudrun und grabschte gierig nach den Schokodrops.

»Halt, ich will auch«, quengelte Maggie mit hoher Stimme, und plötzlich hatte sich die Mißstimmung von eben wie eine dunkle Wolke verflüchtigt. Die drei sahen sich an, lachten und prusteten, bis sie nur noch nach Luft japsen konnten. »Es ist zum Brüllen«, wieherte Gudrun, »da müssen wir erst ins Gras beißen, um nach Herzenslust zu futtern, ohne daß es auch nur eine Seele juckt, uns am allerwenigsten.«

»Genau«, gickelte Isabelle und zog eine Tüte Crunchips unter ihrem Kissen hervor.

Trotz aller Unterschiede waren Maggie und Isabelle seit der Schulzeit dicke Freundinnen. Was sie schon damals am meisten verbunden hatte, war ihr Hang zu gutem Essen. Bereits als kleine Mädchen hatten sie mit Vorliebe Pudding, Reisbrei und Grießbrei für ihre Puppen gekocht, den sie dann natürlich selber aßen. Später waren sie zu exquisiten Menüs, deftigen Eintöpfen und raffinierten Desserts übergegangen. Je nach Jahreszeit. Als junge Ehefrauen war ihr Ehrgeiz durch den Appetit ihrer Männer noch mehr angestachelt worden, und ein Kochseminar in den Siebzigern bei Max Inzinger hatte sie schließlich zu Gudrun geführt.

Gudrun war alleinstehend und zehn Jahre jünger, Leiterin einer evangelischen Familienbildungsstätte und nicht besonders attraktiv. Was nicht weiter verwunderte, wenn man bedachte, daß sie trotz ihrer Fülle weit schwingende Folkloreröcke und bestickte Blusen mit Puffärmeln trug. Isabelle hatte zuerst ihr feines, modebewußtes Näschen gerümpft, als sie obendrein noch bemerkte, daß Gudrun zum Aufbewahren ihrer Habe stets eine uralte Jutetasche mitschleppte.

Maggie war toleranter gewesen und hatte sofort Gudruns dröhnendes Lachen, ihre Großzügigkeit und ihren zünftigen Humor zu schätzen gewußt.

Und schließlich war es auch Isabelle gelungen, ein Auge zuzudrücken, was Gudruns borstige Haare und ihren plumpen Körper betraf. Die Egoistin in ihr jauchzte bei dem Gedanken, daß es eine gab, die stets ein offenes Ohr hatte, wenn Isabelle mal wieder mit ihrer Selbstfindung kämpfte. Also fast immer. Außerdem aß und kochte Gudrun leidenschaftlich gern und rundete mit ihren feinen Geschmacksnerven, die kein Mensch auf den ersten Blick bei ihr vermutet hätte, das Trio ab.

Über fast zwei Jahrzehnte hatten ihre Schlemmerorgien den Mittelpunkt ihrer Treffen gebildet. Bis eines Tages der Zeiger der Waage weit über das Maß des Anstandes hinausschoß. Das Essen war ihnen förmlich im Halse steckengeblieben, der Appetit mit einem Schlag vergangen. Und Isabelle war schließlich mit ihrer persönlichen Wahrheit herausgerückt: Der Sender hatte gedroht, ihr die Moderation ihrer Show zu entziehen, wenn sie nicht innerhalb kürzester Zeit mindestens zwanzig Kilo abnahm. Isabelles Eingeständnis hatte Maggie mutig gemacht, und unter zaghaften Kleinmädchenschluchzern gestand sie, daß Engelbert »es« gar nicht mehr machen wollte, seit sie so aus der Form geraten war. Allerdings wünschte er sich ihren Busen so, wie ihr Po inzwischen geworden war. Gudrun hatte den beiden zugehört und dabei geschnaubt wie ein Pferd.

Doch sie war eine herzliche Seele, und der Kummer ihrer Freundinnen rührte sie. Gemeinsam standen sie vorm Spiegel, betrachteten mit vor Schreck geweiteten Augen die fleischig gewordenen Arme, die Beine, die inzwischen dorischen Säulen glichen, und ihre Hintern, breit und gemütlich wie Sofakissen. Der Betrachtung folgten ein solidarischer Seufzer und die Erkenntnis, daß etwas getan werden mußte. Sie waren alt und fett geworden!

Es war Isabelle, die schließlich mit der Lösung und einem Prospekt herausrückte: Windmoor. Windmoor, das Asyl für Frauen wie sie. Windmoor, die Kurklinik, die straffe, schlanke Körper, reine, strahlende Haut, gesundes Haar und Fingernägel binnen kürzester Zeit versprach. Und alles mitten im Tessin. Der Plan war perfekt.

So einfach, wie die drei es sich vorgestellt hatten, war es allerdings nicht. Es fiel schwer, Lendchen in Sahnesoße, Mokka-Eclairs und Schwarzwälder Kirschtorte, Eier mit Schinken und Speck, Marillenknödel und Sauerbraten gegen Brunnenkresse-Sandwich, Graupensüppchen, Kleiemüsli und Heilwasser einzutauschen. Es war ein Kampf, in aller Herrgottsfrühe aufzustehen und sich erneut den schmerzhaften Torturen einer Diät zu stellen.

Die Lage verschlimmerte sich, als Nadine Franklin-Stokes auftauchte. Eine dunkelhaarige, exotische Gazelle, ein Ex-Playmate, das sich nun Schauspielerin nannte und die Hauptrolle in einem Spielfilm übernehmen sollte. Ihr Produzent stand auf Kurven und hatte sie nach Windmoor zu Dr. Schlemmer geschickt, um den mageren Körper dort mästen zu lassen. Ausgerechnet diese Nadine Franklin-Stokes saß beim Frühstück, Lunch und Abendessen am Tisch der drei Freundinnen und schlug sich den Magen mit dem voll, wonach die Herzen der anderen nur so lechzten. Sie vertilgte Croissants mit Himbeermarmelade, während Isabelle Leinsamen löffelte. Sie strich goldgelbe Butter fingerdick aufs Brot, während Maggie sich das letzte Tröpfchen Molke von der Lippe leckte. Sie widmete sich hingebungsvoll dotterfrischen Tagliatelle, auf denen sich Butter und Käse türmten, während Gudrun ein winziges Spinatröllchen mit einem Happs hinunterschluckte. Nadine war liebenswürdig und entgegenkommend. Aber jeder Bissen, den sie so unbeschwert in sich hineinstopfte, war ein Affront gegen jede einzelne Fettzelle der drei Freundinnen. Ihre Herzen wurden schwarz vor Haß.

All ihre Gedanken drehten sich ausschließlich um die Diät, bis sich eines Tages ein weiterer Gast an ihren Tisch gesellte: Gilbert Jourdan, ein gutaussehender Franzose Ende Vierzig, handelte mit Wein und besaß mehrere Läden in Düsseldorf. Nach Windmoor war er gekommen, um seine Ernährung umzustellen. Er litt an einer leichten Fettleber.

»Aber nur ganz leicht, Mesdames«, wie er mit einer kleinen Verbeugung betonte. Zukünftig wollte er gesünder leben. Seine Anwesenheit und seine silbergrauen Schläfen bewirkten, daß Maggie kicherte wie ein Teenager und Isabelle ihre dschungelroten Krallen ausfuhr und plötzlich um drei Oktaven tiefer sprach. Nur Gudrun zeigte wie immer angesichts unverfälschter Männlichkeit keinerlei Reaktion. Monsieur Jourdan allerdings ließ alles kalt. Er nickte freundlich in ihre Richtung, wenn er sich bei Tisch einfand, knarzte »ça va« und widmete dann all seinen Charme Nadine.

Isabelle und Maggie leugneten sein offensichtliches Desinteresse. Ja, sie lachten viel lauter als gewöhnlich, reckten die Hälse wie Gänse und ließen ihre Augen wie Bergkristalle blitzen. Das Essen auf ihren Tellern wurde kalt – ganz egal – nichts war wichtiger als Monsieur Jourdans Augenmerk. Sie waren so in ihre Bemühungen um ihren Tischgenossen verstrickt, daß ihnen gar nicht auffiel, wie Gudrun von Tag zu Tag schrumpfte. Ihr dröhnendes Lachen war verloschen, ihre Neandertalerschritte wichen einem merkwürdig wiegenden Gang, der ihr etwas von einem jungen Neufundländer gab, und ihre Augen blickten bisweilen entrückt in die Ferne, und was noch seltsamer war: Sie verlangte nie mehr nach Zwiebelkuchen und Apfelmost. Gudrun war nicht mehr Gudrun.

Das war so, weil Gudrun sich verliebt hatte. Zum ersten Mal in ihrem Leben hatte sie sich wirklich verliebt, von Herzen mit Schmerzen und über alle Maßen, mit Stottern und Rotwerden. Ihr Herz erbebte beim bloßen Gedanken an ihn: Monsieur Jourdan! Ihre Beine gaben nach, wenn sie sein männlich-schönes Antlitz auch nur von weitem erblickte. Ihr Blick verklärte sich, wenn er sich nur mit der Serviette die Oberlippe abtupfte. Und was sie noch mehr verblüffte: Ihr Appetit war völlig verschwunden. Jeden Tag nahm sie ab, und der Gedanke an ihn führte dazu, daß aus der Leere in ihrem Magen ein süßes, sehnsüchtiges Ziehen wurde. Ein Gefühl, dem sie nichts entgegensetzen wollte, so daß sie schließlich auch das karge Essen verschmähte, das man ihr servierte.

Niemand ahnte etwas von Gudruns spätem Frühling, nicht Isabelle, nicht Maggie und am allerwenigsten Monsieur Jourdan. Im Gegenteil: Wenn sie nicht anwesend war, machte er Witze über sie und nannte sie – mit Verlaub – »das deutsche Brauereipferd«.

Gudrun wußte genau, daß sie sein Herz zu keinem Augenblick erreichen würde, plump und unschön, wie sie war, aber es genügte ihr, an ihn zu denken und sich das mit ihm vorzustellen, was ihr nie im Leben begegnet war. Sie schloß ihn in ihre Gedanken ein und hütete sein Bild wie einen zerbrechlichen Schatz.

Es dauerte also eine Weile, bis Maggie und Isabelle bemerkten, daß ihre alte Freundin plötzlich eine andere war. Sie zerbrachen sich den Kopf darüber und ergingen sich in dunkle Vermutungen – vielleicht kam Gudrun in die Wechseljahre –, ahnten aber zu keiner Sekunde, was sich tatsächlich hinter Gudruns Metamorphose verbarg.

Mit ihrer Sorge war es allerdings schnell vorbei, als sie eines Morgens beim Routinewiegen feststellen mußten, daß Gudrun innerhalb von zwei Wochen fast acht Kilo verloren hatte. Ausgerechnet Gudrun, die Behäbigste von allen. Und als sie sie nach ihrem Geheimrezept fragten, zuckte Gudrun nur verträumt lächelnd die Schultern. Damit wurde sie auf der Stelle zur Verräterin. Isabelle und Maggie hatten trotz aller Schinderei zusammen nur acht Kilo abgenommen, und der Gedanke, daß ausgerechnet Gudrun zuerst mit dem Prädikat »federleicht« bedacht werden könnte, ließ sie gelb werden vor Neid.

Von da an verweigerten sie jegliche Nahrungsaufnahme, malträtierten über Stunden den Stepper, besuchten den hauseigenen Tae-Bo-Kurs und jagten im Jogginganzug durch den Park des Sanatoriums. Doch was sie auch taten, Gudrun war ihnen immer vier Kilo voraus.

Sie entfremdeten sich voneinander, betrachteten sich gegenseitig voller Argwohn und nahmen dabei überhaupt nicht mehr wahr, daß sie wie Kelleräpfel dahinschrumpelten. Die Ärzte beobachteten sie voller Sorge, denn mittlerweile hatten sie das Gewicht sehr junger Mädchen erreicht, und ihre Kleider schlotterten um ihre abgezehrten Knochen. Ihre Gesichter erinnerten an Mumien, und wenn sie im Speisesaal erschienen, starrten ihnen die übrigen Gäste kopfschüttelnd und ungläubig hinterher. Alles gute Zureden der Ärzte half nicht, und die Köstlichkeiten, die ihnen die Köchin jetzt zubereitete, rührten sie nicht einmal mit dem kleinen Finger an. Sie fühlten sich leicht und schön wie nie zuvor.

Inzwischen war es September geworden, und ein neuer sonniger Tag brach heran. Keine von den dreien wußte, daß es ihr letzter werden sollte. Gudrun erwischte es zuerst. Sie, die in ihrem Liebeswahn alles nur noch verschwommen wahrgenommen hatte, kehrte blitzartig in die Realität zurück, als sie sich an jenem Morgen auf die Waage stellte. Sie zeigte noch achtunddreißig Kilo an. Achtunddreißig Kilo! Man stelle sich das vor!

Als Gudrun sich das vorstellte, begann sie zu lachen. Ihr altes Lachen. Aus der Tiefe ihrer Kehle kommend dröhnte es durch die Kellerräume der Klinik wie ein herannahendes Erdbeben. Sie wieherte wie zu ihren besten Zeiten, ruderte dabei mit den Armen, bis ihr die Tränen die eingefallenen Wangen hinunterliefen. Jedesmal, wenn sie versuchte, das Lachen zu unterdrücken, brach es wieder aus ihr hervor, bis sie schließlich um Luft ringend auf dem Boden lag. Zuerst hatten sich die Ärzte ratlos angeblickt, bis auch sie, angesteckt von Gudruns Lachsalven, in schallendes Gelächter ausbrachen. Die Stethoskope um ihre Hälse erbebten, und ihre Bäuche wackelten. Sie verstummten allerdings abrupt, als die Frau, heftig nach Luft ringend, ein letztes Mal aufwieherte, pupste und verschied. Gudrun hatte sich totgelacht.

Zur selben Zeit weilte Maggie zusammen mit Nadine Franklin-Stokes auf der Terrasse. Monsieur Jourdan, mittlerweile Nadines ständiger Begleiter, kredenzte den Damen zuvorkommend dampfenden Kräutertee.

»Sie haben wirklich erstaunlich viel abgenommen in so kurzer Zeit«, sagte Nadine.

»Ja. Ich fühle mich auch leicht wie ein Soufflé«, sagte Maggie und fiel augenblicklich in sich zusammen. Für einen Moment dachte Nadine, die andere mache einen Scherz, doch dann verstand sie den Ernst der Lage. Noch bevor sie um Hilfe rufen konnte, wurde Maggie von einer Windböe erfaßt und stieb davon. Wie ein Blatt wirbelte sie immer schneller durch die Luft, stieg scheinbar orientierungslos höher und höher, trudelte und prallte gegen einen Baum. Die übrigen Gäste hatten das Schauspiel mit offenen Mündern verfolgt und erstarrten abermals, als Maggie, platt wie ein Crêpe Suzette, ohne einen Laut in Zeitlupe am Baumstamm nach unten glitt und leblos auf dem Boden liegenblieb.

Isabelle ahnte von alledem nichts. Sie hatte wie immer mit größter Sorgfalt ihre Morgentoilette erledigt und sich anschließend zum Whirlpool begeben. Ihr Interesse war inzwischen auf Robbie, den jungen muskulösen Bademeister, übergegangen. Und so räkelte sie sich mindestens zweimal täglich in dem großen Becken. Heute allerdings fehlte Robbie. Mißmutig stieg Isabelle in den Pool. Mit geschlossenen Augen ließ sie ihren Kopf auf den Beckenrand sinken und nickte ein.

Was dann geschah, war die Verkettung unglücklicher Umstände. Robbie hatte vergessen, Isabelle mitzuteilen, daß das Bad an diesem Tag gereinigt werden sollte. Deshalb war er auch nicht erschienen. Als die Reinigungskräfte schließlich auftauchten, übersahen sie die Frau am Rand des Whirlpools – was kein Wunder war, so spillerig, wie sie inzwischen geworden war – und begannen pflichteifrig mit ihrer Arbeit. Sie reinigten die Kacheln um den Pool herum, Isabelle schlief. Sie schrubbten den Boden, Isabelle schlief. Und als sie schließlich das Wasser aus dem Becken ließen, schlief Isabelle immer noch. Als sie erwachte, war es schon zu spät. Sie merkte gerade noch, wie ein gewaltiger Sog sie erfaßte und mit sich in die Tiefe riß. Sie öffnete den Mund – ein Schwall Wasser verhinderte ihren Hilfeschrei. Sie strampelte mit Armen und Beinen, sie versuchte gegen den Strom anzuschwimmen, aber es half alles nichts. Zuletzt wurde sie ohnmächtig, und mit einer Spiraldrehung und einem Glucksen flutschte sie durch den kanaldeckelgroßen Abfluß. Ihr Verschwinden bemerkte man in Windmoor erst, als man sie Tage später und hundert Kilometer weiter in einer Kläranlage zwischen Blättern und allerlei stinkendem Unrat treibend fand.

Die Tüte mit den Crunchips war inzwischen leer, und die drei Frauen in der Gruft waren still geworden. Die Erinnerung an ihr unrühmliches Ende beschämte sie. Gudrun allerdings hatte ihren gesunden Pragmatismus wiedergefunden und blickte mit hungrigen Augen um sich. Seit Wochen fühlte sie sich zum ersten Mal wohl. Der Gedanke an alles, was geschehen war, machte ihr bewußt, wie wärmend und belebend ein kleiner Imbiß wirken konnte. Die Liebe zu Monsieur Jourdan hingegen hatte sie buchstäblich erkalten lassen. *Jetzt* ging es ihr gut. Ja, sie hatte sogar das Gefühl, als flösse Blut, heiß wie Kakao, durch ihre Adern. Gudrun schmunzelte und brachte damit Isabelle auf die Frage zurück, die sie der Freundin schon die ganze Zeit hatte stellen wollen. Sie zog einen ofenfrischen Zwiebelkuchen hervor und stellte ihn mit einem Krug Apfelmost direkt vor Gudruns Nase.

»Na gut, meine Liebe. Du hast dein Geheimnis mit ins Grab genommen. Aber wäre es jetzt nicht an der Zeit, deinen besten Freundinnen zu verraten, weshalb du so rapide abgenommen hast? Schließlich ist es deine Schuld, daß wir jetzt alle hier sind.« Gudrun griff bedächtig nach dem Backwerk und schnitt ein großes Stück davon ab.

»Monsieur Jourdan.«

»Monsieur Jourdan?« Isabelle blickte verständnislos.

Gudrun kaute herzhaft.

»Er war die große Liebe meines Lebens. Deshalb konnte ich nichts mehr essen. Aber«, sie grinste über beide Bäckchen, »was ist die Liebe schon gegen Zwiebelkuchen und Apfelmost?«

ILSE GRÄFIN VON BREDOW

Freundinnen

An diesem Montag morgen fühlte sich Martina Struck rundherum wohl, was bei ihr nicht allzuoft der Fall war. Am Freitag hatte sie erfahren, daß die nach langem Hin- und Herüberlegen geforderte Gehaltserhöhung ohne Einwand bewilligt worden war, so daß sie schon in recht aufgeräumter Stimmung ins Wochenende ging. Ihre gute Laune wurde am Sonntag durch eine ehemalige Klassenkameradin noch verstärkt, die sie eine Ewigkeit nicht gesehen hatte. Der Gast zeigte sich voller Bewunderung für das vor einem halben Jahr neu bezogene teure Appartement und jubelte bei jeder Besonderheit, zum Beispiel daß sich durch Händeklatschen die Lampen einschalteten: »Phänomenal!« Sie hatte ihr überbackene Krabbenbrötchen mit einem edlen Wein serviert und als Nachtisch gefüllte Orangen. Während sie dem exklusiven Getränk zusprachen und die Kerzen in den venezianischen Glasleuchtern sanft vor sich hin tropften, breitete Martina vor dem ehrfürchtig lauschenden Besuch, der es, wie sie erfuhr, nicht weiter als bis zur Sprechstundenhilfe gebracht hatte, ihr reiches und interessantes Berufsleben aus. Als sie das Ganze mit dem Satz: »Dazu muß man natürlich viel Durchsetzungsvermögen haben« abrundete, bemerkte sie, daß die frühere Mitschülerin auf ihre abgeknabberten Fingernägel starrte.

»Also, cool und tough«, sagte die Gefährtin aus der Schulzeit. Während Martina ihre Hände in den Jackentaschen ihres seidenen Hausanzuges verschwinden ließ, fiel ihr plötzlich ein, daß sie von dieser Person, die ihr da gegenübersaß und die sie mit einem köstlichen Abendbrot verwöhnte, früher nie zu Geburtstagen eingeladen worden war. Und wie sehnsüchtig hatte sie darauf gewartet!

Doch dieser Schatten einer Mißstimmung verflog schnell, als sie wieder die Wohnung für sich allein hatte, und sie ging mit der Gewißheit ins Bett, großen Eindruck gemacht zu haben. Sie schlief prächtig und stieg am Morgen gut gelaunt in ihr Auto. Auf dem Weg in die Firma zeigte sie anderen Autofahrern wieder einmal, was in einem Porsche steckt, und schlängelte sich rasant, doch lässig durch den Verkehr. Sie genoß auch ihren Parkplatz, der ihr dank ihrer Stellung zustand und es nun unnötig machte, wie das »Fußvolk« Ewigkeiten nach einer Parklücke suchen zu müssen. In ihrem dunkelblauen, schmal geschnittenen Blazer mit den weißen Perlmuttknöpfen und dem dazugehörigen engen dunkelblauen Rock – nicht zu kurz und nicht zu lang –, der weißen, teuren Seidenbluse, mit dem dezenten Make-up, den halblangen, glatten, frischgewaschenen Haaren, fühlte sie sich ganz eins mit jenen selbstbewußten Geschöpfen aus den amerikanischen TV-Serien, die in Konferenzen frisch und frei das Wort ergreifen und dafür mit einem wohlwollenden Lächeln des allerhöchsten Chefs bedacht werden, was sich ebenso auf ihre Intelligenz wie auf ihr Aussehen bezieht. Sie stieg aus ihrem gehegten und gepflegten Wagen und warf, ganz dynamische Powerfrau, die Wagentür zu. Dabei rutschte sie auf etwas Glitschigem aus und wäre fast hingefallen. Glücklicherweise bemerkte der Firmenchef, der zwei Parkplätze weiter ebenfalls gerade aus seinem Wagen stieg, dieses kleine Mißgeschick nicht. Er winkte ihr nur freundlich zu, und sie erwiderte den Gruß mit damenhafter Zurückhaltung.

Nun saß sie in ihrem vor drei Monaten neu eingerichteten Büro am Schreibtisch – auch das war ihr anstandslos bewilligt worden – und fuhr wohlgefällig über die eichenfurnierte, rotbraun gebeizte Schreibtischplatte. Auch die moosgrüne Auslegware und die Zimmerpflanzen konnten sich sehen lassen, und es gab jetzt sogar eine automatische Vorrichtung, die die Jalousie herunterließ, wenn es draußen zu warm wurde. Für einen Augenblick schloß sie die Augen, um sich der Illusion ihrer Unentbehrlichkeit hinzugeben.

»Na, noch ein kleines Nickerchen? Warst wohl gestern mal wieder auf der Sause.« Vor ihr stand Hanni, Kollegin, Weggefährtin, Freundin, bewundert, beneidet, verflucht.

»Wie bist du denn hier reingekommen?« sagte Martina mürrisch. Sie haßte es, so überfallen zu werden. Und nach den bitteren Erfahrungen der Vergangenheit duldete sie es auch nicht mehr. Wofür hatte sie schließlich eine Sekretärin, deren Aufgabe es war, jeden Besucher anzumelden.

»Na, durch die Tür«, sagte Hanni trocken, und ihr belustigter Blick verriet Martina, daß sie wieder einmal von ihr nicht so recht für voll genommen wurde. Ohne Martinas Aufforderung setzte sie sich. Im Gegensatz zu ihrer eigenen damenhaften Eleganz war sie, wie Martina fand, eher wie eine biedere Hausfrau gekleidet, die mal eben um die Ecke Brötchen holen geht. Ihre krausen Haare hätten dringend einen Schnitt vertragen und die von der Sonne verbrannte Nase wenigstens einen Hauch Puder. Und doch gab ihr das geblümte, kittelartige Kleid, dessen großzügiger Ausschnitt dauernd eine ihrer wohlgepolsterten Schultern freizugeben drohte, eine aufreizende Note, die Martina irritiert sagen ließ: »Sind deine Kleider alle in der Reinigung, oder weshalb trägst du diesen Lappen?« Und dann, auf die Unterschriftenmappe auf ihrem Schreibtisch deutend: »Ich muß das hier nur schnell …« Sie vollendete den Satz nicht, sondern beugte sich mit großer Konzentration über die vorgelegten Briefe. Hannis amüsiertes »Mensch, Martina!« überhörte sie geflissentlich, und erst nach geraumer Zeit legte sie den Kugelschreiber beiseite und rief ihre Sekretärin. Die kam herein, sagte sichtlich erfreut zu Hanni: »Hallo, Frau Ahrendt! Ihr Spargelrezept ist wirklich prima«, ergriff die Mappe und ging wieder hinaus.

»Also, was hast du nun auf dem Herzen?« sagte Martina, unmutig über den vertraulichen Ton der Sekretärin.

»Nicht viel«, erklärte Hanni. »Ich würde nur gern eine Woche Urlaub schon im Juli nehmen und nicht erst im September.«

Sie tut, als wär's das Selbstverständlichste von der Welt, daß ich das für sie arrangiere, dachte Martina. Dabei müßte sie doch genau wissen, daß in diesem Zeitraum Schulferien waren und die Kolleginnen mit Kindern dann ihren Urlaub nahmen. In letzter Zeit hatte Hanni dauernd Extrawürste haben wollen. Erst vor kurzem hatte sie mit fadenscheinigen Gründen drei Tage gefehlt, wobei man gerechterweise zugeben mußte, daß Überstunden abzubummeln waren. Und sie kam neuerdings sogar hin und wieder zu spät. Martina warf ihr einen schrägen Blick zu. Sie sah elend aus. Wahrscheinlich Eheprobleme, längst fällig nach zwanzig Jahren mit Rolf, dem Langweiler.

»Vielleicht verrätst du mir mal den Grund«, sagte sie nicht besonders freundlich. Aber Hanni lächelte nur geheimnisvoll und sagte: »Es ist noch top secret, laß dich überraschen.«

Martina schoß durch den Kopf, ob ihre Freundin womöglich schwanger war, sozusagen noch auf den letzten Drücker vor den Wechseljahren. Typisch für Hanni. Aber dann hielt sie das doch für ausgeschlossen. Sie gab sich nicht die Blöße, der Sache weiter auf den Grund zu gehen, und sagte nur: »Ich will sehen, was sich machen läßt« und griff demonstrativ zum Telefonhörer, um Hanni anzudeuten, wie beschäftigt sie war. »Na, denn noch viel Spaß«, sagte ihre Freundin und ging.

Hanni und Martina hatten zur gleichen Zeit in der Firma als Lehrlinge angefangen. Der damals noch überschaubare Betrieb war im Laufe der Jahre mehr und mehr gewachsen. Dauernd wurde erweitert, umgebaut, umgezogen, und die

Büroeinrichtungen wurden von Mal zu Mal schnittiger. Ihr erstes Zimmer hatten sie sich noch zu dritt teilen müssen. Sie saßen an drei aneinandergestellten Schreibtischen mit Schreibtischgarnituren aus Bakelit, und an der Wand gegenüber standen drei schlecht schließende Garderobenschränke, die wie von der ehemaligen Wehrmacht übriggeblieben aussahen. Dazu kam der übliche Aktenschrank mit Rollverschluß, aber immerhin hatten sie schon elektrische Schreibmaschinen.

Das Betriebsklima war gut. An Minirock und hautengen Pullovern störte sich niemand mehr, und überarbeiten tat man sich auch nicht. Die Konjunktur lief, so daß Urlaubsvertretungen ganz selbstverständlich waren und einen nach der Rückkehr nicht ein übervoller Schreibtisch erwartete.

An unterhaltsamem Klatsch gab es keinen Mangel. Wenn diese oder jene Stenotypistin plötzlich erhobenen Hauptes über den Flur schwänzelte und ihren Kolleginnen Anweisungen des Chefs lässig aus dem Handgelenk auf den Tisch knallte, tauschte man vielsagende Blicke. »Sieh an, sieh an, nun auch die.« Meist war das Glück von kurzer Dauer. Nur wenige schafften es, nicht wieder in ihre Bedeutungslosigkeit zurückzusinken. Traurig, traurig, fanden Martina und Hanni, aber auch: selbst schuld. Und Martina, die ihre Schüchternheit gern hinter einer gewissen Überheblichkeit versteckte, meinte: »Wie kann man nur so blöd sein.«

»Weiß man's?« sagte Hanni weise. »Wer weiß, was uns noch so blüht.«

Und die sehr viel ältere dritte Kollegin bemerkte, wenn auch nur mit mildem Tadel, denn sie mochte Hanni: »Ihnen bestimmt bald eine Menge, wenn Sie unser Telefon dauernd für Ihre Privatgespräche blockieren.«

Hanni wurde rot. Der Jüngling, der sie nach Dienstschluß abholte und sich auch gelegentlich im Büro blicken ließ, stieß auf allgemeines Wohlwollen und lief unter der Rubrik »braver Junge«. Nur Martina rümpfte insgeheim die Nase über diesen nichtssagenden Freund, mußte aber zugeben, daß Hanni, im Gegensatz zu ihr selbst, der sehr viel Hübscheren, nun nicht mehr an den Wochenenden allein in ihrer Bude hocken oder ins Kino gehen mußte. Doch ehe sie lange darüber ins Grübeln kam, fand sich auch für sie etwas Passendes, ein blondgelocktes, schwuppiges Kerlchen, ganz in Leder verpackt, mit Dackelblick und einschmeichelnder Stimme. Den fand man im Büro »einfach süß«, allerdings seine Vorliebe für schwere Motorräder etwas bedenklich. Aus der bis dahin eher ängstlichen Martina wurde nun eine kesse Motorradbraut, der die Männer wohlwollend nachsahen, wenn sie gelegentlich in ihrer Lederkluft die Flure entlangmarschierte, den schweren Helm schwenkend.

Vor ihrer Abschlußprüfung als Bürokaufmann war Martina nur noch ein Nervenbündel und strapazierte ihre Fingernägel, während Hanni der Meinung war: »Mehr als lernen kann man nicht.« Sie verbrachte den Abend vorher noch vergnügt bis weit über Mitternacht auf dem Fest der Kleingärtner und schlief die wenigen verbleibenden Stunden wie ein Murmeltier. Ihr Gleichmut trug Früchte. Sie bestand die Prüfung mit Auszeichnung, während Martina, beduselt von zu vielen Beruhigungsmitteln, es nur zu einer sehr durchschnittlichen Note brachte.

Ein Jahr später heiratete Hanni ihren Rolf, legte sich erst einen Bausparvertrag, dann ein Reihenhaus und eine Katze zu und machte den Eindruck, als hätte sie damit ihr Lebensziel erreicht. Anders Martina. Sie schlüpfte, dem Zeitgeist entsprechend, immer mehr in die Rolle einer emanzipierten Frau und reagierte auf Hannis Bemerkung, ihr Detlev könne nun auch endlich mal die Ringe kaufen, unerwartet heftig. Ihre Liebe, so belehrte sie ihre Freundin, brauche so etwas Altmodisches wie eine Hochzeit und den ganzen Klimbim nicht.

»Wenn du meinst«, sagte Hanni gleichmütig und deutete stolz auf das neu erworbene Aquarium mit Pflanzen, Zierfischen und einem kleinen Springbrunnen in der Mitte. »Gefällt's dir?«

»Es geht«, sagte Martina, die viel lieber weiter von sich und ihrem Detlev gesprochen hätte.

Am nächsten Tag ging Martina in eine Zoohandlung und kaufte für Detlev einen in allen Farben schillernden exotischen Fisch in einem bauchigen Glas. Er freute sich ehrlich. »Einfälle hast du, das muß man dir lassen«, sagte er und fütterte das arme Tier mit Tabakkrümeln, so daß es ein paar Tage später im Abfalleimer landete.

Martina sprach im Büro nun nicht mehr von ihrem Freund, sondern von ihrem Lebensgefährten, was dieselben vielsagenden Blicke auslöste wie bei den auf Karriere hoffenden Stenotypistinnen und was die älteste Kollegin, die kurz vor ihrer Pensionierung stand und alle im Büro damit langweilte, wohin sie überall mit ihrem Teuren reisen wollte, zu der Bemerkung veranlaßte, das sei ja geradezu ein Freibrief für jeden Mann, sich aus dem Staub zu machen, wenn's soweit war. Hanni sagte lachend: »Mit dieser Warnung werden Sie bei Martina kein Glück haben. Sie findet uns Ehefrauen blöd und spießig.«

»So ist es«, sagte Martina unnötig kratzbürstig, denn heimlich beneidete sie ihre Freundin um ihr Selbstbewußtsein, das keinen Augenblick unter der Vorliebe ihres Rolfs für unsägliche Gartenzwerge und Frösche aus Terrakotta litt.

Martina blieb es ein Rätsel, wie ihre so bieder gewordene Freundin es trotzdem schaffte, die meisten der männlichen Angestellten der Firma um den Finger zu wickeln. Wahrscheinlich lag es an ihrem mangelnden Ehrgeiz. Hanni war eben für niemanden gefährlich, was sie durchaus hätte sein können mit ihrer schnellen Auffassungsgabe und dem Blick fürs Wesentliche. Sie hatte auch im Handumdrehen gelernt, mit dem Computer umzugehen, was Martina immer noch gewisse Schwierigkeiten machte. Aber daß sie keine Konkurrenz war, konnte nicht allein der Grund sein, wieso die eher etwas schlampig angezogene und nach glücklichen Ehejahren ein wenig aus dem Leim gegangene Freundin von den Herren in der Firma so bevorzugt wurde. Und irgendwann, nachdem sich an ihrem Mittagstisch in der Kantine wieder einmal sofort männliche Gesellschaft eingefunden und sich ausschließlich auf Hanni konzentriert hatte, konnte Martina es sich nicht verkneifen, leichthin zu fragen: »Wie machst du das bloß?«

Hanni zuckte die Achseln. »Keine Ahnung.«

Aber eine andere Kollegin mischte sich in das Gespräch und erklärte: »Unsere Herren halten Frau Ahrendt für einen schlummernden Vulkan.«

»Und warum?« fragte Martina ungläubig.

»Ich möchte da nur an unser letztes Betriebsfest erinnern«, sagte die Kollegin bedeutungsvoll.

Hanni lachte vergnügt: »Stell dir vor, Martina: Ich soll eine Art von Bauchtanz vorgeführt haben, wird behauptet.« Und Martina, die an diesem Tag krank gewesen war, fragte spitz: »Hast du?«

»Ich kann's dir beim besten Willen nicht sagen. Ich kann mich einfach an nichts mehr erinnern.«

»So blau warst du?« sagte Martina mit gespieltem Entsetzen und einer gewissen Schadenfreude.

»Nein. Nur beschwipst«, wurde Hanni von ihrer Kollegin in Schutz genommen.

»Was hat denn dein Rolf dazu gesagt?« wollte Martina wissen.

Hanni lachte. »Rolfs Devise ist: Was ich nicht weiß, macht mich nicht heiß.«

»Stille Wasser ...«, frotzelte Martina mit einem etwas gönnerhaften Unterton. »Meinem Detlev dürfte ich mit so was nicht kommen. Der würde mir eine Riesenszene machen.«

In der Freizeit sahen sich die beiden Freundinnen nur

noch sehr selten. Martina wurde von ihrem »süßen Jungen«, der sich schwertat, erwachsen zu werden, in Atem gehalten. In jeder freien Minute jagten sie, nun jeder auf seiner eigenen Maschine, wie ein inzwischen nicht mehr ganz so jugendliches Bonny-und-Clyde-Paar, über die Landstraßen und im Urlaub durch halb Europa. Aber irgendwann, bei aller Leidenschaft und Liebe, trat das ein, was die ältere Kollegin prophezeit hatte: Ihr Detlev verschwand ohne große Ankündigung aus ihrem Leben, und sie konnte trotz aller Nachforschungen nicht herausbekommen, wo er steckte. Um ihn zu vergessen, stürzte sie sich auf lauter Dinge, über die sie sich früher mokiert hatte. Sie begann den Tag mit Schattenboxen, verharrte im Schneidersitz in Meditation und versuchte mit Hildegard von Bingen, das Leben mit dem Herzen zu sehen. Hanni war jetzt ihr einziger Trost. Sie kümmerte sich rührend um sie und besuchte sie oft.

Kopfschüttelnd sah sie zu, wie Martina mit verbissener Energie ihre Küche renovierte. »Mein Gott, schon wieder? Du hast sie doch erst vor vier Wochen frisch gestrichen.«

»Die Farbe gefiel mir eben nicht mehr«, sagte Martina trotzig und ließ sich total erschöpft auf einen Küchenstuhl fallen.

Hanni sah sie mitleidig an. »Na, nun koch uns erst mal einen Kaffee«, sagte sie aufmunternd.

»Schön, daß du gekommen bist«, sagte Martina dankbar, während sie den Wasserkessel aufstellte. Und das war sie auch wirklich, wenn es sie auch kränkte, daß Hanni ihre neuen Hobbys ebensowenig ernst nahm wie die wechselnden Herren, die in ihren Schilderungen jedesmal in allem, was sie taten, was sie waren, besonders in der Liebe, einmalig waren. Leider jedoch waren sie auch ebenso einmalig in ihrer Neigung, wieder aus ihrem Leben zu verschwinden. Das Motorradfahren hatte sie aufgegeben. Wozu auch? Nur in ihren Träumen spürte sie noch den Fahrtwind im Gesicht, sie schmeckte noch einmal den unvergeßlichen letzten Urlaub im Sommer nach, als sie durch die Provence gefahren waren, nebeneinander durch die autoleeren, pappelgesäumten Landstraßen, über sich einen mit Schäfchenwolken bedeckten Himmel, den Geruch blühenden Ginsters in der Nase und das Grillenzirpen im Ohr. Aber jedesmal, wenn Detlev sie umarmte, erwachte sie zu ihrem Kummer. Ach, diese unvergleichlichen Wochen in einem unvergleichlichen Land! Der Wahrheit zu Ehren mußte sie sich dann allerdings eingestehen, daß es ziemlich häufig geregnet hatte und daß der süße Detlev die ganze Reise über recht muffig gewesen war. Aber sie wollte sich von der Realität nicht ihre elegische Stimmung vermiesen lassen und betrachtete sich zum wiederholten Male Detlevs hübsches Gesicht auf dem Foto mit dem auf sie gerichteten Dackelblick. Resigniert begab sie sich dann ins Büro mit der traurigen Erkenntnis, daß das nun zwanzig, ja vielleicht sogar dreißig Jahre so weitergehen würde.

Aber gerade die Firma brachte eine entscheidende Wende. Ihr Vorgesetzter hatte ein Auge auf sie geworfen, allerdings nicht in der Weise, wie es früher bei ihm gang und gäbe war. Der Alkohol hatte aus dem einst charmanten Lebenskünstler einen mürrischen, oft aufbrausenden Stinkstiefel gemacht, ihm aber immer noch seine Schlauheit gelassen, um aus seinen Mitarbeitern das Letzte herauszuholen. So auch in Martinas Fall. Das »Mädel«, wie er die überwiegend weiblichen Mitarbeiter seiner Abteilung zu nennen pflegte, war vielleicht nicht gerade ein Überflieger, aber sie kannte sich in der Firma gut aus, besaß ein angenehmes Wesen, genügend gesunden Ehrgeiz und war vor allem nach dem Desaster mit ihrem Freund genau in der richtigen Verfassung, sich gnadenlos ausnutzen zu lassen.

Zunächst hatte er Hanni im Auge gehabt. Sie hatte die besseren Führungsqualitäten und auch sonst entschieden mehr los. Aber sie hatte durchblicken lassen, daß sie nicht gewillt war, nach dem Motto »Alles für die Firma, alles fürs

Büro« zu leben. Nun, Martina würde es als Stellvertreterin schon bringen. Und sie enttäuschte ihn nicht. Er gratulierte sich zu seiner Entscheidung, die es ihm ermöglichte, nur noch sporadisch im Büro aufzutauchen, so daß es bereits auffiel, wenn er einmal eine Woche lang regelmäßig kam. Mit Krankmeldungen, Kuren und aufwendigen Krankenhausuntersuchungen hangelte er sich bis zum Frühruhestand.

Und dann geschah etwas, mit dem Martina selbst in ihren kühnsten Träumen nicht gerechnet hatte: Die Firmenleitung machte sie zu seiner Nachfolgerin. Das Glücksgefühl, das diese Beförderung in ihr auslöste, ließ sich durchaus mit den konservierten Empfindungen jenes unvergeßlichen Sommers vergleichen.

Die »Mädels« gratulierten ihr herzlich und schienen sich zu freuen. Aber das änderte sich bald. Eine gewisse Verdrossenheit und versteckte Renitenz machte sich breit. Man pries untereinander wehmütig die Vorzüge des alten Chefs, abgesehen von seinem, aber schließlich auch wieder verzeihlichen, Alkoholproblem. Martina mühte sich vergeblich, den Grund herauszubekommen. Als »rechte Hand« hatte sie sich mit ihnen immer gut verstanden. Und war sie nicht nach Kräften bemüht, den Ansprüchen einer guten Führungskraft zu genügen, Streitereien zu schlichten, die privaten Probleme ihrer »Mädels« anzuhören und nötige Kritik in freundliche Worte zu verpacken?

Obwohl sie Hanni gegenüber jetzt hin und wieder die Vorgesetzte spielte und sich nur ungern eine Blöße gab, überwand sie sich schließlich und fragte: »Was mache ich bloß falsch?«

Hanni, die gerade kräftig in einen Apfel biß, kaute genüßlich darauf herum und meinte dann: »Vielleicht solltest du mal dein Vokabular wechseln. Deine Standardsätze: ›Fehler machen wir alle, aber einsehen sollte man sie schon‹ oder ›Mit ein bißchen Mühe wird's schon werden‹ bringen sie in

Rage. Wahrscheinlich haben sie auch zu wenig Dampf vor dir. In ihren Augen bist du immer noch eine von ihnen. Sie nehmen dich nicht für voll.«

Martina lag auf der Zunge zu fragen: »Tust du das denn?« Aber sie verkniff es sich und zwang sich auch, ihre Nägel in Ruhe zu lassen.

Statt dessen überlegte sie, ob es vielleicht nicht nur bei den Mädels, sondern auch bei Hanni angebracht wäre, ein wenig auf Distanz zu gehen. Hanni war zwar ein guter Kumpel, aber wirklich ausnehmend taktlos. Andererseits mußte sie sich eingestehen, daß ihr Hanni im Büro oft aus einer Klemme geholfen hatte. Im Grunde genommen wäre sie die ideale Stellvertreterin.

Während sie über dieses Problem noch nachgrübelte und wie es zu lösen sei, hatte die Firmenleitung bereits eine Entscheidung getroffen und einen frischgebackenen Betriebswirt dafür vorgesehen. Er war ein ziemlich selbstgefälliger Bursche mit einem ganzen Repertoire von lockeren Sprüchen wie »Das ist aber eine schmale Nummer« oder »Nun mal Strom ins Kabel, meine Damen«. Die Mädels kicherten darüber und ließen sich eine ganze Menge von ihm gefallen, auch wenn er sie während der Abwesenheit von Martina ohne Federlesens eine Stunde länger arbeiten ließ, wenn Not am Mann war, und aufpaßte, daß die Zeit für die Mittagspause nicht überschritten wurde. Martina fand das zwar übertrieben, war aber gleichzeitig dankbar, daß er ihr den Rücken freihielt, so daß sie an den von der Firma bezahlten Kursen und Wochenendseminaren teilnehmen konnte, in denen man lernen sollte, einerseits einfühlsam, kommunikativ und motivierend zu sein, andererseits aber auch Durchsetzungsvermögen, Sachlichkeit und Entscheidungsfreude zu zeigen. Ihr Selbstbewußtsein war dadurch sehr gewachsen, und sie grinste nur, als Hanni sagte: »Da lach ich mich ja kugelig. Nun besitzt du wohl eine extra fachliche Schlüsselqualifikation.« Aber so sehr sich ihre Freundin darüber amüsierte, schien es Martina einen Augenblick, als wäre ihre Karriere Hanni nicht ganz so gleichgültig, wie sie vorgab. Jedenfalls zeigte sie mehr Interesse an Martinas neuen Aufgaben als sonst und sagte seufzend: »Wahrscheinlich bist du auf dem richtigen Weg. Ich sollte auch mal darüber nachdenken, weiterzukommen. Nur Rolf und sein ewiges ›Is noch Bier da?‹ wird auf die Dauer ziemlich eintönig.«

Doch Martina ging der Sache nicht weiter auf den Grund, sondern ließ ihre Freundin dort, wo sie sie schon viele Jahre hingepackt hatte: In der Schublade mit Gartenzwergen, Hollywoodschaukel, den endlosen Dias von der mittlerweile schon etwas hinfälligen Katze und den Urlaubsbildern aus dem Schwarzwald. Sie hatte sich inzwischen ihren Porsche zugelegt, trug nur noch Kreationen italienischer Modeschöpfer, dazu das passende Schuhwerk und natürlich das Eleganteste an Aktenköfferchen, was die Lederindustrie zu bieten hatte. Im Urlaub fuhr sie, jeder Zoll emanzipierte Karrierefrau, schick und selbständig, wenn auch allein, in ihrem Porsche quer durch Italien und war dann doch erleichtert, als sie, am Ziel angelangt, auf einen älteren Kollegen und seine Frau stieß, an die sie sich anschließen konnte.

Als Martina nach dem Urlaub ihr Büro betrat, hatte sie plötzlich das gleiche unheimliche Gefühl wie damals, kurz bevor ihr Detlev verschwunden war. Irgend etwas lag in der Luft und zweifellos etwas sehr Unerfreuliches. Sie konnte es bereits an den Gesichtern ihrer Mitarbeiterinnen ablesen, die sie höflich, aber reserviert begrüßten.

Dann steckte Hanni es ihr. »Dein Vertreter, dieser charismatisch teamorientierte Mensch, hat es auf deinen Platz abgesehen«, erklärte sie ihr. »Er versucht alles, dich madig zu machen.« Martina erfuhr nun, wie man in ihrer Abwesenheit über sie hergefallen war. Die übelsten Gerüchte hatten ihre Mädels in Gang gesetzt, wobei nymphomanische Alkoholikerin noch das Harmloseste gewesen war. Und was hatte dieser raffinierte kleine Bastard getan? Er hatte sich den

Mitarbeiterinnen gegenüber diesen üblen Klatsch energisch verbeten, aber gleichzeitig dafür gesorgt, daß er bis zur Firmenleitung vordrang.

Ihr blieb nichts anderes übrig, als den Stier bei den Hörnern zu packen. Sie ging zu ihrem unmittelbaren Vorgesetzten und stellte die Dinge klar. Er war ganz väterliche Güte. »Liebe Frau Struck, wer wird denn auf solches unqualifiziertes Gerede etwas geben.« Er hörte sich eine Weile geduldig an, wie sie sich zu verteidigen versuchte, und musterte sie dabei verstohlen. Mein Gott, was war aus diesem hübschen Ding geworden! Sie hatte jetzt so etwas Gehetztes im Blick, und was war mit ihren Fingernägeln los? Wahrscheinlich war sie doch mit ihrer Arbeit überfordert. Frauen stellte der eigene Ehrgeiz oft ein Bein. Ziemlich abrupt unterbrach er ihren Redefluß, versicherte sie seines vollsten Vertrauens, ließ aber durchblicken, daß in ihrer Abteilung nicht alles nach Wunsch zu laufen scheine, und sprach von fehlender Teamstruktur.

Höchstwahrscheinlich hätte er sie ohne großes Bedauern fallenlassen, wenn ihr nicht der Umstand zu Hilfe gekommen wäre, daß der junge Mann, im Gegensatz zu ihm, dem Älteren, ein Studium und einen Doktortitel vorzuweisen hatte. Er beschloß, es diesem Universitätsjüngelchen nicht zu leicht zu machen. Schließlich zählte Erfahrung immer noch mehr als das sogenannte Know-how. Nach dem Gespräch mit Martina ging er deshalb sofort zum Firmenchef, der diesem Kerlchen gegenüber, wie er wußte, eine väterliche Zuneigung hegte und ihn förderte, wo er konnte. Er redete ihm aus, den jungen Mann an Martinas Stelle zu setzen, sagte ihm eine große Zukunft voraus und wies diskret darauf hin, daß er ihn für diese ziemlich unbedeutende Stellung der Struck für überqualifiziert hielte. »Wenn Sie mir meine Meinung gestatten«, sagte er, »sollte man ihn in unsere Tochterfirma nach Amerika schicken.« Sein Vorschlag fiel auf fruchtbaren Boden, und Martina saß wieder fest im Sattel.

Angst breitete sich unter den Mädels aus. Irgend jemand würde wohl der Sündenbock werden. Wer hatte überhaupt diese absurden Gerüchte über Martina in Umlauf gesetzt? Sie kriegten sich untereinander kräftig in die Haare. Ihre Chefin ließ sich nichts anmerken. Der Büroalltag ging weiter wie zuvor, nur mit dem Unterschied, daß sie von jetzt an jedes persönliche Gespräch vermied und sich nur nach vorheriger Anmeldung bei der Sekretärin sprechen ließ. Daß ihr nun eine eigene zur Verfügung stand, war noch ein Verdienst des jungen Mannes gewesen. Er hatte als erstes dafür gesorgt, schon im eigenen Interesse. Sie sah sich in ihrem Büro um, das jetzt, wo sie sich von der Meute abschirmen ließ, ihre Fluchtburg geworden war. Nur Hanni nahm darauf keine Rücksicht und kam immer wieder, wie gerade eben auch, einfach zu ihr hereingeschneit. Den Urlaub, um den es dabei ging, hatte sie ja wirklich geradezu gefordert. Und dann verriet sie ihr nicht einmal den Grund.

Martina beschloß, Hanni einen Denkzettel zu verpassen. Ein paar Tage ließ sie sie schmoren, dann ging sie zu ihr und erklärte ihr mit blumiger Freundlichkeit, daß es sich leider, leider nicht einrichten lasse. Hanni reagierte gleichmütig. »Dann geht's halt nicht«, war alles, was sie sagte. Zu mehr kam es nicht, denn auf Hannis Schreibtisch klingelte das Telefon, und beim Hinausgehen hörte Martina ihre Freundin noch sagen: »Selbstverständlich, Herr Dr. Weber, das wird sich einrichten lassen.«

»Weber, Weber?« Während Martina zurück in ihr Büro ging, überlegte sie, ob sie diesen Namen bei Hanni schon einmal gehört hatte. Vielleicht der Hausarzt.

Drei Wochen später rief sie ihr Chef zu sich: »Sie haben Ihre Abteilung jetzt wirklich gut im Schuß, Frau Struck, alle Achtung!« Es waren sehr schmeichelhafte Dinge, die sie zu hören bekam. Und zum Abschluß des Gespräches bot er ihr an, eine neue Zweigstelle der Firma in der Stadt aufzubauen. »Sie haben wirklich das Zeug dazu. Aber natürlich brauchen

Sie jemanden, der Sie dabei unterstützt. An wen würden Sie denn da denken?« Da war nicht lange zu überlegen. Hanni kam als einzige in Frage. »Guter Vorschlag«, sagte der Chef.

Martina hoffte inständig, daß ihre Freundin sie nicht im Stich ließ.

Wenn sie doch nur ein bißchen ehrgeiziger wäre! Auf jeden Fall mußte sie das mit dem Urlaub schleunigst in Ordnung bringen. Und das tat sie dann auch. Hanni war sichtlich erfreut und bedankte sich bei ihr. »Wie nett von dir, daß du es für mich hingekriegt hast.«

Martina ließ eine Woche verstreichen, ehe sie mit ihrem Vorschlag herausrückte. Hanni machte ein bedauerndes Gesicht. »Tut mir leid, aber ich bin gerade dabei, meine Kündigung zu schreiben.«

Martina sah sie fassungslos an. »Kündigung? Warum denn bloß? Was ist denn passiert? Ist einer von euch krank, oder bekommst du nun doch noch ein Baby? Warum hast du mir nichts davon erzählt?«

»Ein Baby?« Hanni guckte verdutzt. »Wie kommst du denn darauf? Nein, nichts davon. Ich habe ein tolles Angebot von der Konkurrenz bekommen. Ein ähnliches wie du. Du hast vollkommen recht. Man sollte wirklich mehr aus seinem Beruf machen.«

»Dann kann ich das Ganze vergessen«, sagte Martina und ließ sich mutlos auf einen Stuhl fallen. »Ohne dich schaffe ich es nicht.«

Hanni dachte einen Augenblick nach. »Ich hab eine Idee. Weißt du was? Ich nehm dich mit. Das krieg ich hin. Verdienen tust du weit mehr als hier.«

»Aber als was?« fragte Martina, und ihre Stimme zitterte.

»Na, als was wohl?« Hanni lachte gutmütig. »Als meine Assistentin natürlich.«

Natürlich. Haß kroch Martina bis in die Haarwurzeln.

CARINA KLEIN

Notti Italiani

Es war in einem Nest am Rande der Berge, keine von uns hatte je davon gehört. Wir trafen uns zufällig.

Signora Balducci war eine liebe, etwas ältere Frau mit auftoupierten schwarzen Haaren und netten braunen Augen hinter einer randlosen Brille und gab Italienischunterricht in der Via Viotti. Nach einer Woche konnten wir nach der nächsten Schiffspassage Richtung Bastia fragen und ob jemand vielleicht Lust hatte, eine Partie Billard mit uns zu spielen oder uns Feuer zu geben. Wir fanden das witzig, obwohl wir weder mit dem Schiff nach Bastia noch Billard spielen wollten, und machten gewaltige Fortschritte, was unserem anfänglichen Wortschatz guttat, der sich in etwa von »Pizza Funghi« bis »Vino rosso« erstreckt hatte.

Um Feuer brauchten wir uns nicht zu sorgen. Immer kam einer angesprungen, wenn wir am späten Nachmittag nach dem Unterricht in einem Caffè auf der Piazza del Centro saßen, und hielt uns sein Feuerzeug unter die Nase, sobald wir etwas Zigarettenschachtelähnliches auf den Tisch legten. Obwohl damals nur eine von uns rauchte, fingen wir alle damit an. Wir, das waren Pirkko, Jo und ich.

Wir hatten uns bei einer internationalen Vermittlung um eine Au-Pair-Stelle beworben, und jede von uns bekam eine Familie zugewiesen, so unterschiedlich wie die Lose aus einer großen, bunten Wundertüte, mit einem Hauptgewinn und vielen Nieten.

Ich wohnte in einem alten verwitterten Kasten auf einem Hügel in der Nähe des Dorfes. Ich hatte drei Hunde, drei Katzen und eine reiche, unglückliche Witwe zu versorgen.

Meine Signora besaß einen klangvollen Namen und einen Haufen Geld. Sie wohnte in einem Haus, das von außen wie ein Palazzo aussah, in dem man gern als Contessa Garibaldi Hof gehalten, und von innen wie eine Burgruine, die man ohne zu zögern der staatlichen Museumsverwaltung geschenkt hätte. Hinter der Fassade bröckelte es gewaltig, und nachts tanzten Kakerlaken zu Hunderten über Tische und Bänke, wenn man unvorsichtigerweise das Licht gelöscht hatte. Die gesamte Ostseite des Palazzos war unbewohnbar und rottete mitsamt den Erinnerungen an den großen Signor Conte allmählich der Vergangenheit entgegen.

Wenn die Contessa einen guten Tag hatte, sah man sie mit einem rot flatternden Schal in ihrem Cabrio in der Landschaft herumfahren, auf dem Beifahrersitz einen ihrer Lieblingshunde, ein zitterndes russisches Windspiel mit vom Wind umgeklappten Ohren. Oft sah man sie nicht, sie hatte zu viele schlechte Tage, an denen sie mit ihren Angorakatzen im abgedunkelten Salon vor dem Fernseher lag und sich systematisch betrank, während draußen die Hunde auf den Kieswegen um die Rosen im Rondell jagten und ein unnachgiebig blauer Himmel über ockerfarbenen Hügeln hing.

Schon als ich das erste Mal ins Dorf hinunterfuhr, um im Supermercato palettenweise Hundefutter und Katzenstreu zu besorgen, waren mir Pirkko und Jo aufgefallen, wie sie palettenweise Windeln und Gemüsegläschen in ihren Einkaufswagen stapelten, und später noch einmal, als sie an einem langweiligen Samstagnachmittag mit fünf nörgelnden Bambini auf einer Bank in der Sonne saßen. Sie hatten eine Ansichtskarte vom Castello gekauft beziehungsweise von den Steinen, die die Römer oder die Hunnen oder was-weiß-ich-wer davon übriggelassen hatten, und schrieben nach Hause, wie schön es sei, in der Novembersonne auf der Piazza zu sitzen und daß es daheim sicherlich ganz scheußlich sei. Daß

Granatäpfel und Kakis leuchtend-orange in blattlosen Bäumen hingen, während zu Hause schon der erste Sturm tobte.

Wie nervtötend die Bambini waren, schrieben sie nicht. Und daß sie jeden Samstagnachmittag mit ihnen hinausgeschickt wurden, damit ihre berufstätigen Eltern ihrer Samstagnachmittagsbeschäftigung nachgehen konnten, auch nicht.

Jeden Montag bis Freitag mühte sich Signora Balducci zwischen vierzehn und siebzehn Uhr, die sprachlichen Entgleisungen auszumerzen, die wir nach und nach bei unseren Gastfamilien aufgeschnappt hatten. Jo und Pirkko lernten überlebenswichtige Dinge wie »Ein Löffelchen für die Mama, ein Löffelchen für den Papa«, »Bubu« und »Aa« machen, und ich wußte »Wo ist das Sauviech denn schon wieder« und »Sitz!« und »Aus!« beizutragen.

Danach saßen wir in dem Caffè auf der Piazza herum und ließen uns Feuer geben und auf einen Espresso doppio einladen. Offensichtlich hatte es sich herumgesprochen, daß in der Via Viotti Au-pair-Mädchen ein und aus gingen. Zumindest fiel auf, daß einige Latin-Lover-Typen scheinbar zufällig in der Via Viotti herumstreunten und auf das Ende der Stunde warteten.

Die besten Chancen, auf einen Espresso eingeladen zu werden, hatte eindeutig Pirkko. Ihr Akzent war ebenso entzückend wie ihre blauen Wimpern in dem aprilfrischen Gesicht unter weizenblonden Haaren. Sie kam aus Naarajärvi, in der Nähe von Pieksämäki und fragte uns, ob wir Jyväskylä kannten – alles Orte, die wir nicht aussprechen konnten, Jo mit ihrem irischen Slang schon gar nicht. Ich stellte mir vor, wie sich Pirkko in einem Seehundfell von einem Schlittenhundegespann über den Nordpol ziehen ließ, und Pirkko sagte, das täten sie gar nicht, das stellten wir uns in anderen Ländern nur immer so vor. Schließlich würden wir ja auch nicht von morgens bis abends Sauerkraut essen.

Wenn einer Pirkko zum Espresso einladen und sich vor ihr

aufplustern wollte, saßen Jo und ich dämlich grinsend im Weg. Aber, un momento, prego, Luigi ließ sich etwas einfallen und zauberte für uns zwei seiner Freunde aus dem Hut. Während er mit Pirkko flirtete, bekamen Jo und ich einen Paolo und einen Stefano zugeschanzt, auch wenn sich Jo nicht für Paolo, Stefano und Paolo sich weder für Jo noch für mich, wir uns alle mehr oder weniger nicht füreinander interessierten.

Immer war es dasselbe, wir testeten es ein paarmal, es ging immer auf. Saß eine von uns allein im Caffè, kam einer. Saßen zwei dort, kamen zwei, waren wir zu dritt, kamen sie zu dritt ... Die Reihe ließe sich beliebig fortsetzen. Das war alles ganz nett, aber auch etwas lästig, und wenn es uns zu blöd wurde, standen wir auf und ließen Paolo, Stefano und Luigi ganz einfach stehen.

Pirkko machte sich nichts aus Luigi, obwohl es anfangs vielleicht so aussah. Auf sie wartete Mika in Mäkidingsda, das wußte Luigi auch, aber er konnte das nicht so recht nachvollziehen, das sei doch ziemlich weit weg, fast schon am Nordpol.

Manchmal stellten wir uns dumm und machten uns einen Spaß daraus, sie auf Granit beißen zu lassen, indem wir so taten, als sprächen wir weder Italienisch noch Französisch noch Englisch. Wir unterhielten uns miteinander in phantasievollem Polnisch. Als sie sich ganz sicher waren, daß wir aus Krakau kamen und wirklich kein einziges Wort verstanden, konnten wir die wunderlichsten Geschichten hören. Wie sie gedachten, uns unter sich aufzuteilen, wer was von wem hielt, daß Pirkko einen geilen Hintern habe, Jo eigentlich aussehe wie ein irischer Klabauter und meine Frisur wie Sauerkraut und daß sie gerade mit Giulia verabredet seien. Dabei lehnten sie sich siegessicher in ihren Stühlen zurück und legten all ihren südlichen Charme in das Grinsen unter ihren Sonnenbrillen. Als wir uns kaum noch beherrschen konnten, standen wir auf und ließen zum Abschied ein paar lässig-italienische Sätze fallen. Wir sahen, wie das Grinsen in ihren Gesichtern gefror, und bekamen einen Lachkrampf.

Die Tage glitten gleichförmig dahin. Wir fuhren herum und taten dies und das. Wir sahen uns die Gegend an. Nach und nach hatten wir sämtliche Kirchen und Castelli, jeden übriggebliebenen noch so semi-sehenswürdigen Stein, jedes Museo Romano im Umkreis von zweihundert Kilometern abgeklappert. Wir ließen uns von Pirkko in Suomi-gefärbtem Italienisch einen Auszug aus ihrem Reiseführer vorlesen, während Jo und ich wie hingegossen auf den warmen Steinen einer Mauer in der Sonne lagen und Löcher in die Luft guckten. Wir ließen den lieben Gott einen guten Mann sein. Wenn wir frei hatten. Meistens am Sonntag.

Allmählich wurden die Sonntage kürzer und kälter. Am frühen Nachmittag mischte sich der Rauch aus Kaminen und Laubfeuern mit aus dunklen Feldern aufsteigenden Nebelschwaden, ein brenzliger Geruch in der kalten Luft. Hier und da bellte ein Hund, sah man einen Mann mit Stiefeln und Gewehr durch die Wiesen stapfen, ab und an fiel ein Schuß. Der Wind fegte die letzten Blätter über die Piazza, die Platanen standen nackt und grau zwischen den Tafeln mit den Todesanzeigen, ein dreifarbiger Straßenköter suchte humpelnd Zuflucht im Caffè, die Contessa ließ einschüren.

In den Schaufenstern der Geschäfte blinkten bunte Lichtgirlanden »Tanti Auguri«, die Einheimischen brachten weihnachtliche Panettone-Päckchen zu den Nachbarn, im neuen Jahr kam der Schnee.

Nach der Messe in der Basilica di Santa Maria trafen sich die Einheimischen auf der Piazza oder standen mit hochgezogenen Schultern in dünnen Mänteln an der Bar auf einen Espresso corretto und erzählten, es gebe normalerweise keinen richtigen Winter, es falle auch kein Schnee. Wir machten unsere Witze, daß allein Pirkko daran schuld sei und sie den Schnee herbeigehext habe, aus Sehnsucht nach Finnland. Es waren nur ein paar Zentimeter, saukalt war es auch, warm wurde uns nie.

Sie erzählten von heißen Quellen, die wir unbedingt besuchen müßten. Anfangs wollten wir nicht, dann taten wir es doch und fragten nach dem Weg. Sie lachten und sagten, immer der Nase nach.

Es stank nach faulen Eiern, zehn Kilometer gegen den Wind. Die Einheimischen hingen rechts und links der Straße in natürlichen Bassins unterschiedlicher Größe, Ein-, Zwei-, Drei-Personen-, familientauglichen Badepfützen, von Wasserdampf umhüllt. Zufrieden sahen sie aus weißen Schwaden heraus, wie die japanischen Bergaffen, denen im Winter Eiszapfen im Bart hängen. Anfangs dachten wir, daß wir in diesem pestblubbernden Wasser in Ohnmacht fallen würden. Die Einheimischen sagten, man gewöhne sich daran, es sei nicht so schlimm, wenn man erst mal drin sei.

Zu Hause stanken wir aus allen Poren. Die Contessa rannte mit einem antiken Flakon hinter mir her und versprühte Parfumnebel in jedem Zimmer, das ich betreten hatte.

Einige Sonntage später lagen wir wieder auf den warmen Steinen der alten Mauern und sahen den Haselnußsträuchern beim Blühen zu. Wir fuhren zum Zitronenkarneval nach Mentone. Nachts hing der Mond in einer silbernen Sichel am Himmel, und Katzen streunten mit liebestollen Schreien um den Palazzo. Als der Scirocco kam, wurde die Contessa gesprächig und erzählte von Arabien.

Im Sommer ging Jos alter VW-Käfer kaputt. An den freien Sonntagen trampten wir die Küste rauf und runter. Wir lagen am Strand, saßen unter schattigen Arkaden und tranken Campari. Wir knabberten Nüßchen und sahen Touristen in Scharen, Shorts und Sandalen klimatisierten Bussen entsteigen und uninspiriert in der Hitze durch die Gassen der Altstadt latschen. Wir lästerten böse hinterher und nannten es

Touristenkino. Wir lackierten uns gegenseitig die Nägel, tauschten Klamotten und Schmuck.

Eines Tages stand Pirkko morgens auf und fühlte sich großartig. Sie war davon überzeugt, einen Glückstag zu haben, und beschloß, im Casino mal eben das Geld für die Reparatur von Jos Käfer zusammenzuspielen.

Anfangs waren wir vorsichtig und sahen den anderen beim Spielen zu. Wir setzten Rouge und Noir, so daß wenigstens eine von uns immer gewinnen konnte. Dann wollten wir es wissen und setzten alles.

Eine Stunde später konnten wir nicht einmal mehr ein Taxi bezahlen. Mitten in der Nacht saßen wir wie bestellt und nicht abgeholt auf der Strandpromenade in unseren eleganten Glückstagskleidern und schwiegen zerknirscht vor uns hin. Außer Hunger hatten wir nichts mehr, nur Jo hatte noch ein paar Lire. Wir nahmen die kneifenden Schuhe in die Hand und machten uns barfuß auf den Weg. Am Bahnhof stellten wir fest, daß der letzte Zug längst ohne uns abgefahren war. Wir quetschten uns zu dritt in einen Paßbildautomaten hinein und machten zwei mal zwei Fotos von uns und Jos letztem Geld.

Auf der Landstraße fuhr ein Auto langsam hinter uns her. Der Fahrer fragte, ob er uns mitnehmen könne. Wir überlegten einen Moment, ob wir unsere Polen-Nummer aufführen sollten, aber Jo fand ihn nett. Er war Franzose und arbeitete in einem mondänen Badeort nahe der französisch-italienischen Grenze als Pâtissier im Grandhotel. Als es hell wurde, waren wir zu Hause.

Von da an fuhren wir jeden Samstagabend, sobald wir unsere Bambini, Katzen und Hunde versorgt hatten, zur Küste und besuchten Yann in seinem Hotel. Wir warteten, daß er seine Kochmütze an den Nagel hängte und mit uns tanzen ging.

Wir erfuhren, daß der Caffè im »Stella di Mare« so gut

schmeckte, weil sie ein Täfelchen After Eight hineinrührten. Wir revanchierten uns, indem wir Yann in die Geheimnisse nordeuropäischen Biertrinkens einweihten. Wie man unten ein Loch in die Dose sticht, oben den Deckel aufreißt, das Bier in sich hineinsprudeln läßt und wenig damenhaft losrülpst. Wir saßen auf den Klippen, unter uns rauschte die Brandung, und warteten auf den Sonnenaufgang. Es war warm, wir waren betrunken.

Sonntags lagen wir faul unter Bastschirmchen am hoteleigenen Privatstrand, oder Yann fuhr uns in der Gegend herum. Er hatte einen dunkelgrauen Citroën DS, eine dieser typischen, tief hängenden Gangsterkarren, in denen Gestalten mit schwarzen Anzügen und hübschen Frauen auf weinroten Polstern die Promenade auf und ab kreuzen, und genauso fühlten wir uns auch, stranger than paradise.

Wenn wir vom Tanzen zurückkamen, schlichen wir in die blitzblank gewienerte Hotelküche und plünderten die Speisekammer. Wir fanden Fasanenterrine, einen Salat aus Bergkräutern, getrüffelte Tagliatelle, Dorade rosé, ein Maronenparfait auf einem raffiniert marmorierten Spiegel aus Tee- und Kakisauce.

Für Jo kreierte Yann eine whiskygetränkte Geburtstagstorte in den irischen Nationalfarben, in Form eines Kleeblatts. Sie malte drei Sterne auf seine Mütze und war begeistert, bis er uns eines Tages beiseite nahm, um mit uns unter sechs Augen zu reden. Ob wir uns vielleicht vorstellen könnten, daß er eventuell bei Pirkko … und ob Pirkko vielleicht …?

Wir erzählten ihm von Mika in Mäkidingsda, und Yann nickte, als würde er verstehen. So ganz sicher waren wir nicht. Es schien nicht so, als würde sich Pirkko etwas aus Yann machen, es sah eigentlich eher aus … wie, das wußten wir auch nicht so recht.

Manchmal trafen wir beim Tanzen Luigi und Paolo und Stefano. Yann fragte, ob Pirkko vielleicht mit Luigi …? Und wir sagten, sie mache sich nichts aus Luigi.

An Pirkkos Geburtstag machte Yann ein Riesengeheimnis, keiner von uns durfte die Küche betreten. Er hatte uns auf der Terrasse über dem Meer geparkt, wo wir auf zierlichen Stühlen saßen und warteten, bis er mit einem Silbertablett kam und – ta-ta-ta-taaa – mit schwungvoller Geste eine Rolle enthüllte, mit Wunderkerzen und kandierten Veilchenblüten garniert. Er schnitt die Rolle in Scheiben und wir konnten nicht glauben, daß das Eis unter der Baiserhülle im Ofen nicht geschmolzen war. Wir tranken Champagner und ließen Pirkko hochleben. Unter funkelnden Sternen, am funkelnden Meer, in einer samtseidenen Nacht. Grillenzirpen, Rosen-, Lavendel-, Mandarinenduft, das volle Programm.

Als Yanns Geburtstagskuß für Jos Begriffe etwas zu lang ausfiel, stellte sie ihr Glas etwas zu laut auf den Tisch und behauptete, sie sei müde. Ich gähnte künstlich und wollte ihr folgen, und Pirkko sah mich hinter ihren blauen Wimpern an und hatte kapiert.

Die Apartments fürs Personal waren im Park hinter dem Hotel. Wir lagen zu viert in Yanns Bett. Jo und Yann lagen wach.

Am nächsten Samstag, sagte Yann, habe er keine Zeit. Wir wußten, daß das nicht stimmte. Wir wußten, daß es etwas mit Pirkko zu tun hatte. Sie fragte uns, was sie denn machen solle, aber wir wußten es auch nicht. Wir lagen am Strand und belauerten unsere Launen. Und sprachen davon, wie schön es hier sei.

Im August fuhr die Contessa in ihre Sommerresidenz. Ich blieb mit den Touristen zurück und setzte die Hunde auf Diät. Ich öffnete alle Fensterläden, legte mich mit einer meiner Lieblingskatzen auf die Récamiere und hatte einen grandiosen Blick über die Hügel bis an den zypressengesäumten Horizont, während die Ahnen der Garibaldi mit ihren abgeblätterten Nasen mißbilligend von den Wänden auf mich herabblickten. Ich schlief ewig lange aus und kümmerte mich um gar nichts. Am Abend warf ich die Sprinkleranlage im Garten an.

Manchmal nahm ich die Bambini von Jo oder Pirkko, damit sie nachmittags etwas Ruhe hatten und die Bambini nicht aus Versehen im Meer versenkten. Die Bambini taten, als würden sie mich nicht verstehen, und spuckten mir ihr Gemüse und die Spaghetti ins Gesicht. Abends ging der große Bruder mit seinen verantwortungsvollen fünf Jahren zu den Eltern und behauptete, wir hätten sie geschlagen und ihnen nichts zu Essen gemacht. Zur Belohnung bekamen sie Schokolade. Hinter dem Rücken ihrer Mütter schnitten sie Grimassen und grinsten hämisch. Ich war froh, daß ich ein anderes Los aus der Wundertüte gezogen hatte und daß Hunde nicht lügen können.

Im August kam auch Mika aus Mäkidingsda. Wir alle holten ihn am Flughafen ab. Er küßte sich in der Empfangshalle durch Jo, Yann und mich hindurch, hatte eine Woche Zeit, sich einen Sonnenbrand zu holen und einen Allein-mit-Pirkko-Tag zu arrangieren. Wir wollten ihr die Bambini abnehmen, aber sie wollte nicht. Mika dachte, es liege an Yann. Wir dachten das nicht.

Nach einer Woche fragten wir sie, ob sie ihn nicht wenigstens ohne uns zum Flughafen bringen wolle. In der Abflughalle mußte er wieder alle küssen und flog nach Hause.

Am selben Abend lud Pirkko uns ein. In der Diskothek am Hafen trafen wir zufällig Luigi. Pirkko tanzte wie blöd mit ihm und nannte ihn »Gigi«. Yann schien müde, aber Pirkko meinte: »Ach, bleib doch noch ’n bißchen.« Und später, zu Gigi: »Wir essen im Stella di Mare, komm doch mit.«

Jo und ich sahen zu Yann, er lächelte unbeholfen und sagte: »Klar, kein Problem.«

Um halb vier behauptete Gigi, er sei zu betrunken, er könne nicht mehr fahren, er wolle am Strand schlafen. Doch Pirkko sagte: »Bleib doch, wir schlafen in Yanns Bett.«

Jo und ich warfen ihr einen eindeutigen Blick entgegen: Es

ist *Yanns* Zimmer, aber ihr Blick antwortete: Ach, seid doch nicht so. Und sie sagte: »Du hast doch nichts dagegen? Oder, Yann?«

Er sagte nein und meinte doch.

Später im Bett versuchte ich zu schlafen und spürte, Jo und Yann versuchten es auch. Bei Pirkko war ich mir nicht sicher.

Dann dachte ich, sie spinnt. Ich dachte, sie wird rechtzeitig aufhören oder mit Gigi an den Strand oder weiß-der-Teufel-wohin gehen. Ich blinzelte zu Yann hinüber und sah ihn mit offenen Augen an die Decke starren und dachte: Nun tu doch was, schmeiß sie endlich raus. Er lag einfach da, während Pirkko und Gigi neben ihm …

Ich stand auf. Jo und Yann folgten mir. Wir fuhren ziellos herum. Wir saßen auf den Klippen. Yann rauchte eine nach der anderen und fing an zu heulen. Die Sonne ging auf, ein unnachgiebig blauer Himmel legte sich über die Hügel und verpflichtete uns, glücklich zu sein.

Eine Woche später packte ich meine Koffer und übergab den Palazzo an meine Nachfolgerin, ein Mädchen aus Münster. Die Contessa schätzte Au-pairs aus Deutschland, ihren legendären Putz- und Ordnungsfimmel. Ich zog das schmiedeeiserne Portal hinter mir zu, Yann holte mich mit Jo ab und brachte uns zum Bahnhof. Auch seine Saison war beendet. Den Winter über hatte er auf einem Kreuzfahrtschiff in der Karibik angeheuert.

In Milano mußte Jo aussteigen. Sie fuhr über Lausanne und Paris nach Hause. Heute ist sie Lehrerin in Galway. Ein paar Jahre schickten wir belanglose Karten hin und her.

Neulich bin ich in meinem Schrank auf Pirkkos Kleid gestoßen. Wir haben vergessen, sie zurückzutauschen. Wenn zufällig jemand das Foto von uns aus dem Automaten sieht, fragt er: »Wer ist das? Die mit den blauen Wimpern?«

Eine, die am Nordpol Schlitten fährt.

FAY WELDON

Kommt alle her!

Als Maureen Timson achtzehn war, fand sie alles mögliche rätselhaft, und niemand war ihr rätselhafter als ihre Freundin Audrey Thomas. Wenn sie denn eine Freundin war. Sie waren beide an der Universität, studierten Sprachen. Sie hatten zusammen ein Doppelzimmer, weil sie im Alphabet hintereinander kamen: eine Art schicksalhafter Nähe. Maureen hatte alle Vorteile, Audrey (in Maureens Augen) sehr wenige. Dennoch ging Audrey immer voraus, und Maureen folgte ihr, und Maureen verstand es nicht, und es wurmte und ärgerte sie. Maureen ging den Dingen gern auf den Grund: sie arbeitete daran wie an einem verknoteten Schnürsenkel, doch hier war etwas Bodenloses, nicht zu Entwirrendes. Und das war ungerecht.

Sie, Maureen, war hübsch: um sich dessen zu vergewissern, mußte sie bloß in den gemeinsamen Schlafzimmerspiegel sehen. (Maureens Mutter hatte von Spiegeln nicht viel gehalten, sie sagte immer, allein der Charakter zähle, nicht das Aussehen, aber Spiegel gibt es überall, nicht wahr? Pfützen oder Schaufensterscheiben tun es auch, beziehungsweise die aufmerksamen Blicke anderer spiegeln zumindest ein gewisses Bild wider.)

Audrey war überhaupt nicht hübsch. Sie sah aus wie ein Bus von hinten – würde Maureens Großtante Edith sagen. (Maureens Mutter hatte acht Tanten, und Edith war die, die sie am wenigsten leiden konnte –, aber Maureens Mutter konnte ja nun fast niemanden leiden, sie verachtete die Schwachen, die Leichtsinnigen, die Faulen, die Weichen, das bedeutete beinahe die gesamte menschliche Rasse, mit Ausnahme – manchmal – der Familie.) Maureen war ein Einzelkind, weil Maureens Mutter ihren Vater kurz nach Maureens Geburt geradewegs aus dem Haus verachtet hatte. (Maureen hatte von ihm immer die Vorstellung, wie er mit dicken Stiefeln und Bieratem den feuchten Pfad zwischen den traurigen Rhododendronblättern für immer davonstolperte, ihr Säuglingsgeschrei hallte aus dem rechten oberen Fenster.) Maureen hatte eine niedliche schmale Taille, und Audrey hatte Fleischrollen darüber und darunter: das sind so die Dinge, die man mitkriegt, wenn man ein Zimmer zusammen hat. Maureen hatte vorher nie mit jemandem ein Zimmer zusammen gehabt. Es war ihr ein Rätsel, wie Audrey trotz all ihrer körperlichen Unvollkommenheiten nackt und unbefangen darin herumwandern konnte. Und sie mochte es nicht. Maureen war klug: seit sie dreizehn war, hatte sie nie, nicht ein einziges Mal, ein unregelmäßiges französisches Verb regelmäßig konjugiert. Audrey konnte noch nicht einmal einen Accent aigu von einem Accent grave unterscheiden. Weiß der Himmel, wie sie sich in die Uni gemogelt hatte. Maureen las Machiavelli, und Audrey las Frauenzeitschriften. Aber trotzdem hatte Audrey etwas, was Maureen nicht hatte. Audrey ging voran, Maureen folgte halb dankbar, halb ärgerlich. Maureen war Einzelgängerin, Audrey nicht. Maureen haßte es, Einzelgängerin zu sein.

»Du schließt so leicht Freundschaften«, sagte Maureen zu Audrey und ließ es wie einen Vorwurf klingen, wie einen angeborenen Mangel an Urteilsfähigkeit. »Wie machst du das?«

Und das schien Audrey rätselhaft zu sein, der so selten etwas rätselhaft war. »Man redet einfach mit den Leuten«, sagte sie.

»Mit jedem?« fragte Maureen mit Abscheu.

»Na, ja«, sagte Audrey. Manchmal war es mehr als Reden, es war mit jedem x-Beliebigen ins Bett gehen, und dann ins Bett von jemand anderem, und dann ging der erste x-Beliebige schnaubend davon, und Audrey weinte und weinte, aber was *glaubte* Audrey denn, würde passieren, sagte Maureen, die ihre Jungfräulichkeit bis zum letztmöglichen Moment bewahrte und sich dann dem Vorsitzenden der Debattiergesellschaft hingab, einem beständigen und verläßlichen Jungen mit einem Auto.

Audrey war bei den Jungen beliebt, aber Maureen konnte sie sich aussuchen, das war also nicht das Problem. Aber wenn sie in die Spiegel ihrer Augen blickte, hatte sie das Gefühl, daß sie weniger als Audrey sah. Wie kam sie nun wieder darauf? Sie versuchte, mit Audrey darüber zu sprechen.

»Was *siehst* du denn?« fragte Audrey. »Ich meine, außer ganz allgemein Lust?«

»Eigennutz«, sagte Maureen, bevor sie Zeit hatte nachzudenken. Sie saßen nach einem Kinobesuch in einem chinesischen Restaurant. Audrey aß knusprig panierte Banane in Honig, die Maureen natürlich dankend abgelehnt hatte.

»Oh«, sagte Audrey. »Ich sehe, daß sie mich mögen.«

Maureen empfand plötzlich eine solch heftige Wut, daß sie einen zu großen Mundvoll zu heißen kalorienfreien chinesischen Tees schluckte und sich den Mund verbrannte und er tagelang trocken war. Aber sie sagte nichts. Was gab es da zu sagen? Sie vergaß es.

Was sie nicht vergaß, war, wie Audrey an einem Frühlingstag in einem einteiligen Badeanzug oben auf einer Düne im Wind stand, sich zu der Gruppe, die ihr folgte, die ihr überallhin folgen würde, umdrehte und rief: »Kommt alle her!«, und alle kamen. Freunde. Kumpel. Partyzeiten, gute Zeiten, Zeiten, vollgestopft mit Leuten; die ganze menschliche Rasse wirbelte um den Dreh- und Angelpunkt immer guter Laune – Audrey. »Kommt alle her!«, und alle kamen, und Maureen auch, wider Willen und doch willentlich. Sie dachte an die ruhige, dumpfe Routine im Haus ihrer Kindheit, die einzige Katze, die nachts ausgeschlossen wurde, Frühstück für zwei, Mutter und Tochter, gedeckt, bevor sie zu Bett gingen, und ein Teil von ihr wollte dem allem sehnlichst entfliehen, und ein Teil wollte es nicht: etwas Zerstörerisches war zu tief in ihre Seele gedrungen. Mit den anderen rannte sie die Düne hoch, und Audrey war als erste im Meer. »Kommt alle rein! Das Wasser ist herrlich!« Aber das war es natürlich nicht, sie machte nur einen Witz, es war eiskalt, alle kreischten, und Audrey bespritzte sie. Wie konnte sie es wagen! Maureen war absolut wütend. Doch alle amüsierten sich, und sie auch. Audrey dirigierte alle, verwob sie alle in Muster der Freude! Wie machte sie das?

Dann trennten sich natürlich ihre Wege. Audrey mit ihrem befriedigenden Abschluß wurstelte sich durch irgendein Sozialarbeiterstudium; Maureen mit ihrem Zweier-Examen ging nach Brüssel, um für die EG zu arbeiten, was immer ihr Ehrgeiz gewesen war. Die Vorstellung eines Jobs in einer solchen Stadt hatte etwas überaus Klares, Vernünftiges und Geordnetes, von der guten Bezahlung gar nicht zu reden; ein kleines Auto, eine kleine Wohnung. Und so war es dann auch. Den Vorsitzenden der Debattiergesellschaft mußte sie fallenlassen, weil er nach Newcastle ging, um dort bei Marks & Spencer zu arbeiten, aber so geht es mit Studentenbeziehungen oft. Als Maureen erfuhr, daß er binnen eines Jahres eine zehn Jahre ältere Kollegin geheiratet hatte, war sie verstimmt und verbrachte in dem Sommer ihren Jahresurlaub zu Hause bei ihrer Mutter in Paignton, aber es war erbärmlich und langweilig, und sie beschloß, es nie wieder zu tun. Sie war jetzt zwölf Jahre in Brüssel und hatte sich im Landwirtschaftsbereich hochgedient und war einsam und fing was mit einem verheirateten Mann an (aber sie waren *alle* verheiratet: was sollte sie machen?), was sie noch einsamer machte wegen der ganzen Warterei auf das Telefon und der Geheimnistuerei und den nicht gehaltenen Versprechen und dem nichtexistierenden gesellschaftlichen Leben. Das sah sie alles deutlich, aber es kostete sie Ewigkeiten, es abzubrechen (was *war* mit ihr geschehen?). Endlich schaffte sie es, und da bekam sie einen Brief von Audrey. Was aus ihr geworden war? Ob sie sich treffen könnten? Typisch Audrey, dachte Maureen, warum sollte irgend jemand mit irgend jemandem in Kontakt bleiben, nur weil man zur selben Uni gegangen war und einander im Alphabet nahegestanden hatte. Aber sie schrieb zurück, Audrey lud sie zu Weihnachten ein. Ja, sie war verheiratet (natürlich, die so wenig wählerische Ziege), hatte drei Kinder: auf dem Land, mit haufenweise Tieren. Typisch Audrey, dachte Maureen, ließ alle herkommen in etwas garantiert Muffiges, Matschiges, Unordentliches, Lautes, mit Katzenscheiße in den Ecken. Aber Maureen fuhr hin; nach sieben Weihnachten mit einem verheirateten Mann haßte sie diese Zeit allmählich.

Das Haus war ein Schweinestall. Natürlich. Maureen zog Gummihandschuhe an und half saubermachen; half, den überladenen Weihnachtsbaum stabil im Ständer zu befestigen, die Strümpfe für die Geschenke herzurichten, sie machte sich bei den Kindern beliebt, indem sie Mars-Riegel in einem zuckerfreien Haushalt austeilte, und unterhielt Audreys Mann Alan, während Audrey schlecht und recht die Kinder zu Bett brachte und vier verschiedene Sorten Füllung für zwei kleine Puter vorbereitete, weil das schöner war als eine Sorte Füllung und ein Apfel in einem großen Puter.

»Aber es ist mehr Arbeit, Audrey.«

»Weiß ich, Maureen, aber wir sind es alle so gewöhnt. Familienleben ist alles nur Ritual.«

Maureen zweifelte daran, ob Ritual ausreichte. Alan war politischer Journalist und tendierte zur Linken; das war modern. Mindestens dreimal im Jahr mußte er seine eigenen politischen Standpunkte überprüfen, und Maureen hatte nicht den Eindruck, daß Audrey übermäßig Notiz davon nahm, was im Kopf ihres Ehemannes vorging: sie hielt anscheinend mehr davon, ihn stetig und demonstrativ ihrer wärmenden Zuneigung zu versichern, damit er zufrieden war.

»Liebling, was ist los, was ist los?« rief sie und schlang ihre Arme um ihn und hielt ihn fest umfangen, wenn er auf die Stromrechnung starrte (zwei Puter zu braten kostete ein Drittel mehr als einen, darauf wies Maureen hin), bis er wider Willen lächelte. Maureen verstand diesen Wider-Willen sehr gut. Sie glaubte eigentlich überhaupt, daß sie Alan sehr gut verstand. Sie sah sich unter den Bestandteilen des Haushalts um: den Kindern, der Wärme, den Tieren, dem Dreck, der rein- und rausgetragen wurde, den ein- und ausgehenden Freunden – sie kamen von meilenweit her – und dachte, mit einem bißchen Reorganisation würde mir das sehr gut tun. Sie dachte, sie hätte es gern für sich.

Sie mußte vier Jahre warten. Während dieser Zeit war sie häufig Gast des Hauses. Dann hatte Audrey, was Maureen im voraus wußte, eine Affäre mit einem verheirateten Mann, und die Struktur dessen kannte Maureen zur Genüge.

»Ich habe so ein schlechtes Gewissen«, jammerte Audrey und hackte Nüsse für eine der Putenfüllungen. »Ich liebe Alan, aber ich kann mich nicht davon abhalten.«

»Du willst wahrscheinlich nur die Aufmerksamkeit und die Schmeicheleien und dich geliebt fühlen«, sagte Maureen vorsichtig. Seit ihren Unizeiten hatte sie mittlerweile auch jede Menge, o ja, Frauenzeitschriften gelesen. »Alle die Dinge, in denen Alan nicht gut ist. Wie schade, daß er seine Gefühle nicht besser zeigen kann. Dann müßtest du nicht außerhalb der Ehe Liebe suchen.«

Audreys Tränen fielen in das Couscous und die Zitronenschalen und machten es um einen winzigen Bruchteil flüssiger, als es sein sollte.

»Wenn ich es bloß Alan erzählen könnte, wenn ich bloß mit ihm darüber reden könnte, dann würde ich mich innerlich viel besser fühlen.«

»Vielleicht solltest du es tun«, sagte Maureen und konnte ihr Glück gar nicht fassen. »Eure Ehe ist so stark. Wenn Alan wüßte, wie weit er dich getrieben hat, wäre er zu Tode erschrocken. Er würde wirklich daran arbeiten, die Ehe zu retten. Damit so was nie wieder passiert.«

»Soll ich beichten?« fragte Audrey, ihre flinken Hände hielten inne, ein Funke gesunder Menschenverstand erhellte die dunklen Winkel ihres liebeskranken Hirns, aber nur einen Moment lang. Ihr Geliebter war auch verheiratet, natürlich, brütete über seinem Heiligabendwhisky in einem anderen Haushalt, unerreichbar über die Feiertage.

»Es ist ja wohl kaum Beichten«, sagte Maureen. »Es ist nur ehrlich sein. Wie kann eine Ehe, die so eng wie Alans und deine ist, funktionieren, wenn ihr nicht ehrlich zueinander seid? Ich meine, du bist es deiner Ehe und Alan schuldig, es ihm zu erzählen.« Dann ging Maureen mit den Kindern im Wald spazieren, wo die Blätter vom Nebel ganz naß waren, und probierte »Kommt alle her!« aus, indem sie Mars-Riegel aus ihrer Tasche hervorzog. Wie sie angerannt kamen!

Beim Weihnachtsstrumpffüllen erzählte Audrey Alan von der Affäre, von ihrer heimlichen Liebe, den heimlichen Treffen hinten in Autos und Büroräumen und hinter Hecken – es lief schon seit dem Sommer –, und wie sie in Wirklichkeit nur Alan liebte, wenn er nur ein bißchen freundlicher und netter zu ihr wäre, wäre es nie passiert, aber er hatte alles schal werden lassen, und wie wichtig ihre Ehe für sie war.

»Rede nicht so wie die Rückseite einer Frauenzeitschrift«, war alles, was Alan sagte, bevor er sie quer durchs Zimmer prügelte, und am ersten Weihnachtstag hatte sie ihre Koffer schon gepackt und war gegangen; das mußte sie tun, so hysterisch war sie und schrie, sie verließ die Kinder, das eheliche Haus und alles, was ihr bei der Scheidung nicht gerade zugute kam. (Ihr Geliebter entschied sich dafür, bei seiner Frau zu bleiben.) Da war es nur gut, daß Maureen der Familie half, durch das Ritual dieser schrecklichen Weihnachtstage zu kommen – sie kannte das ganze häusliche Drumherum so gut, wie Alans Mutter sagte. Und am nächsten

Weihnachten war Maureen nicht nur im Haushalt installiert, sondern auch schwanger mit ihrem ersten Kind, und bei den Mahlzeiten rief sie: »Kommt alle her!«, sie, die Allerbeste, obwohl sie nicht oft selber kochte, sie hatte eine Haushaltshilfe und einen sehr guten Job (in Anbetracht der lokalen Gehaltsstrukturen). Sie leitete die örtliche Zweigstelle des Bauernverbandes.

»Sag das nicht!« bat Alan sie. »Sag nicht ›Kommt alle her‹.«

»Warum nicht?«

»Es irritiert mich. Ich weiß nicht, warum.«

»Dann bist du nur irrational«, sagte Maureen entschieden und sagte es immer weiter. Eine Zeitlang war ihr »Alle herkommen« weniger bevölkert als Audreys – aber die Freunde stellten sich bald alle wieder ein; und alles war wunderbar, und die feuchten, schlaffen Rhododendronblätter, die in ihrer Vergangenheit, in ihren Träumen gerauscht hatten standen schön aufrecht und glänzten in einer imaginären Sonne.

MORAG MCDOWELL

Josies Baby

Ehemänner und Liebhaber kommen und gehen, aber Freundinnen hat man ein Leben lang – dachte sie zumindest. Kate und Josie, Josie und Kate waren gemeinsam zum erstenmal betrunken gewesen, gemeinsam geliebt und sitzengelassen worden, und gemeinsam hatten sie entschieden, daß es ganz in Ordnung war, zehn Jahre älter als Bridget Jones und trotzdem Single zu sein. Während Kate jedoch Zen-Meditation praktizierte und im Internet nach wirksamen Anti-Faltencremes fahndete, tauschte Josie postmoderne Romane und Bootcut-Levis gegen Kinderwagenkataloge und elastische Röcke aus. Als Josie ihr, nach einer unerfindlichen vierwöchigen Sendepause, davon erzählte, fragte Kate:

»Hast du den Verstand verloren?«

Josie wirkte gekränkt, erwiderte jedoch nichts.

»Wieso erzählst du mir erst jetzt davon?«

»Du hättest mich ja bloß ...«

»Mit einer Flasche Gin in ein heißes Bad gesetzt?«

Noch vor wenigen Monaten hätte sie nur gelacht. Jetzt aber zog sie die Nase hoch und erzählte ihr von dem Vater, einem sechsundzwanzigjährigen Ingenieur, der gerade an einem dreijährigen Bewässerungsprojekt in Neuguinea mitarbeite, davon, daß sie Anspruch auf ein halbes Jahr bezahlten und ein Jahr unbezahlten Mutterschaftsurlaub habe, obwohl man ihr nicht garantieren könne, daß sie danach den gleichen Job zurückbekomme, aber alle seien wunderbar gewesen, sie hätten ihr einen Kinderwagen geschenkt, sie sei noch nie so glücklich gewesen. Daraufhin brach sie in Tränen aus.

Kate versuchte die Ruhe zu bewahren, umarmte sie und gratulierte ihr halbherzig. Bei alledem fühlte sie sich wie der Junge in »Invasion der Körperfresser«, ihre seit nunmehr zwanzig Jahren beste Freundin hatte sich in einen dicklichen, heulsusigen und hormonellen Schwankungen unterworfenen Alien verwandelt. Sie spielte mit, begleitete Josie zu den regelmäßigen Kontrollen beim Gynäkologen und empfahl ihr, ihre eigene Schwester zur Geburt mitzunehmen – für den Fall, daß sie vorgehabt hätte, Kate darum zu bitten. Als der Große Tag näherrückte, meldete sie sich in einem Fitneßstudio an, trainierte, als sei sie Mitglied des olympischen Teams und hatte zum erstenmal seit fünfzehn Jahren wieder Größe achtunddreißig.

Unterdessen nahm Josie unbekümmert gigantische Ausmaße an. Kate redete sich ein, daß nach der Geburt alles wieder beim Alten sein würde. Nach ein paar Wochen mit wunden Brustwarzen und schlaflosen Nächten würde sie wieder zu ihrem altgewohnten zynischen Selbst zurückgefunden haben. Es würden wieder Kate und Josie, Josie und Kate sein – plus Baby.

Eines Abends, sie hatte gerade eine Gesichtsmaske aufgelegt, rief Josies Schwester an – es sei ein Junge, er wiege dreieinhalb Kilo, und Josie schlafe gerade. Kate sagte, sie würde dann später zurückrufen, legte auf und lehnte sich im Sofa zurück, ohne zu bemerken, daß die Gesichtsmaske eintrocknete und sachte abzubröckeln begann.

Am Tag nach der Heimkehr aus dem Krankenhaus stattete sie Mutter und Kind einen Besuch ab. Josie trug, als sie die Tür öffnete, Leggings und ein übergroßes T-Shirt. Unter ihren Augen zeichneten sich dunkle Schatten schlafloser Nächte ab, aber sie grinste, als hätte sie eine ganze Schachtel Prozac geschluckt. Sie führte Kate ins Eßzimmer. An der Stelle, wo sonst immer ein schwarzlackierter japanischer Eßtisch prunkte, stand ein Kinderwagen. Irgend etwas maunzte. Kate setzte ein Lächeln auf, schaute in den Wagen und erblickte ein Gesicht, das gestaucht wie eine Boxerschnauze aussah. Pflichtschuldig sagte sie:

»Ist der aber süß. Hier, nimm.« Sie überreichte zwei Päckchen und zeigte auf das kleinere. »Für dich.«

Josie riß das größere Päckchen auf, eine Garnitur Babykleider, und war entzückt.

»Jetzt mach schon dein Päckchen auf.«

Josie tat wie geheißen und entnahm einen Tiegel aus Milchglas mit silberglänzendem Verschluß, öffnete ihn und schnupperte am Inhalt.

»Wo soll man das auftragen?«

»Im Gesicht.«

Das Baby begann zu schreien. Josie lächelte versonnen. »Danke«, sagte sie, hob das Baby aus dem Kinderwagen, zog ihr T-Shirt hoch und schob, während sie sprach, eine ihrer Brüste in den kleinen geöffneten Mund.

»Weißt du, während der Schwangerschaft sieht die Haut viel jünger aus, das Haar wird voller, man ist ständig high von all den Hormonen, von diesem Schaffensprozeß, der sich im Körper vollzieht. Ein paar Wochen nach der Geburt, zack, fallen die Haare aus, und man schrumpelt zusammen wie ein alter Luftballon. Man ist wieder sterblich, und keine Cremes, Pillen oder Zaubertränke können das verhindern.«

Sie lächelte glückselig, das Baby hörte auf zu trinken und machte ein Bäuerchen. Kate erhob sich, ging in die Küche, um das aufgestapelte Geschirr abzuspülen, und beschloß, das nächste Mal fünfzig Pfund zu sparen und Josie statt dessen eine Dose Niveacreme zu kaufen.

Wieder zu Hause, befiel sie ein Gefühl der Rastlosigkeit, und sie schlief schlecht. Um vier Uhr morgens wachte sie auf, kochte sich eine Tasse Tee und loggte sich ein, um ihre E-Mails von der Arbeit abzurufen. Seit fünfzehn Jahren immer der gleiche Unsinn, nur mit dem Unterschied, daß er heutzutage über die Telefonleitung kam:

»Kate, wir müssen schleunigst über die räumliche Datenübermittlung sprechen.«

»Kate, mich beunruhigen Inhalt und Intention dieses Dokuments zutiefst.«

»Liebe Kate, bezugnehmend auf unsere Besprechung würde es mich freuen, wenn Du dieses Attachment anklikken und mir mitteilen könntest, was du davon hältst. Ken.«

Sie schrieb die Antwortmails und wandte sich dann dem übrigen Inhalt ihrer Eingangsbox zu: faszinierende Angebote und wichtige Mitteilungen, eine davon versprach ihr sogar »Verjüngung in Ihrem eigenen Heim!!!«

Traue nie einer Behauptung mit drei Ausrufungszeichen, sagte sie sich und hätte die Mail auch beinahe zusammen mit dem Rest gelöscht, aber irgend etwas bewog sie doch, sie anzuklicken. Nach und nach baute sich auf dem Bildschirm das Bild einer jungen Frau auf. Sie trug ein Handtuch um den Kopf gewickelt und saß in einem kleinen kuppelförmigen Raum, dessen Wände in verschiedenen sanften Farben erglommen. Unter dem Bild stand in Großbuchstaben: »Sind Sie gestreßt? Ist Ihr Alltag grau? Entdecken Sie mit dem ISIS 2000 Aroma-Hydrotherapie-Tank die Lebensfreude neu! Verlangsamte Zelldegeneration – erwiesen durch klinische Tests!!!«

Sie las weiter, bis es Zeit war, zur Arbeit zu gehen.

Zwei Nächte später schaute sie auf dem Heimweg bei Josie vorbei. Josie trug dasselbe T-Shirt wie beim letzten Mal und bedeutete ihr mit dem Finger an den Lippen, daß sie leise sein solle.

»Er schläft.«

Sie ging in die Küche. Unterdessen schlich Kate ins Wohnzimmer und räumte benutzte Windeln, schmutzige Babywäsche und zusammengeknülltes Toilettenpapier vom Sofa. Josie brachte zwei Tassen Pulverkaffee, und sie tranken schweigend. Kate wühlte in ihrer Tasche und zog ein Blatt Papier hervor.

»Hier, schau dir das mal an.«

Josie nahm es und las laut vor.

»Der ISIS 2000. Oder ›The Tank‹, wie er von unseren unzähligen zufriedenen Kunden genannt wird – ein kombiniertes Hydro- und Aromatherapie-Erlebnis. Verwandeln Sie ihr Zuhause in ein Wellnessparadies ...« Sie las ein Weilchen schweigend weiter und gab Kate das Blatt zurück.

»Und?«

Josie sah sie an, als sei sie nicht ganz dicht.

»Und was?«

»Was hältst du davon?«

Josie ergriff das Blatt und wedelte damit vor Kates Gesicht herum.

»Dreitausend Pfund?«

Als Kate nicht antwortete, wiederholte sie etwas lauter:

»Dreitausend Pfund!«

»Sie bieten mir ein zweijähriges zinsloses Darlehen. Ich würde ihn erst mal auf Probe bestellen.«

Josie schüttelte den Kopf.

»Willst du wirklich dreitausend Pfund für eine Plastikwanne ausgeben?« Sie deutete mit zitterndem Finger auf das unscharfe Farbfoto.

»Das Ding gehört in einen zweitklassigen Science fiction-Film.«

Kate schwieg. Josie rief:

»Mit dreitausend Pfund könnte man eine afrikanische Familie zwei Jahre lang ernähren!«

Kate erwiderte ruhig:

»Du klingst wie meine Mutter. Hast du etwa schon vergessen, daß wir beide genausoviel ausgeben wollten?«

Fast hätte sie selbst den geplanten gemeinsamen »Big Holiday« vergessen, und es war der denkbar ungünstigste Zeitpunkt, jetzt davon anzufangen, doch sie fuhr, ungeachtet der Tatsache, daß ihre Stimme eine Oktave höher lag als sonst, rücksichtslos fort:

»Hast du denn alles vergessen, Josie? Hast du Afrika vergessen und all die Dinge, die wir anschauen und machen wollten? Den Kilimandscharo? Die große Wildsafari? Der Haken ist nur, daß wir das jetzt alles nicht mehr machen können, nicht wahr?«

Das Baby begann zu schreien. Josie erwiderte müde:

»Situationen verändern sich, Leute verändern sich. Ich glaube, es ist besser, du gehst nach Hause.«

Sie quälte sich aus dem Sessel und schlurfte wie eine alte Frau ins Schlafzimmer.

Am darauffolgenden Abend rief sie bei Josie an, aber es war besetzt. Beim nächsten Versuch hinterließ sie eine Nachricht auf dem Anrufbeantworter. Als sie eine Woche später immer noch nichts gehört hatte, bestellte sie den ISIS 2000 per E-Mail und vergaß fast anzukreuzen, daß sie den Tank erst einmal dreißig Tage ausprobieren wollte, so begierig war sie darauf, ihre Lebensgeister wiederzuentdecken und den Tank innerhalb von achtundzwanzig Tagen geliefert zu bekommen, obwohl sie wirklich genug zu tun hatte: Feten im Büro, Grillpartys, ein Wochenende mit Paintball ...

Bei einer Grillparty fragte sie ihr Chef, ob sie nicht Lust habe, sich auf eine Stelle als regionale Produktmanagerin zu bewerben. Zerstreut nickte sie und wußte, daß das nicht die richtige Reaktion war. Sie holte sich noch einen Drink, und irgendwie war ihr alles egal. In kleinen Schlucken trank sie lauwarmen Weißwein, Liebfraumilch, und betrachtete desinteressiert die Party. Sie überlegte sich, was eigentlich los war und wann sie endlich ihren ISIS 2000 erhalten würde.

Als ihr der Liefertermin mitgeteilt wurde, nahm sie sich den Tag frei. Drei Männer brauchten eine Stunde, um das Ding in ihre Wohnung im dritten Stock zu wuchten. Nachdem sie es durch die Wohnungstür gezwängt hatten und wieder gegangen waren, schnitt sie den Karton auf, riß die Plastikhülle herunter und setzte sich dann auf den Fußboden, um es zu betrachten.

Josie hatte recht gehabt – es war eine intergalaktische Badewanne. Kate entrollte das Netzkabel und steckte den Stekker draußen in der Diele in die Steckdose. Das Unterteil war himmelblau und aus Plastik, eine silberglänzende Kugel bildete das Oberteil, das seitlich eine Tür aufwies. Sie berührte eine Vertiefung in der Tür und sprang zurück, als sie aufglitt. Fast hätte sie erwartet, ein Außerirdischer käme zum Vorschein. Als das nicht der Fall war, schaute sie hinein und gab sich Mühe, beim Anblick des kahlen weißen Innenraums, der zum größten Teil von einem dick gepolsterten blauen Sessel eingenommen wurde, nicht zu enttäuscht zu sein.

Sie kletterte hinein und setzte sich. Die Tür schloß sich wieder. Es gab eine Digitalanzeige mit Tastatur. Sie drückte auf »Menü«. Man konnte wählen zwischen Entspannung, Hypnose, Motivation, Anti-Streß, Aromatherapie, Aromaölen, Wassertemperatur und Licht. Sie drückte auf »Anti-Streß«, und eine tiefe, sonore Stimme sagte: »Schließen Sie die Augen. Konzentrieren Sie sich auf Ihre Hände. Entspannen Sie diese. Nun die Arme, die Beine ...«

Die Stimme kam ihr bekannt vor. Zuerst konnte sie sie nicht zuordnen, doch dann erinnerte sie sich: es war bei einem Ausflug ins Epcot Center in Florida gewesen, als sie zwölf Jahre alt war. Sie war in einem runden Metallkörper nach oben geschleudert worden, und Walter Kronkite hatte ihr die Mysterien des Universums erklärt ... Sie konnte sich nicht konzentrieren. Wieder lauschte sie auf die Stimme:

»Lassen Sie sich vom Fluß der Gelassenheit durchströmen. Befreien Sie Ihre Gedanken, lassen Sie sie schweifen und dann auf einem Grashalm zur Ruhe kommen, im Gesang der Wale, in der Morgendämmerung am Kilimandscharo ...«

Sie richtete sich kerzengerade auf und murmelte:

»Wer schreibt diesen Unsinn?« Dann drückte sie auf »Entspannung«. Walgesang quäkte aus den Lautsprechern. Sie schaltete so lange weiter, bis stimmungsvolle elektronische Musik erklang. Dann drückte sie »Beleuchtung«. Die Lampen an der Decke wurden schwächer, und Pastellfarben glitten über das Innere der Kuppel wie ein Polarlicht in Miniatur. Hübsch, dachte sie, unterhaltsam, besser als Disneyland. Sie drückte einen Knopf, um die Lehne nach hinten zu neigen, und murmelte:

»Beam mich rauf, Scotty.«

Das Ding war seine dreitausend Pfund wert, das war ihr schon nach dem ersten Abend klar, nachdem sie ihre eigenen CDs eingelegt und sich gedacht hatte: Gut, zwanzig Minuten kann ich es ja noch versuchen. Zwei Stunden später war sie vollkommen gelöst aus der Wanne gestiegen und zu Bett gegangen. Sie probierte alle Funktionen aus, angefangen mit dem Aromatherapie-Whirlpool bis hin zum Hypnose-Entspannungsdampfbad. Als das Wochenende vorüber war, mußte sie ihre gesamte Willenskraft aufbieten, um sich anzuziehen und zur Arbeit zu gehen, statt einfach wieder in den Tank zu klettern.

Als sie ins Büro kam, erhielt sie lauter Komplimente, wie gut sie doch aussehe. In der Kaffeepause fragte sie sogar jemand: »Hast du einen neuen Typen, oder was?« Sie lächelte geheimnisvoll.

Am Freitag ging sie direkt nach Hause, statt mit den anderen in den Pub. Sie bemerkte die Blicke, ging aber trotzdem heim zu ihrem Tank. Bevor sie hineinkletterte, legte sie stets den Hörer neben das Telefon. Manchmal vergaß sie, ihn wieder aufzulegen, wenn sie wieder herauskam. Sie fühlte sich entspannt und verjüngt, und es war ihr gleichgültig, ob ihr irgendwelche Anrufe entgingen.

Die Zeit verging, ohne daß sie es bemerkt hätte, der Bewerbungsschluß für die Stelle der Produktmanagerin verstrich, ohne daß sie davon Notiz nahm, und eines Morgens kam ein Brief, daß ihre vierwöchige kostenlose Testphase fast abgelaufen sei, und ob sie freundlicherweise die dreitausend Pfund bis zum unten genannten Datum überweisen oder aber die unerwünschte Ware wieder abholen lassen könne.

Ohne zu zögern stellte sie einen Scheck aus und ließ ihn auf ihrem Schreibtisch liegen. Sie hatte vor, noch loszugehen, um Briefmarken zu kaufen, aber erst wollte sie ein schnelles Dampfbad im Tank nehmen. Doch als sie wieder herauskam, waren die Läden bereits geschlossen. Es war halb neun und Samstagabend, und sie erwog, ins Kino zu gehen, vielleicht sogar mit Josie zu telefonieren, aber statt dessen zog sie ihren dicken flauschigen Bademantel an und wusch sich die Haare.

Sie überlegte gerade, ob sie riskieren konnte, das Mandarinen- und Javalilien-Aromatherapie-Dampfbad auszuprobieren, ohne daß sich ihre Haut gänzlich auflöste, als es an der Tür klopfte. Sie öffnete, und Josie sah mit leerem Blick an ihr vorbei, als versuche sie sich zu erinnern, warum sie überhaupt gekommen sei. In der einen Hand trug sie eine große Plastiktüte, die mit Babyutensilien gefüllt war. In der anderen hielt sie die Säuglingstragetasche. Kate sagte:

»Josie?« Und als hätte jemand einen Knopf gedrückt, liefen Josie die Tränen hinunter, ihr Mund öffnete und schloß sich lautlos wie der eines sterbenden Lachses. In der Säuglingstragetasche bewegte sich etwas, die unverkennbaren Geräusche eines Babys, das zum nächsten großen Geschrei ansetzt. Plötzlich fand Josie ihre Stimme wieder und schrie:

»Ich kann nicht mehr!«

Kate trat einen Schritt zurück in die Diele.

»Komm erst mal rein.«

Josie ging um den Tank herum, ohne etwas zu sagen, dann machte sie es sich im Wohnzimmer bequem und packte feuchte Tücher, Windeln, Fläschchen, einen Flaschenwärmer, Gläschen mit Babysaft, mehrere Handtücher und ein großes Gerät aus, das einem Ministaubsauger glich.

Kate fragte: »Was macht man damit?«

Josie antwortete: »Muttermilch abpumpen«, und erinnerte wieder an den Lachs auf dem Trockenen. Inzwischen schrie das Baby aus vollem Hals, es ruderte mit den Armen und strampelte mit den Beinen, hochrot im Gesicht, aber Josie beachtete es nicht weiter, sondern sah Kate nur mit großen, umschatteten Pandabärenaugen an. Diese ließ sich neben ihr auf das Sofa sinken.

»Wann hast du zuletzt geschlafen?«

Mit einer tragischen Miene schüttelte Josie den Kopf, bemerkte plötzlich das Baby, hob es hoch und sagte in den Raum hinein: »Es tut mir leid. Es tut mir wirklich leid ... es ist nicht deine Schuld.«

Kate beugte sich zu ihr hinüber, nahm ihr das Baby vorsichtig aus den Armen und nickte Richtung Schlafzimmertür:

»Leg dich hin. Schlaf.« Josie sah entsetzt aus.

»Aber er braucht was zu essen und ...«

»Wofür hältst du mich eigentlich? Vollkommen bescheuert? Ich hab schließlich einen kleinen Bruder.« Sie verdrängte die plötzliche Erinnerung an ein schreiendes Kleinkind, das mit Erbrochenem bedeckt war, weil es mit einer Mischung aus Würmern und Haferschleim gefüttert worden war, und sagte mit ruhiger, fester Stimme:

»Geh ins Bett. Sofort.«

Josie schrumpfte ein bißchen, als hätte jemand die Luft aus ihr herausgelassen. Sie flüsterte: »Danke« und verließ leise das Zimmer.

Kate wärmte eines der Milchfläschchen, die Josie mitgebracht hatte, und steckte den Sauger ungelenk in den winzigen Mund. Die Lippen schlossen sich sofort, und das Kind begann lautstark zu saugen. Als es satt war, nahm sie es mit ins Schlafzimmer. Josie lag vollständig angekleidet, alle viere von sich gestreckt, auf dem Bett und schlief tief. Das Kind begann zu wimmern. Mit einer Hand deckte Kate Josie zu, löschte das Licht, verließ das Zimmer und schloß die Tür.

Es schrie schon wieder. Sie wechselte die Windel, und es

schwieg – zehn Minuten lang. Sie legte eine Platte auf. Es wurde still, dieses Mal jedoch nur einige Sekunden lang. Schließlich stöpselte sie die Kopfhörer ein, drehte Nirwana auf volle Lautstärke und trug das Kind auf den Armen im Zimmer hin und her.

Als die CD zu Ende war, bemerkte sie, daß es Mund und Augen geschlossen hielt. Sie legte es in die Säuglingstragetasche und hatte gerade genug Zeit, auf die Toilette zu gehen, bevor sie schon wieder, sich die Hose zuknöpfend, zurückrennen mußte, um es hochzunehmen. Sie murmelte: »Ist ja gut, ist ja gut.«

Um zwei Uhr früh wußte sie, daß sie keine eigenen Kinder wollte. Sie schlurfte in die Diele, um einmal etwas anderes zu sehen, und bemerkte mit von Erschöpfung benebeltem Blick, daß sie vergessen hatte, den Tank auszuschalten. Aus einer Eingebung heraus drückte sie auf den Türknopf, schüttelte den Bademantel ab und stieg mit dem Baby auf dem Arm hinein. Sie zog ihm seinen Pyjama aus, machte die Innenbeleuchtung an und hielt es in das immer noch warme, knietiefe Wasser.

Der Erfolg war durchschlagend. Das Baby hörte auf zu schreien, strampelte mit seinen dünnen Beinchen und folgte mit seinen schiefergrauen Augen dem Farbenspiel an der Decke. Als ihre Arme zu schmerzen begannen, hob sie es vorsichtig aus dem Wasser und wickelte es in ein Handtuch. Nur noch das milchig-weiße Gesicht und ein paar feuchte Haarsträhnen waren zu sehen. Wenig später schlief es ein. Versehentlich mußte sie die Bedienungskonsole berührt haben, denn plötzlich erdröhnte die Stimme von Walter Kronkite.

Sie versuchte sie auszuschalten, wollte aber das Baby nicht wecken und ließ sich wieder zurücksinken, und während sie es fest an sich drückte, flüsterte sie:

»Willkommen auf dem Strom der Gelassenheit, Baby.«

Josie tauchte um halb acht auf. Kate drückte ihr das Baby

in den Arm und verschwand unter der Dusche. Als sie sich fürs Büro angezogen hatte, schlief es friedlich in seiner Tragetasche, und Josie hatte Kaffee gekocht. Sie saßen am Küchentisch und tranken schweigend, bis Josie plötzlich in Richtung Diele fragte:

»Und, funktioniert er?«

»Wer?«

»Der Saturn 5 dort draußen.«

»Ach so. Nein, ich schicke das Gerät nächste Woche zurück, wenn die dreißig Tage Probezeit um sind. Ich kann es sowieso nicht behalten. Vielleicht fahre ich eine Zeitlang weg.«

»Wohin?«

Sie bemerkte selbst, wie beiläufig ihre Stimme klang, als sie sagte:

»Ach, vielleicht nach Südamerika oder nach Afrika.«

Josie lachte: »Das hattest du wohl schon die ganze Zeit vor.«

»Wenn man sich für Jobs in Übersee bewirbt, dann muß man einfach hingehen, wo sie einen hinschicken. Afrika würde mir aber gefallen.«

Die Reaktion war zufriedenstellend.

»Bist du verrückt? Und was wird aus deiner Karriere?«

»Und was wird aus deiner?«

»Das ist etwas anderes. Und überhaupt, wann hast du das eigentlich entschieden?«

Kate dachte einen Augenblick nach.

»Ungefähr gegen drei in der letzten Nacht.«

Josie sah vollkommen entsetzt aus, sie öffnete den Mund, schloß ihn dann wieder und murmelte: »Du wirst mir fehlen, du Miststück.«

Beide lächelten. Kate sagte: »Es macht dir doch nichts aus, ab und zu nach meiner Wohnung zu sehen?«

Erst nach drei Monaten und dem Brief eines Rechtsanwalts war sie die Mahnungen über mittlerweile viertausend Pfund los. An dem Tag, als der Tank abgeholt wurde, wartete sie bereits mit gepackten Koffern und riß die Tür auf, als sie die Schritte auf der Treppe hörte.

»Sie haben zehn Uhr gesagt. Jetzt ist es halb elf.«

Der ältere der beiden Männer murmelte etwas über den dichten Verkehr. Sie fragte: »Ist die Straße zum Flughafen frei?«, erhielt aber keine Antwort. Sprachlos betrachteten sie das riesige Ding, das sie mit schwarzem Isolierband wieder in der Originalverpackung untergebracht hatte und das in seinem Schatten die ganze Diele verschwinden ließ. Sie brauchten eine halbe Stunde, um es durch die Tür und die Treppe hinunterzubugsieren. Ungeduldig folgte sie ihnen. Als sie vor dem Haus standen, unterschrieb sie den Abholschein, rannte zur Lothian Road und winkte ein Taxi herbei. Als sie dem Fahrer sagte, der Flug gehe um eins, erwiderte er gelassen:

»Kein Problem, meine Schöne. Wo soll die Reise denn hingehen?«

Sie nickte dem Rückspiegel zu.

»Daressalam. Tansania.«

Er schüttelte den Kopf. »Wo man mit dem Club Med heutzutage überall hinkommt!«

»Ich fahre nicht in Urlaub.«

Er war so damit beschäftigt, dem Fahrer eines Doppelstockbusses, der ihn geschnitten hatte, hinterher zu fluchen, daß er sie nicht hörte. Dann sah sie ein, daß er nur einen Witz gemacht hatte, vielleicht hatte auch Sarkasmus mitgeschwungen, aber das war ihr gleichgültig. Ihr Herz schlug rasend schnell, ihre Gedanken bewegten sich in Lichtgeschwindigkeit: Geld, Tickets, Paß, nur vierzig Minuten zum Umsteigen und eine Stadt voller Fremder, die irgendwo in der Masai Mara auf sie wartete.

Sie wurde von Panik ergriffen. Doch sie genoß es, die Augen zu schließen, und dachte an die Dämmerung am Kilimandscharo, an Kate und Josie, das Baby, Josie und Kate.

DORIS DÖRRIE

Meine Freundin

Meine Freundin rief mich an, komm schnell, sagte sie. Ihr Freund Karl lag unter dem Weihnachtsbaum. Ich kann nicht anders, sagte er und grinste, die andere vögelt einfach besser, so ist es nun mal. O Gott, sagte meine Freundin zu mir, hörst du das? Hast du das gehört?

Ich war schwanger, meine Freundin verband mir die Augen und führte mich zu zwei Stühlen mit Kissen, setz dich, sagte sie, vorsichtig setzte ich mich. Sie klatschte in die Hände und rief, es wird ein Mädchen, hurra! Unter dem Kissen, auf das ich mich gesetzt habe, lag eine Schere. Unter dem anderen ein Messer.

Meine Freundin fuhr in seinem Auto an mir vorbei, sie hielt mitten auf der Straße an, sprang heraus, lief auf mich zu, ihre Augen weit aufgerissen, ihre Haare wehten hinter ihr her.

Wir heiraten! rief sie. Stell dir vor, wir heiraten!

Wir saßen zusammen auf einem Spielplatz, mein Kind grub im Sand. Ich mache jetzt eine Atemtherapie, sagte meine Freundin. Ich habe festgestellt, daß ich meine Mutter hasse.

Das weißt du doch schon lange, sagte ich und stand auf, um meinen Sohn auf die Wippe zu heben.

Ja, sagte sie, aber nicht mit dieser Heftigkeit. Wenn ich atme, fange ich ganz plötzlich an zu schluchzen, so wie in meiner Kindheit, genauso.

Was haßt du an deiner Mutter? fragte ich und zitterte

beim Gedanken, daß mein Kind mich einmal so hassen könnte.

Sie hat uns einfach nicht wahrgenommen, sagte meine Freundin, es gibt Fotos von ihr, wie sie mit einer Zigarette in der Hand auf der Terrasse sitzt und in die Ferne starrt, und hinter ihr kriechen drei Kinder im Gras herum. Mit zwei Jahren bin ich aus dem Haus gelaufen, die Straße hinunter, und sie hat es erst eine Stunde später bemerkt.

Vielleicht war sie überfordert, sagte ich und trug mein Kind zur Schaukel.

Vielleicht, sagte meine Freundin, aber dann hätte sie uns nicht haben sollen. Sie ist mein eigentliches Problem, ich schätze, deshalb wollte ich mit Karl keine Kinder. Nein, eigentlich war es Karl, der keine Kinder wollte ... er wollte nicht abhängig sein, du kennst ihn ja.

Was sie weiter sagte, verstand ich nicht, denn ich mußte mein Kind auf der Schaukel anschubsen, siebenundneunzigmal. Back noch einen Kuchen, sagte ich zu meinem Kind und setzte mich neben meine Freundin auf die Bank.

Jetzt erzähl noch mal genau, sagte ich.

Ach, sagte meine Freundin, es interessiert dich ja doch nicht.

Doch, sagte ich, doch, ganz bestimmt. Als ich mich umblickte, war mein Kind verschwunden. Wir fanden es wieder im Wohnzimmer fremder Leute, es war durch die Terrassentür hereingekommen, es saß auf einer Ledercouch neben einer Frau in einem Kleid mit Sonnenblumenmuster, es wirkte glücklich.

Meine Freundin ist Schauspielerin, aber keine besonders gute. Sie spielt in Fernsehserien meistens die beste Freundin der Hauptdarstellerin, und das bekümmert sie. Sie ruft mich an, wenn sie im Fernsehen zu sehen ist, und wenn es vorbei ist, ruft sie mich wieder an.

Na? sagt sie.

Du warst gut, wie immer, sage ich.

Na ja, sagt sie, es war eine beschissene Rolle.

Sie hat mir beigebracht, wie man einen Rostbraten macht und daß man schneller abnimmt, wenn man in der Früh Ananassaft trinkt.

Wir kennen uns seit fast zwanzig Jahren. Als ich sie kennenlernte, war sie immer gut gelaunt und lachte ein bißchen zu viel und zu laut. Sie trug bunte, ausgeflippte Kleider, gestreifte und gepunktete Muster zusammen, in rot und rosa, grün und blau, als es sonst noch niemand tat, sie hatte als einzige einen festen Freund. Sie wohnte allein mit Karl in einer eigenen Wohnung, als ich noch in Wohngemeinschaften hauste. Sie besaß eine Waschmaschine, einen Eßtisch und eine Salatschleuder. Sie war politisch aktiv und ich nicht. Sie demonstrierte immer noch, als es sonst niemand mehr tat.

Meine Freundin rief mich an, komm schnell, sagte sie, komm schnell.

Karl, früher ihr Freund, jetzt ihr Ehemann, saß auf der Couch, der Fernseher lief.

Es tut mir leid, sagte er, es hat halt nicht funktioniert.

Dieselbe Frau? fragte ich meine Freundin. Sie nickte.

Was wirst du tun? fragte ich ihn. Meine Freundin heulte.

Ich werde ausziehen, sagte er, gleich morgen.

Tagelang ging sie nicht ans Telefon. Ich hinterließ lange Nachrichten auf ihrem Anrufbeantworter. Er ist ein Schwein, sagte ich, er ist deiner nicht wert, er soll hingehen, wo der Pfeffer wächst, du hast das nicht nötig. Ich könnte ihn verprügeln, dieses Schwein, dieses Schwein. Was denkt er sich dabei? Das kann er mit dir nicht machen. Du wirst sehen, er kommt wieder angewinselt, wenn es ihm langweilig wird im Bett mit der andern.

Sie rief nicht mehr an. Ich ging zu dem Haus, in dem sie wohnte, die Scheiben waren schwarz zugemalt.

Nach langem Klingeln öffnete sie mir schließlich, sie trug Schwarz, die Wohnung sah aus wie ein Trümmerfeld. Mit schwarzem Autolack hatte sie alles besprüht, was ihm gehörte, seine Anzüge, seinen Fernseher, seine Bücher, selbst sein Lieblingsjoghurt im Kühlschrank, das sie noch für ihn gekauft hatte.

Er ist erst heute früh gegangen, sagte sie, er hat all deine Nachrichten auf dem Anrufbeantworter gehört.

Wir lachten hysterisch, wir fingen beide wieder an zu rauchen, obwohl wir vor Jahren aufgehört hatten.

Jetzt bin ich alt und allein, sagte sie, und er ist jung und nicht allein.

Blödsinn, sagte ich.

Dabei sind wir gleich alt, sagte sie, ist das nicht seltsam?

Als Studentin ging meine Freundin drei Monate als Au-pair-Mädchen nach England. Ich werde nie Kinder haben, schrieb sie mir, du glaubst nicht, wie *langweilig* sie sind. Sie erzählte mir von der Mutter, die ging vormittags Golfspielen, und nachmittags weinte sie hinter verschlossenen Türen.

Einmal war sie zu mir in mein winziges Zimmer gezogen, sie hatte sich mit Karl gestritten, das war ganz am Anfang. Sie schlief, ohne sich zu bewegen, und wenn sie morgens aufwachte, war sie hellwach. Darum beneidete ich sie. In einer Ecke des Zimmers breitete sie sorgfältig die wenigen Dinge aus, die sie mitgebracht hatte, sie feilte sich jeden Tag die Nägel und cremte sie sich ein.

Meine Freundin schleppte mich mit zu ihrer Yogalehrerin, diese Frau hat mich gerettet, sagte sie zu mir, ich wüßte nicht, wo ich ohne sie wäre.

Die Yogalehrerin lächelte milde, sie war mindestens fünfundsechzig Jahre alt und trug einen weißen Bodystocking, an den Füßen selbstgehäkelte Slipper und um die Schultern ein Dreiecktuch aus dem gleichen Material.

Ich bin eine alte Frau, sagte sie zu mir, aber ich werde physisch jedes Jahr ein Jahr jünger.

Das klingt gut, sagte ich.

Yoga, sagte sie. Sie bestand nur aus Sehnen, Knochen und Haut, ein kleines Bäuchlein saß auf ihrem Mittelteil wie eine im fünften Monat steckengebliebene Schwangerschaft.

Schließen Sie die Augen, atmen Sie tief ein, bis zur Schädeldecke, bis zum Kopf, sagte sie, atmen Sie aus, was Sie dem Wesen nach sind.

Ich wußte nicht, was ich bin.

Jedes Stück Fleisch, das Sie essen, ist ein Verbrechen, sagte sie, jede Krankheit ist ein Ernährungsfehler.

Meine Freundin nickte. Sie konnte bereits den Kopfstand.

Manchmal halte ich meine Freundin für nicht besonders intelligent.

Ich sah Karl auf der Straße mit einer dünnen kleinen Frau, er schob einen Buggy, darin saß ein dickes Kind mit buntem Schnuller.

Oh, hallo, sagte er, wie geht's?

Gut, sagte ich, ich glaube, gut.

Meiner Freundin erzählte ich nichts davon.

Nach Karl verliebte sie sich nacheinander in einen deutschen Konditor, einen fünfundzwanzigjährigen italienischen Rocksänger, einen türkischen Weltmeister im Kick-Boxen.

Der Kick-Boxer gefiel mir am besten, er hatte lange, immer frisch gewaschene Haare und konnte sehr komisch sein. Er liebte meine Freundin zärtlich, aus seinem schwarzen Mercedes rief er sie von überallher an.

Sie trennte sich von ihm, weil er nicht auf ihrem intellektuellen Niveau war, wie sie sagte.

Du bist blöd, sagte ich.

Einmal war sie mit Karl zu meinem Mann und mir zum Abendessen gekommen. Die Männer schwiegen sich an, meine Freundin und ich sprachen mit hoher Stimme über Dinge, über die wir sonst nie sprachen. Die Spargel waren bitter und der Schinken zu salzig. Das erwähnte niemand.

Als ich mich mit Anfang Zwanzig unglücklich verliebt hatte, trafen wir uns jeden Vormittag bei ihr in der Wohnung, und ich weinte. Sie gab mir Tee und nichts zu essen. Sie hörte mir zu und sagte nicht: Verlaß diesen Mann. Dafür liebte ich sie.

Wir saßen an einem See und sahen meinem Sohn zu, wie er planschte. Kinder mit bunten Schwimmflügelchen umschwirrten uns wie Insekten. Ein Radio neben uns plärrte laut *Je t'aime*. Wir sangen und keuchten beide mit: »Je vais et je viens entre tes reins – viens, maintenant viens!« Wir wälzten uns vor Lachen auf unseren Handtüchern. Die Mütter neben uns pusteten Schwimmflügel auf, cremten ihre Kinder ein und blätterten in der FREUNDIN.

Ich möchte auch ein Kind, sagte meine Freundin. Dann sagte sie: Karl hat mich angerufen und mir gesagt, wie sehr er mich vermißt, vor allem unsere Gespräche ... Er hat mit ihr ein Kind, stell dir vor.

Das darf doch nicht wahr sein, sagte ich.

Und mir hat er immer erzählt, er wolle kein Kind, niemals, auf keinen Fall. Sie fing an zu weinen, stand auf und lief ins Wasser. Ich sah ihr nach, sie hat noch eine viel bessere Figur als ich, sie ist keine Mutter, dachte ich.

Wir machten zusammen Diät, als wir noch jung und schön waren. Wir aßen vier Wochen lang Spirulina, kleine grüne Pillen, die nach Moos rochen und muffig schmeckten.

Einmal verbrachte ich eine Nacht mit einem wildfremden Mann, und als ich am Morgen sein Haus verließ, lief ich sofort zu meiner Freundin und erzählte ihr von seinen wundersamen, außerordentlichen Fähigkeiten. Mein Körper glühte noch nach wie eine heiße Herdplatte. Sie ging im Bademantel frischgeduscht und kühl in der Küche auf und ab, Karl war gerade zur Arbeit gegangen, sie hörte mir abwesend zu, dann zeigte sie mir ihre neue Espressomaschine.

Ich bin keine gute Schauspielerin, sagte meine Freundin, sag mir die Wahrheit!

So ein Quatsch, sagte ich, du bist phantastisch, wirklich wahr.

Sie sah mich mißtrauisch an.

Sagst du mir auch wirklich die Wahrheit? sagte sie.

Na, hör mal.

Ich wollte nicht wissen, wer ich in einem vergangenen Leben war, aber sie redete so lange auf mich ein, bis ich schließlich mitging.

Die Hellseherin sah aus wie die verarmte Zwillingsschwester von Liz Taylor, sie hatte ihre schwarz gefärbten Haare zu einem riesigen Nest aufgetürmt, das sich bei keiner Bewegung auch nur im geringsten bewegte. Sie trug goldene Ohrringe, ein getigertes glänzendes Hemd und eine getigerte Hose. Ihr Freund, ein ägyptischer Geschäftsmann im dreiteiligen Anzug, saß auf der ebenfalls getigerten Couch. Wenn Sie wollen, geht er, sagte Liz Taylor die Zweite.

O nein, sagten meine Freundin und ich wie aus einem Munde, er stört überhaupt nicht.

Er ist eine Reinkarnation von Alexander dem Großen, sagte Liz die Zweite, deshalb ist er oft so unruhig, dann muß er wieder verreisen. Ich weiß das, und lasse ihn ziehen, darin liegt das Geheimnis einer guten Beziehung. Haben Sie etwas verloren, ein Portemonnaie, Ihre Brieftasche? fragte sie mich.

Nein, antwortete ich, um mich geht es hier nicht, sondern um meine Freundin.

Als sie meiner Freundin über ihre Reinkarnation erzählte,

mußte ich das Zimmer verlassen. Alexander der Große durfte bleiben.

Ich habe Karl als meinen Freund betrachtet, sagte meine Freundin, das war ein Fehler. Vielleicht hat Sex doch nichts mit Liebe zu tun. Je fremder man sich ist, um so aufregender ist es, weil ein fremder Körper ein unschuldiger Körper ist. Wenn man den Körper des anderen ständig vor Augen hat, wird er einem peinlich in all seiner erbärmlichen Alltäglichkeit. Aber ich bin auch faul geworden. Dieser Umstand! Diese Anstrengung! Gibt es nicht statt dessen was Schönes im Fernsehen? Das habe ich oft gedacht, wirklich. Denkst du das nie?

Doch, sagte ich, doch.

Siehst du, sagte sie.

Meine Freundin ohrfeigte einen Kritiker auf offener Straße. Er hatte über sie geschrieben, sie habe keinerlei Ausstrahlung und den Sex-Appeal eines Dachgepäckträgers.

Diese Ohrfeige kostete sie über eintausend Mark Strafe und machte sie kurzfristig berühmter als all ihre Rollen.

Sie lieh mir großzügig ihre Kleider, ich ihr meine nie. Ihre Kleider rochen immer nach *Ma Griffe,* leicht und lustig.

Als Karl sie verließ, wechselte sie zu einem schweren, süßen Duft, der mich immer ein wenig an eine katholische Kirche erinnerte. Sie färbt sich die Haare nicht mehr. Ich wußte gar nicht, daß ich schon so viele graue Haare habe, sagte sie, aber oben auf dem Kopf stören sie mich nicht, wenn man erst unten grau wird, dann ist man alt. Da werde ich wieder anfangen, mir die Haare zu färben, das sage ich dir.

Einmal rief ich sie an, komm schnell, sagte ich, komm schnell, sonst verlasse ich meine Familie und komme nie mehr zurück.

Red keinen Blödsinn, sagte sie, das machst du ja doch nicht, ich komme nach meiner Atemtherapie.

Als sie dann vor der Tür stand, war scheinbar alles bereits vergessen, meine Tränen waren getrocknet, nur meine Haut im Gesicht spannte noch ein wenig. Siehst du, sagte sie.

Dafür haßte ich sie.

Meine Freundin und ich saßen an ihrem Tisch, sie hatte meinen Sohn auf dem Schoß, auf der geblümten Tischdecke Teller mit Käsekuchen, Schwarzwälder Kirsch und Mokkasahne, in der Mitte des Tisches der Schwangerschaftstest. Stumm sahen wir zu, wie der kleine Plastikstreifen sich rosa verfärbte.

Ich gratuliere dir, sagte sie und sprang auf, um mich zu umarmen.

O Gott, stöhnte ich, alles noch einmal von vorn.

Es ist nicht fair, sagte sie, du darfst zweimal und ich keinmal.

Sag das nicht, du wirst sehen …

Sie sah mich an und strich sich die grauen Haare mit zwei schnellen, harten Bewegungen aus dem Gesicht.

Nichts wird sein, sagte sie. Ich muß mich endlich daran gewöhnen. Nichts wird sein.

Ich nahm sie in den Arm. Sie fühlte sich weich an, weicher als früher. Glaub bloß nicht, daß ich heule, sagte sie, Liz die Zweite hat mir gesagt, ich sei die Reinkarnation eines Delphins.

Sie verliebte sich in einen Bankfilialleiter aus Bad Tölz, von da an trug sie Dirndl, ich erkannte sie kaum wieder.

Wie kannst du nur? fragte ich sie.

Die Liebe, grinste sie.

Ich weiß nicht mehr, wer du bist, beklagte ich mich.

Es ist doch bloß ein Kleid, sagte sie. Und wenn wir bei seinen Eltern sind, gehöre ich sofort dazu.

Als der Bankfilialleiter sie wegen einer Kassiererin aus der eigenen Bank sitzenließ, lud sie mich zu einem Picknick in eine Kiesgrube ein. Es gab Champagner, und wir verbrannten die Dirndl.

Auf Gomera, in den Ferien mit meinen beiden Kindern, sah ich eine Frau am Strand, sie war um die Vierzig, ihre tiefgebräunte Haut straff über ihre Knochen gespannt wie über eine Trommel, ihr Körper bereit zum Sprung. Sie trug ein zerknittertes Kleid, hatte einen zusammengerollten Schlafsack dabei und eine alte, zerfetzte Tasche. Aus kleinen Gläsern trank sie Carlos Primero, aus ihrer Tasche holte sie eine gelbe Schwimmweste mit dem Aufdruck: *Please don't remove from aircraft.* Sie streifte die Weste über ihr Kleid und saugte abwesend an dem Luftstutzen. Sie hob den Kopf und sah über das Meer. Laut, und zu niemand Bestimmtem, sagte sie: Ihr Arschlöcher! Sie erinnerte mich an meine Freundin. Dafür schämte ich mich.

SYBILLE SCHRÖDTER

Klar zur Wende

Seit Louise Thea kannte – und das war immerhin schon seit dem ersten Semester – gelang ihr alles, was sie anpackte. Ein patentes Mädchen, pflegte Louises Mutter stets über ihre älteste und einzige Freundin zu sagen. Sollte das übersetzt heißen: Deine Freundin Thea steuert im Gegensatz zu dir, mein Kind, auf Erfolgskurs durchs Leben? Überhaupt: Was ist das, patent, hatte Louise ihre Mutter neulich einmal gefragt. Diese hatte kurz überlegen müssen und dann zu einer umständlichen Erklärung ausgeholt: »Ja, weißt du, Louise, der Thea gelingt einfach alles.« An dieser Stelle hatte sie ihre Tochter forschend angesehen, bevor sie gnadenlos weitergesprochen hatte: »... obwohl sie im Gegensatz zu dir doch eher aus einfachen Verhältnissen stammt. Und trotzdem diese Karriere, ich meine, sie hat das Studium nicht hingeschmissen und dann diese wirklich gute Partie, du hast deinen Mann, Pardon Männer, ja leider nicht halten können, und dann diese reizenden Kinder ...« Louise war einfach aus dem Zimmer gegangen, um diese Laudatio ihrer Mutter zu unterbrechen.

Louise wußte nicht, warum ihr dieses Gespräch gerade jetzt durch den Kopf ging. Sie zog die Pinne kräftig an, weil sie gerade hinter sich im Wasser sah, daß sie Zickzack gefahren war.

Und nun klapperte auch noch das Segel. Mit einem kräftigen Ruck zurrte Louise das gereffte Großsegel fest. Jetzt nahm sie wieder Fahrt auf und flitzte über das Wasser. Die Gischt spritzte ihr ins Gesicht. Hier war sie in ihrem Element. Auf dem Wasser war sie die unangefochtene Königin.

Wenn sie mit ihrem Segelboot über die Wellen peitschte, dachte sie in der Regel nicht an ihre abgebrochenen Ausbildungen und die ebenso häufig wechselnden Beziehungen. Draußen auf dem Meer wurde sie nicht eingeholt von ihrer Unzufriedenheit und der gähnenden Langeweile, die sie, wenn sie ein Projekt mit Feuereifer angefangen hatte, plötzlich aus heiterem Himmel überfallen konnte und mit einem Mal alles öde und langweilig erscheinen ließ.

Wenigstens hatte sie keine Existenzsorgen. Sogar dieses alte Boot hatte sie sich vom Geld ihrer Mutter kaufen können. Eine Welle schwappte ihr direkt ins Gesicht. Sie schmeckte das salzige Seewasser auf der Zunge, was ihr sonst immer für den Bruchteil einer Sekunde eine Art Glücksgefühl verschaffte. Heute nicht! Komisch, sie konnte nicht aufhören, an Thea, ihren charmanten Ehemann und die beiden Bilderbuchkinder zu denken. Die gute Thea! Nicht einmal in diesem Punkt konnte man ihr etwas vorwerfen. Sie hatte im Gegensatz zu Louise keinen Arzt aus Berechnung und mit Vorsatz geheiratet, sondern einen Elektriker, der das Medizinstudium dank ihrer unermüdlichen Unterstützung auf dem zweiten Bildungsweg erfolgreich abgeschlossen hatte.

Vielleicht war Thea ja einfach nur einer jener »Gutmenschen«, die für ihre Integrität vom Himmel belohnt wurden. Louise hatte sich in erster Ehe ganz vorsätzlich für einen Oberarzt mit berechtigten Aufstiegschancen zum Chefarzt entschieden. Er war tatsächlich schnell aufgestiegen, aber oben angekommen, fand er, er müsse sich auch privat mit seiner Kollegin verbinden. Gut, zu dem Zeitpunkt war er ihr auch bereits zu öde und langweilig, aber deshalb hätte sie sich doch nicht von ihm getrennt. Ein Schwall von Selbstmitleid überschwappte Louise mit der nächsten Welle, aber sie machte eine harte, meisterhafte Wende, und die düsteren Gedanken wurden von der rauhen See einfach verschluckt …

Jetzt war es fast stürmisch geworden, und Louise mußte

hart kämpfen, um sicher in den Hafen zurückzukehren. Als sie das Boot festgemacht hatte und ihr ein paar hartgesottene Segler anerkennend zunickten, wußte sie, daß sie diesen Kampf immer gewinnen würde. Auf ihrem Segelboot, da war sie mit Sicherheit patent! Stolz stand sie in ihrem roten Overall an Bord und schüttelte sich wie eine Siegerin das nasse Haar aus der Stirn.

Sie wußte gar nicht genau, wann der teuflische Plan in ihr entstanden war, aber als sie die Segel zusammenlegte, nahm er schon konkrete Gestalt an. Endlich kam wieder Lebensfreude auf. Bei der Vorstellung, wie es im einzelnen ablaufen würde, grinste sie plötzlich. Immer weiter steigerte sie sich in groteske Szenen hinein. Das würde Louise endlich einmal wieder das Gefühl geben, daß sie wirklich lebendig war. Sie würde Thea ja nicht ernstlich weh tun, sondern sie nur ein bißchen erschrecken, sie ein wenig vorführen, sie einmal hilflos sehen ...

Es würde allerdings gar nicht einfach sein, denn Thea betonte immer wieder, auf ein Segelboot setze sie keinen Fuß. Mit einer einfachen Einladung würde sie also nicht zu überzeugen sein. Louise mußte auf Nummer Sicher gehen und griff zum sichersten aller Mittel. Sie mußte Thea vorgaukeln, daß sie ihre Hilfe brauchte.

Also rief sie ihre Freundin am nächsten Tag an und täuschte akuten Liebeskummer vor, denn diesbezüglich war auf Thea Verlaß. Um die Freundin zu unterstützen, würde sie sogar gegen alle ihre Vorsätze auf das Boot kommen. Also machte sie es so dringend wie nur möglich. Sie schluchzte sogar ins Telefon.

Ganz wohl war Thea nicht, als die Freundin sie bat, ihr bei einem kleinen Segeltörn das Herz ausschütten zu dürfen. Sie flehte sie mehrmals an, ihr die Sorgen und Nöte doch lieber mit festem Boden unter den Füßen zu erzählen, aber Louise – tränenerstickt – überzeugte sie davon, sie auf ihr Schiff zu begleiten. Dann gab sie Befehle, und Thea fügte sich wie immer. Sie solle sich für das kommende Wochenende bereithalten. Sobald optimales Segelwetter vorausgesagt sei, wolle man starten. Louise versäumte keinen Wetterbericht und hatte Glück. Das Segelwetter, von dem sie träumte, wurde tatsächlich für den nächsten Sonntag angekündigt. Am Samstag warm und trocken, leichte Winde, die dann gegen Abend auffrischen und sich in der Nacht zum leichten Sturm entwickeln würden.

Thea war sehr unglücklich bei dem Gedanken, ihre Familie ein ganzes Wochenende nicht zu sehen und es statt dessen auf einem Segelboot zu verbringen, aber ihr Mann ermutigte sie, so eine Einladung nicht auszuschlagen. Sonst werde er mitsegeln, drohte er ihr scherzhaft an. Sie lachte und prophezeite ihm, er würde bei einem Segeltörn mit Louise schon nach zehn Minuten freiwillig über Bord springen. Er konnte die dominante und immer verbissen dreinblickende Freundin seiner Frau überhaupt nicht leiden und schwor, das sei natürlich ein Scherz gewesen. Er verstehe ehrlich nicht, wie sie mit dieser Frau zurechtkommen könne. Das Studium habe sie zusammengeschweißt, versuchte Thea diese Gegensätzlichkeit zu erklären. Sie verschwieg ihm, daß es ihr manchmal schwergefallen war, die Launen der Freundin zu ertragen, aber andererseits war Louise bei aller Härte so bedürftig, und das hatte Thea von Anfang an gerührt.

Pünktlich um zehn fuhr Louise am Samstag mit ihrem Wagen vor. Das rotgeklinkerte Endreihenhaus lag friedlich am Waldrand in einer Sackgasse. Sie klingelte, und die ganze Familie öffnete ihr. Der Abschied war herzzerreißend. Die beiden blonden Michels aus Lönneberga, wie Louise Theas Söhne insgeheim nannte, wollten die Mutter gar nicht loslassen. Jeder von ihnen hing ihr an einem Arm. Der unverschämt gutaussehende Ehemann küßte sie indessen erst zart auf die Nasenspitze, dann, als sie schon im Gehen war, drückte er sie noch einmal fest an sich und gab ihr einen richtigen, einen leidenschaftlichen Kuß. Louise wußte nicht, warum sie dieser Anblick wie ein Hieb in die Magengrube traf. Sie wollte weder den naseküssenden Dr. Peter geschenkt, noch die zwei an der Mutter hängenden Mehlsäcke.

Sie hatte in ihrer zweiten Ehe eine Fehlgeburt erlitten. Warum? Und warum war auch diese Ehe nach sechs Monaten gescheitert? Ihrem Mann war sie zu cool gewesen! So hatte er ihr jedenfalls seinen Seitensprung mit einem blöden Blondchen erklärt. Natürlich konnte sie Thea nicht unmittelbar dafür verantwortlich machen. So dumm war sie auch nicht, ihr die Schuld dafür zu geben, aber solange es solche patenten Frauen gab, denen alles gelang, mußte es auch welche geben wie sie ... Louise. Und wenn ihr außer dem Segeln jemals etwas gelungen war, dann war es das Schmieden kleiner Intrigen gewesen.

Es sollte ja auch keine Strafe sein, sondern nur eine harmlose, ausgleichende Gerechtigkeit. Thea sollte doch nur ein einziges Mal das Gefühl haben, etwas nicht zu können, zu versagen, sich zu blamieren. So wie Louise sich im Pharmazie-Studium blamiert hatte, während Thea heute ihre kleine, aber gutgehende Apotheke besaß.

Damit Thea die Familie endlich loslassen konnte, zog Louise sie am Arm zum Auto. Doch Thea drehte sich noch einmal um. Und da standen sie alle drei und winkten. Sie warf ihnen eine Kußhand zu. Auch Louise winkte ihnen zu und versuchte dabei, freundlich zu wirken. Die Familie war zu sehr mit dem Abschied von der Mutter beschäftigt, als daß auch nur einem der triumphierende Zug um Louises Mund aufgefallen wäre.

Im Auto fragte Thea ihre Freundin sofort nach dem besagten Liebeskummer. Louise war noch gar nicht auf die Frage vorbereitet und dachte sich geistesgegenwärtig einen Max aus, der jetzt endlich der Richtige sei, sich aber leider mit einer Bindungsangst vor Frauenbeziehungen in der Therapie befände. Thea stutzte einen Moment und sah Louise prüfend von der Seite an. Sie hatte diesbezüglich etwas Schlimmeres erwartet.

Louise mußte sich jetzt wirklich konzentrieren. Nicht, daß Thea Verdacht schöpfte ... Sie holte tief Luft und konkretisierte die Geschichte von Max: Er wisse nicht, ob er Männer oder Frauen bevorzuge. Und dann machte sie Ausführungen über seine schreckliche Kindheit. Die Mutter, die ihn in Frauenkleider gesteckt hatte. Sie steigerte sich so in diese Geschichte hinein, daß die Autofahrt recht kurzweilig wurde.

Als sie im Hafen ankamen, sah es aus wie in einem Touristik-Prospekt: Weiße Boote schaukelten unter dem schönsten strahlendblauen Himmel. Ein friedliches und einladendes Bild.

Thea entspannte sich und freute sich jetzt fast auf diesen Ausflug. Überall saßen die Menschen auf ihren Schiffen, tranken Kaffee oder bereits das erste Bier. Die *Thea* dümpelte sanft vor sich her. Thea war jedesmal wieder gerührt, wenn sie daran dachte, daß Louise das Boot nach ihr benannt hatte. Sie war bei der Schiffstaufe der Achtmeteryacht dabeigewesen, hatte die Champagnerflasche werfen dürfen. Warum ich? hatte Thea sie gefragt. Weil du meine einzige Freundin bist, hatte Louise ihr unter Tränen zugeflüstert, und das war nicht gelogen!

Aber sie war noch nie mitgefahren, nachdem sie ein einziges Mal mit einem Freund gesegelt war. Sie hatte sich so unsicher gefühlt. Sie war eine bodenständige Frau, und die Planken waren ihr einfach zu wackelig. Nein, Segeln war nicht ihre Welt, obwohl sie sonst jede Sportart rasch lernte. Weder beim Skifahren noch beim Tennis kannte sie irgendwelche Grenzen ...

Doch als sie jetzt die *Thea* so einladend vor sich liegen sah, bekam sie plötzlich Lust, sich dem Schiff anzuvertrauen und sich mit ihm auf dem Wasser treiben zu lassen. Wie so oft machte Thea das Positivste aus einer Situation. Es wird schön! Ich kann Erholung gebrauchen. Mit diesen Gedanken wollte sie das Schiff betreten. Doch schon beim ersten Schritt setzte die Ernüchterung ein. Louise nämlich war sofort gazellengleich vom Steg über die Reling an Bord gesprungen und in der Kajüte verschwunden. Thea sah sich kritisch den Abstand zwischen Steg und Boot an und fand, daß der riesig war. Vorsichtig versuchte sie erst mit dem linken Fuß, das schwankende Schiff zu betreten. Das mißlang ihr, also versuchte sie es mit dem rechten, aber es war mehr als ein Meter Abstand, so daß sie abrutschte und beinahe zwischen Boot und Steg ins Wasser gefallen wäre, wenn ihr nicht ausgerechnet in dem Moment Louise helfend unter die Arme gegriffen hätte. Sanft faßte sie die Freundin an der Hand und stützte sie lächelnd. Der erste Schritt ihres Plans hatte funktioniert. Und dann noch mit so viel Publikum, denn von allen Schiffen schauten sie jetzt gebannt auf die *Thea*. Der Skipper vom Nachbarschiff lachte laut, und es war offensichtlich, daß er Theas Ausrutscher meinte. Louise lachte zurück, und der Mann, ermutigt durch Louises Schadenfreude, rief in breitem Norddeutsch: »Tja, mit den Schuhen wird das wohl nix, wa? Und damit verschrammen Sie das Deck, gnädige Frau ...«

Thea schaute beschämt an sich herunter. Es waren zwar keine Stöckelschuhe, aber feine Straßenpumps.

»Habe ich dir nicht gesagt, daß du Turnschuhe mitnehmen sollst?« fragte Louise Thea in vorwurfsvollem Ton. Die war offensichtlich verunsichert und ihr war so, als habe ihr Louise gar nicht gesagt, was sie mitnehmen solle ...

»Dann hast du wohl auch keinen Segelanzug mit?« fragte Louise scheinbar scherzend. Thea sah sie erschrocken an und entschuldigte sich, sie habe doch gedacht, Louise habe das alles an Bord ...

Der Skipper lächelte die Freundin an und grinste: »Ich habe alles nur für eine Person. Anzug, Schwimmweste, aber ...« Louise zeigte zum Himmel und zog sich den Pullover aus, »... das brauchen wir nur bei schwerem Wetter, und das da draußen ist eher was für den Bikini!«

»Ich muß mir also jetzt nicht noch was leihen oder kaufen?« fragte Thea besorgt. Louise schüttelte den Kopf, zog die Segel hoch und ergriff die Pinne. Thea fragte mehrfach, ob sie helfen könne, aber Louise erklärte ihr barsch, das müsse sie erst lernen. Sie solle sich lieber unauffällig auf die Seite stellen, so daß sie ihr nicht im Weg sei.

In solch scharfem Ton hatte sie Louise selten sprechen hören, und einen Augenblick lang überlegte sie, ob sie nicht einfach noch von Bord gehen sollte. Doch dann sah sie fasziniert zu, mit welcher Leichtigkeit die Freundin das Boot aus dem Hafen segelte.

Langsam wurden die dort liegenden Segelboote immer kleiner, dann verschwand alles, und vor ihnen lag das Meer. Es war nur für einen kleinen Augenblick, daß Thea dieses fast schmerzhafte Panikgefühl empfand. Es war so kurz, daß sie gar nicht wußte, was ihr diese Angst verursacht hatte. Um sich zu beruhigen, sah sie ganz konzentriert nach unten ins Wasser. Die Sonnenstrahlen glitzerten in den Wellen, und die leichte Brise brachte einen Geruch von Salz und Tang mit. Thea atmete tief durch und beschloß, doch Peters Drängen nachzugeben und noch einen Familienurlaub in diesem Jahr zu machen, denn sie war offensichtlich urlaubsreif.

»Kann ich dir helfen?« fragte sie die Freundin.

»Ich habe Hunger«, lautete die Antwort, »mach uns einen Kaffee und bring den Kuchen mit. Das ist alles in dem Schapp über der Kombüse!«

Dabei deutete sie in Richtung der kleinen Holztreppe, die nach unten in die Kajüte führte. Thea war zwar noch nie seekrank gewesen, aber die Vorstellung, dort hineinzugehen, war ihr unangenehm. Das Schiff schaukelte zwar nicht, aber es lag leicht auf der Seite und hatte Fahrt aufgenommen. Die Freundin, die sie nicht aus den Augen ließ und jede ihrer Gesten beobachtete, fragte scheinheilig, ob sie lieber den Kaffee machen solle, während Thea das Boot steuere. Erleichtert nahm Thea an. Schließlich hatte sie beschlossen, sich nun auf dieses Abenteuer einzulassen. Dann mußte sie eben lernen, ein Boot zu führen. Natürlich hatte sie erwartet, daß Louise ihr das erklären würde. Doch kaum hatte die ihr die längliche Holzpinne in die Hand gedrückt, war sie aufgesprungen und im Inneren des Schiffs verschwunden.

Thea wußte überhaupt nicht, was sie tun sollte. Sie schwenkte die Pinne wild hin und her wie jemand, der zum ersten Mal im Leben ein Autolenkrad in der Hand hält. Thea rief nach Louise. Doch die Freundin ließ sich Zeit. Drei Mal hatte Thea nun schon verzweifelt nach ihr gerufen: »Lou! Lou, komm schnell! Louise!!!«

Da erst erschien ihr dunkler Wuschelkopf im Aufgang. Thea hielt die Pinne krampfhaft fest und stammelte, das Schiff fahre ja nicht geradeaus. Louise beugte sich hinten aus dem Schiff heraus, deutete hinter das Boot ins Kielwasser und sagte feixend:

»Nein, es fährt im Kreis!« Mit diesen Worten nahm sie ihr das Ruder aus der Hand und bemerkte immer noch lachend: »Ja, dann reicht es wohl nur zum Smutje! Also doch Kaffeekochen!«

Alles war Thea jetzt lieber, als mit dem Boot hin- und herzueiern, und widerwillig stieg sie hinunter in den Gestank. Hier unten lag ein leichter Geruch von Dieselöl in der Luft. So stark, daß Thea zunächst die Luft anhielt. Sie kämpfte gegen eine starke Übelkeit an. Bis sie den Kaffee gefunden hatte, das Wasser gekocht und alles vorbereitet hatte, war mindestens eine halbe Stunde vergangen.

»Wie lange soll ich denn noch warten?« Louise stand oben auf der Treppe und sah sie hilflos in der Kombüse hantieren. Das Wasser kochte, und den Kaffeefilter hatte sie bereits gefüllt auf die Kanne gestellt. Der Geschirrschrank stand offen.

Thea war das äußerst peinlich. Zu Hause verwöhnte sie

häufig ganze Gesellschaften mit Fünf-Gänge-Menüs, und hier war sie zu dämlich, einen Kaffee zu kochen. Nun hatte sie auch gegen die leichte Schieflage anzukämpfen, aber wenigstens lag das Schiff so auf der Seite, daß alles in den Schrank hineingedrückt wurde.

Gerade als sie den Kessel mit dem kochenden Wasser in der Hand hielt, klapperte und schepperte es plötzlich. Das ganze Schiff bebte, und mit einem lauten Knall sauste das ganze Geschirr auf den Boden, weil das Boot gedreht hatte und nun auf der anderen Seite lag.

Die Kaffeekanne fiel ebenfalls auf den Schiffsboden. Thea konnte nichts tun, denn sie hielt den Kessel mit dem kochenden Wasser in der Hand und konnte ihn nicht loslassen. Dann war alles wieder so ruhig wie vorher. Thea war fassungslos und starrte auf das Chaos am Boden: Zerbrochenes Geschirr, überzogen mit einer Schicht von Kaffeepulver!

»Was ist denn das für eine Schweinerei?« Louises Stimme klang schrill. Sie stand jetzt neben ihr und fing an, die Scherben aufzusammeln.

»Wie hast du das denn geschafft?« fragte sie Thea. Die zuckte mit den Achseln und versuchte, es zu erklären. Louise schüttelte den Kopf und sagte nur: »Tja, auf einem Boot muß man halt immer alles festhalten!« Mit diesen Worten ging sie die Holztreppe nach oben und ließ Thea mit dem Dreck allein. Oben steckte sie sich erst einmal eine Zigarette an und beschloß, Thea nach diesem Schreck eine kleine Entspannungspause zu gönnen. Wobei es sie reizte, noch einmal eine kleine Wende zu machen, obwohl Thea dann vielleicht doch darauf kommen würde, daß es nicht nur der Wind gewesen war, der dieses Chaos verursacht hatte. Thea war blaß und ihr Gesicht leicht grünlich verfärbt, als sie endlich mit dem Kaffee nach oben kam. Wortlos drückte sie Louise die Tasse in die Hand, drehte sich zur Seite und lehnte sich weit über die Reling. Louise konnte förmlich hören, was für Qualen sie unter Deck gelitten hatte.

Jetzt mußte sie die arme Thea erst einmal schonen. Sonst würde sie womöglich zum großen Finale außer Gefecht gesetzt sein. So lenkte sie das Gespräch versöhnlich auf alte Zeiten, und als Thea wieder Farbe im Gesicht hatte, zauberte sie eine eisgekühlte Flasche Champagner unter ihrer Sitzbank hervor.

Jetzt führte sie sogar ein paar Seglertricks vor und demonstrierte Thea, wie man das Boot auch ohne Autopiloten von allein steuern konnte. Man mußte nur den Kurs einstellen und dann zwischen Pinne und Reling ein Gummiband befestigen. Louise konnte unglaublich unterhaltsam sein und grub längst vergessene Anekdoten aus dem gemeinsamen Studium aus. Nach der zweiten Flasche Champagner wurde aus dem Lachen ein Kichern, und Thea fand das Leben herrlich. Was gab es Schöneres, als von einem Segelboot aus zu sehen, wie die Sonne langsam im Meer versank? Wie ein glühender Ball, sagte sie.

Louise pflichtete ihr bei, und obwohl Thea einen gewissen Zweifel hegte, ob die Freundin sie wirklich wegen ihres Kummers an Bord gelockt hatte, war ihr das egal. Selbst wenn sie nur Gesellschaft benötigt haben sollte, es war so in Ordnung. Sie hatten einen ruhigen, geschützten Ankerplatz vor einer kleinen Insel gefunden, und das Schiff dümpelte leicht vor sich hin.

Nach dem Sonnenuntergang kochten sie gemeinsam ihre Lieblingspasta. Sie aßen genüßlich, tranken noch ein Glas Wein und schauten in den klaren Sternenhimmel.

»Da, der große Wagen!« rief Thea, doch in dem Moment trieb eine Wolke genau über die Stelle am Himmel.

Leicht beschwipst und gut gelaunt gingen sie ins Bett. Sie schliefen vorne in den Kojen, und kurz vor dem Einschlafen dachte Thea zärtlich an Peter und die Kinder. Ob sie alle schon schliefen? Mehr konnte sie nicht denken. Froh darüber, daß sich der Tag doch noch so schön entwickelt hatte, fiel sie in einen tiefen Schlaf. So tief, daß sie nicht hörte, wie

Louise noch einmal aufstand und lange in den Himmel schaute. Der Wetterbericht hatte nicht zu viel versprochen. Es waren kaum noch Sterne zu erkennen, weil schwere Wolken sie verdeckten. Auch der Wind hatte aufgefrischt, und sie war sicher, daß das erst der Anfang sein würde.

Am nächsten Morgen wachte Thea von einem Klappern auf, einem Geräusch, als würde etwas immer in demselben Rhythmus auf Metall schlagen. Immer wieder. Dann erst merkte sie, daß sie in der Koje stark geschaukelt wurde, wie ein Baby in der Wiege. Louise schlief fest. Vielleicht war doch alles in Ordnung, wollte sie sich trösten. Doch kaum hatte sie sich aus ihrer Koje erhoben und einen Schritt auf die Planken gesetzt, mußte sie feststellen, daß dem nicht so war. Abends jedenfalls hatte sie sich nicht bei jedem Schritt an den Wänden abstützen müssen.

Sie schaffte es, die Luke zu öffnen, sah nach draußen und erschrak. Nichts mehr war übrig von der sich lieblich kräuselnden Wasseroberfläche. Schaumkronen tanzten auf den Wellen, die das Schiff unsanft hin und her warfen. Kein Sonnenstrahl spiegelte sich auf dem Wasser, weil der Himmel düster und wolkenverhangen war. Jetzt mußte sie Louise wecken, denn eines war klar: Sie wollte im Hafen sein, bevor sich ein Unwetter zusammenbraute. Louise aber war nicht zum Aufstehen zu bewegen.

»Hm!« sagte sie. Immer nur »Hm!« Das Boot schaukelte jetzt so heftig, daß Louise fast aus ihrer Koje fiel. In dem Moment erst war sie bereit, einen Blick nach draußen zu werfen. Es dauerte eine Ewigkeit, bis sie sich endlich an Deck gequält hatte.

»Vielleicht, ich meine, ist da vorn auch ein Hafen?« fragte Thea ängstlich und zeigte hinüber zur kleinen Insel, die in Sichtweite lag.

»Quatsch!« Louise sah prüfend vom Himmel auf das Wasser. »Wir segeln zurück. Wir lichten den Anker, setzen die Segel, und dann los! Du mußt allerdings das Großsegel bedienen!« Thea sah sie verständnislos an. Louise zeigte zum Mast.

»An dem Band ziehst du, bis das Segel oben ist, kapiert?« Sie sprach wieder in diesem fremden Ton, aber darüber wollte Thea jetzt nicht nachdenken. Louise hatte sich ein altes Holzschiff gekauft ohne technischen Schnickschnack, wie sie immer sagte. Sie war stolz darauf, daß man bei ihr noch alles per Hand machen mußte.

»Aber ...«, Thea wollte noch etwas sagen, sich zumindest etwas Wärmeres anziehen. Louise hörte sie aber nicht mehr, denn sie war nach unten gegangen. Thea entschied, zumindest nicht im Schlafanzug loszusegeln, und folgte ihr. Dort unten stand Louise in ihrem schönen roten Anzug und wollte sich gerade die Gummistiefel anziehen.

Sie beachtete ihre Freundin gar nicht, bis diese vorsichtig fragte, was sie denn anziehen könne. Louise reichte ihr wortlos eine alte Öljacke und die Schwimmweste. »Falls du reinfällst, ist das schon besser. Die ist zwar kaputt, aber sie gibt zumindest das Gefühl, sicher zu sein!« sagte sie, während sie den Reißverschluß ihres Overalls zuzog. Natürlich sah sie aus den Augenwinkeln ganz genau, wie Thea darauf reagierte.

Thea hatte nichts mehr von diesem beseelten Familienblick von gestern, sondern in ihrem Blick lag eine Mischung aus Hilflosigkeit, Angst und Unsicherheit. Für den Bruchteil einer Sekunde spürte Louise den starken Impuls, den Plan aufzugeben, aber dann erklärte Thea mit klarer Stimme, sie werde alles tun, was in dieser Situation erforderlich sei. Scherzend fügte sie hinzu, sie werde es doch wohl schaffen, so ein Segel hochzuziehen. Sie sei in ihrem Leben mit ganz anderen Dingen fertig geworden. Das patente Mädchen hatte sich wieder einmal selbst übertroffen. Sie hat es so gewollt, dachte Louise. Unter diesen Umständen war sie nicht bereit, auf das große Finale so einfach zu verzichten.

Thea sah ihre Freundin plötzlich direkt an. »Was passiert eigentlich, wenn ich ins Wasser falle?«

»Dann rette ich dich mit einem gewagten Mann-über-Bord-Manöver, Baby!«

»Und wenn nicht?«

»Tja, dann habe ich eine ziemliche Scheiße an der Hacke. Ich muß die Nachricht dann nämlich deinem Mann überbringen!«

Mit diesen Worten ging sie an Deck, zog elegant das vordere Segel nach oben und schrie Thea an, sie solle auf ihren Posten gehen. Thea hangelte sich nach vorn und war froh, daß sie auf diesem schwankenden Schiff überhaupt bis zum Mast gekommen war. Louise setzte sich nun an die Pinne und brüllte: »Hoch mit dem Lappen!«

Thea zog mit aller Kraft, während sie sich mit der anderen Hand krampfhaft am Mast festhielt. Ihre Hand riß von dem Seil auf, aber das merkte sie kaum. Das Segel flatterte im Wind, und das Schiff nahm volle Fahrt auf. Sie umklammerte die Wanten und die Reling und tastete sich mit einer Hand zurück. Erschöpft ließ sie sich neben Louise fallen. Das Boot befand sich jetzt in einer solchen Seitenlage, daß sie sich auch beim Sitzen an der Reling festhalten und die Füße an die gegenüberliegende Bank pressen mußte, um nicht einfach über Bord zu rutschen. Da war sie wieder, die Angst, aber Thea versuchte, ganz ruhig zu bleiben. Langsam entspannte sie sich und gab sich dem rasanten Tempo hin. So entspannt machte es fast Spaß zu erleben, wie das Boot jetzt über die Wellen glitt. Ab und zu spritzte ihr die Gischt ins Gesicht, und bald war sie durchnäßt, weil die Öljacke ein Loch hatte.

Trotzdem war ihr dieser Kampf mit der Natur jetzt nicht mehr so unheimlich. Es war ein bißchen wie beim Fliegen gewesen. Beim ersten Mal hatte sie fürchterliche Angst gehabt, und jetzt liebte sie es.

Lachend dankte sie Louise, daß sie ihr ein solches Erlebnis ermöglichte. Je mehr sie ihrer Freude mit lauter Stimme gegen den Wind Ausdruck verlieh, um so ruhiger wurde ihre

Freundin Louise. Die konnte ihre Wut und die Enttäuschung darüber, daß Thea auch noch Spaß an dieser Situation entwickelte, kaum noch verbergen. Nicht am Segeln! Aber sie wußte ja, daß sie ihr das nehmen konnte. Jetzt oder nie! Sie mußte handeln. Und zwar sofort!

»Geh bitte noch einmal ans Segel!« bat Louise die völlig durchnäßte Thea. Sie sprach jetzt einschmeichelnd mit sanfter Stimme: »Das muß noch einmal richtig festgezogen werden!«

Thea scherzte: »Jawohl, Kapitän!« und begab sich auf den schrägen Weg zum Mast.

»Ich sage, wann!« rief ihr Louise hinterher.

»Ich brauche mich gar nicht mehr so festzuhalten!« schrie Thea übermütig zurück. Doch als sie oben an Deck war, verlor sie fast das Gleichgewicht. Louise fluchte. Wenn sie jetzt hineinfiele, würde sie die im Wasser strampelnde Thea nicht fotografieren können, doch die hatte sich wieder gefangen, war am Mast angekommen und umklammerte ihn.

Jetzt war ein präzises Timing gefordert. Vorsichtig öffnete Louise die Brusttasche ihres Overalls, um den Fotoapparat im entscheidenden Moment herausziehen zu können. Dann drehte sie das Boot ein bißchen aus dem Wind, stellte sich breitbeinig auf die Bank und nahm die Pinne zwischen ihre Beine. Von hier oben würde sie bessere Bilder schießen können. Thea würde sanft und unaufhaltsam ins Wasser rutschen. Vielleicht würde sie sich ein kleines bißchen am Rükken weh tun, aber auf keinen Fall würde sie sich ernsthaft verletzen können.

Louise malte sich jetzt genüßlich alle Einzelheiten aus: Thea würde schreien, wie ein Hund im Wasser paddeln, und sie würde ihr erst einmal das Gefühl geben, weiterzusegeln, dann würde sie wenden und Thea mehrfach umrunden. Wie oft hatte sie das bei Mann-über-Bord-Manövern mit Attrappen geübt. Noch nie hatte sie etwas nicht aus dem Wasser gefischt! Sie schaute zu Thea, die nur noch auf ihr Kommando wartete, schrie dann: »Jetzt«, stieß das Ruder in dem Moment mit dem Fuß, so kräftig wie sie konnte, zur Seite und ließ es wieder los. Das Boot drehte sich mit einem Ruck, wobei der Mastbaum mit einem unglaublichen Tempo auf die andere Seite knallte. Louise spürte nur noch den dumpfen Schlag am Kopf. Dann wurde sie ohnmächtig. Den Fall und das Eintauchen ins kalte Wasser merkte sie schon gar nicht mehr.

Thea wachte langsam auf, aber sie konnte die Augen noch nicht öffnen. Die Lider waren so schwer. Leise Stimmen hatten sie geweckt. Eine war mit Sicherheit die Stimme von Peter, den sie jetzt sagen hörte: »Und das, obwohl sie so eine ausgezeichnete Seglerin war!«

»Tja«, antwortete der andere, »ich weiß es auch nicht. Ich weiß nur eins. Lou war kein glücklicher Mensch …« Er stockte und fuhr dann zögernd fort: »Sie wissen vielleicht, daß ich sie gut gekannt habe … Sie war meine erste Frau. Sie stand sich immer selbst im Weg. Na ja, egal, lassen Sie uns jetzt nicht spekulieren über dieses Unglück. Seien Sie froh, daß Ihrer Frau nichts passiert ist. Wenn die statt ins Cockpit auch ins Wasser gefallen wäre, dann na ja. Vielleicht geben Sie dem Fischer eine Kleinigkeit. Ohne ihn … Er wartet draußen!« Thea hielt ihre Augen auch noch geschlossen, als sie einen kurzen, schmerzhaften Stich im Arm spürte. Die Beruhigungsspritze wirkte sofort, und heftige Alpträume quälten sie. Sie sah Neptun, wie er sie greifen und auf den Meeresgrund ziehen wollte, doch dann verwandelten sich seine Gesichtszüge in die von Louise. Als sie aufwachte und in das besorgte Gesicht ihres Mannes blickte, wollte sie ihn trösten und ihm sagen, daß sie mit ihm und den Kindern doch in den Urlaub fahren werde, doch ihre Stimme versagte. Er aber glaubte, ein einziges Wort verstanden zu haben. Es hatte sich angehört wie »Berge«!

SIGRID UNDSET

Mädchen

Sif Selmer und Elna Jacobsen haben in derselben Straße gewohnt, Elna ist jedoch im Herbst in einen anderen Stadtteil gezogen.

Die Straße, von der ich erzähle, ist eine ziemlich stille Seitenstraße, verbindet aber zwei größere Verkehrsadern, die vom Zentrum zum Stadtrand führen. Es ist eine düstere, unfreundliche Straße; man sieht dort nichts Grünes, keinen Halm und kein Blatt; die großen grauen Mietskasernen öffnen klaffend ihre schwarzen Toreinfahrten zu noch graueren Hinterhöfen. Am Ende der Straße aber steht vor einem Eckhaus, einem alten Fachwerkbau, niedrig und gemütlich und schön, der zwischen den neuen häßlichen Geschäftshäusern aus Stein und Spiegelglasscheiben erhalten geblieben ist, eine große Linde. Und am entgegengesetzten Ende, wo die Straße anfängt, bei dem freien Platz rund um die Kirche, zeichnet ein alter Friedhof seine Baumkronen an den Himmel.

In den Augen der Erwachsenen ist es eine triste Straße, für Kinder aber ist sie ein ebensoguter Spielplatz wie jeder andere. Jede dunkle Toreinfahrt hat für die Kinder ihre eigene Physiognomie. Toras Tor eignet sich am besten zum Seilspringen, in Sifs Tor gibt es da, wo die Treppe anfängt, einen breiten Absatz, der wie geschaffen für Hüpfspiele ist. Wo Ingeborg wohnt, ist die Frau im obersten Stock eine furchtbare Schreckschraube; wenn die Kinder in der Toreinfahrt Krach machen, kommt sie schimpfend angestürzt, und es ist wahnsinnig spannend und spaßig, sie zu ärgern. In Mosses Hof aber duftet es aus der Bäckerei im Keller immer nach frischem Plundergebäck, so lecker, daß einem förmlich das

Herz in der Brust weh tut. Und in Lillis Hof wohnt ein bezaubernd süßes Schoßhündchen, und manchmal kommt es heraus.

Unter den Häusern gibt es finstere Keller. Es sind ganz prosaische Waschkeller, Haushaltskeller, Kohlen- und Holzkeller. Für die Kinder aber ist es ein geheimnisvolles unterirdisches Labyrinth mit Räumen, die stets mit Hängeschlössern verschlossen sind, und Räumen, leer und schwarz, die stets weit offenstehen. Dort gibt es überraschende Vertiefungen in der Mauer; wo ein Kind stehen und nicht entdeckt werden kann, wenn Versteck mit Anschlagen gespielt wird. Es geht die Sage von einer Frau, die versucht haben soll, in diesen Kellern Hühner zu halten, und ein paar gefundene Federn – von einem ausgedienten Deckbett – fördern die Mythenbildung. Die Hausfrauen klagen, weil die Keller feucht sind. Für die Kinder aber hat der undefinierbare muffige und modrige Geruch dort unten etwas Geheimnisvolles und Grauenerregendes, das sie genießen. Denn er soll vom Grundwasser des Friedhofs stammen.

Den Erwachsenen erzählt die Gegend von der gebildeten, armen Mittelklasse, die einen traurigen Kampf führt, um den feinen Schein zu wahren. Die am wenigsten dunklen Räume zur Straße hin sind die ungenutzten guten Stuben, dort bittet das Dienstmädchen die Fremden hinein. In düsteren Zimmern zum Hof hin ißt und schläft die Familie; dort rattern die Nähmaschinen der Mütter, und dort rattern die Kinder herunter, was sie auswendig zu lernen haben. Die Tante-Emma-Läden leben kümmerlich von Kunden, die jeden Öre umdrehen müssen. Für die Kinder aber sind sie voll begehrenswerter Dinge, die sie sich – Monat um Monat träumen sie davon – das nächste Mal von ihrem Zensurengeld kaufen werden: die Schokoladenstangen im Milchladen, die Hefte in grellbunten Umschlägen im Laden, wo sie Schulhefte und Schreibfedern kaufen. Wenn wir tausend Bände von Literatur gelesen und wieder vergessen haben, erinnern wir uns noch immer der schillernden Umschlagbilder von ›Chingaruru, der Schatten des Urwalds‹ und ›Der Gentlemandieb Lord Stanford‹, die wir uns im nächsten Monat nie kaufen konnten, in die wir aber eine wunderbare Geschichte hineingedichtet haben.

Es stimmt nicht, daß das Kindergemüt zwischen Großstadtsteinen keine Wurzeln schlagen kann. Kinder schlagen überall Wurzeln, wenn sie nur wissen, daß sie irgendwo bleiben werden – daß hier ihre Zukunft liegt. Und mag es auch ein noch so kurzes Stück Zukunft sein – ein Sommerferienaufenthalt –, eine Woche ist für Kinder im voraus gesehen ein langes Stück Leben. Wenn Kinder einen Schulweg ein paar Tage lang gegangen sind oder für Mutter ein paarmal in ein und demselben Laden eingekauft haben, fühlen sie sich meistens schon heimisch und haben ihre Landmarken – jemand, der sich in einem Fenster hinter einem Blumentopf versteckt, ein Busch in einem Vorgarten, ein Margarineplakat vor einem Laden werden zu einem Teil ihres Lebens; sie träumen davon, lieben und begehren es und lesen Märchen hinein. Das Unglück ist, daß Kinder in der Stadt so oft herausgerissen werden, in eine andere Gegend ziehen und dort Wurzeln schlagen. Das Kind empfindet dabei selten Schmerz, im Gegenteil, es genießt es, sich die Stimmung eines neuen Ortes anzueignen. Die meisten Kinder haben eine raffinierte, künstlerische Freude daran, sich an Stimmungen zu sättigen – einige unbewußt, doch viel mehr Kinder, als erwachsene Menschen glauben, genießen es bewußt. Stadtkinder bekommen nur so oft viel zuviel von diesem Genuß – lange bevor sie erwachsen sind, haben sie gelernt, ihr Leben als eine Reihe von stimmungsgefärbten Episoden zu leben.

Doch wir wollten von Sif und Elna hören.

Die Jungen in der Straße spielten, wie Jungen stets spielen, in Horden. Auf ewig maskuline Weise scharten sie sich um einen Anführer – der Anführer geworden war, weil er vom

Gesichtspunkt der Jungen aus irgendwie hervorragend war – den verwegensten oder frechsten, in dieser oder jener Hinsicht besser oder schlechter als die anderen Jungen der Straße. Die Jungen spielten also in Scharen mit Anführern, prügelten sich mit den Jungenbanden anderer Straßen, begaben sich auf Expeditionen zu fernen, unbebauten Grundstücken, unternahmen geheimnisvolle Razzien oder wahnsinnig lustige Ausflüge aufs Land.

Die Mädchen halten paarweise zusammen. Sie können zwar in größeren Gruppen auftreten – wenn sie mit den Jungen spielen, wenn in den Kellern Versteck mit oder ohne Anschlagen oder wenn an den ersten sonnenwarmen Frühlingstagen auf dem Bürgersteig Himmel und Hölle gespielt wird oder wenn sie sich vor der Kirchentür herumdrücken und sich Hochzeitsgesellschaften ansehen, die in seidenen Kleidern aus den Wagen steigen. Ein einzelnes Mädchen kann in der Straße eine herausragende Stellung einnehmen – entweder weil es den schicksten Frühlingsmantel oder den vornehmsten Vater hat oder weil es bald seinen Geburtstag feiert. Ein Anführer wie der der Jungen aber wird es nie werden. Seine Untertanen bestehen aus paarweise zusammengekitteten besten Freundinnen, und paarweise kritisieren sie es und haben Geheimnisse, von denen es nichts wissen darf, und bei der erstbesten Gelegenheit sinnen sie auf Aufruhr und Ausbruch aus der Gruppe. Mädchen haben keine Veranlagung für Parteiwesen – sie besitzen selten die schöne Fähigkeit der Jungen, ihre eigenen Interessen um der Kameradschaft willen aufzugeben, aber sie haben viel öfter als Jungen den moralischen Mut, auf ihr Gewissen zu hören, auch wenn die Spielkameraden sie deshalb foppen.

Ein Mädchen mit einem sehr schicken Mantel oder einer unmittelbar bevorstehenden Kindergesellschaft und einer gut ausgewählten besten Freundin, auf die es sich stützt, kann mitunter schon ein wahres Schreckensregiment in der Straße ausüben. Doch es weiß selbst, daß seine Herrschaft auf schwachen Füßen steht – sie kann jederzeit von einem Mädchen, das neidisch auf sie ist oder das Vater und Mutter nicht anlügen will, gestürzt werden.

Und ein Mädchen, das keine beste Freundin hat, ist das einsamste kleine Wesen auf Gottes schöner Welt, weil es nicht einmal mit den anderen zusammensein und spielen darf.

Solch eine kleine Einsame war Sif Selmer gewesen, obgleich sie Vater und Mutter und drei Brüder hatte. Aber sie hatte, bevor Frau Jacobsen in Nummer acht einzog und Elna kam, keine beste Freundin. Elna kam aus dem Osten der Stadt, und da, wo sie herkam, hatte sie genug Freundinnen gehabt –, sie war ein niedliches zwölfjähriges Mädchen mit zwei dicken schwarzen Zöpfen, die ihr über den Rücken herabfielen, und einem feinen blassen Gesicht mit stahlgrauen Augen, die einen merkwürdig erwachsenen und wissenden Blick hatten. Aber Elnas Mutter hatte eine Schneiderstube und vermietete drei ihrer fünf Zimmer, und die meisten Eltern der anderen Kinder hier in der Straße gehörten zu höheren Kasten der unbemittelten Mittelklasse, in der die Kastengrenzen abgrundtief sind. Deshalb nahm Elna froh Ministerialrat Selmers Tochter als beste Freundin an – obgleich Sif ein Jahr jünger und für ihr Alter erstaunlich kindisch war; sie war ein kleines pummliges Kind mit roten Wangen, winzigen blauen Augen und einer üppigen, ausgeblichenen Haarpracht.

Die Mädchen hatten sich meistens bei Jacobsens aufgehalten. Bei Ministerialrats durften die Kinder nur im Eßzimmer und in der Schlafstube spielen, und dort hielten sich auch alle Jungen auf. Ministerialrats sind vielleicht etwas besser bemittelt als die Schneiderin, – sie müssen aber mehr sparen, weil sie so viele Ausgaben haben, für die die Kinder nicht das nötige Verständnis aufbringen. Im Hinterzimmer der Schneiderin gibt es für die Mädchen jedenfalls viel mehr Naschereien und Freiheiten. Deshalb halten sie sich dort auf.

Während der letzten Woche vor Elnas Umzug wurde die Freundschaft rotglühend. Die Mädchen gingen eng umschlungen und versprachen einander, *immer* die beste Freundin der anderen zu bleiben, sich jeden Sonntag zu besuchen und so weiter.

Seit dem Umzugstag haben sie sich natürlich nicht mehr als das eine Mal in den Weihnachtsferien gesehen, als Sif ein paar Mädchen einladen durfte und Elna eine schriftliche Einladung erhielt.

Doch nun ist es Frühling. Die jungen Kastanienbäume in der Anlage oben bei der Kirche stehen mit zum Platzen prallen, hellen Knospen da und schwitzen Harz aus, und die Birken haben Mäuseohren. Gegen die Sonne gesehen, sind die klitzekleinen Blätter fast unsichtbar, blaß und klar wie Kerzenflammen bei Tageslicht; ist man aber an dem Baum vorbeigegangen und blickt zurück, liegt gleichsam ein feiner, gelbgrüner Schleier darüber – solche Dinge sieht Sif, wenn sie zur Schule geht, und wundert sich. In den Schulstunden steckt ihr Kopf voller Frühling, und sie ist auf die Idee gekommen, Elna zu schreiben – ob sie beide am Sonnabendnachmittag nicht nach Bygdø hinausfahren und Leberblümchen pflücken wollen. Und Elna schreibt zurück, o ja, das wolle sie gern.

Sif wandert durch die Stuben und wartet in äußerster Spannung und Freude. Zwar ist Margit Holm seit Weihnachten sozusagen ersatzweise ihre beste Freundin, aber noch ist in ihrem Herzen kein Zweifel erwacht, daß Elna ihre einzige richtige Freundin ist. Und dann hat Sif vor vierzehn Tagen von Onkel Lars aus Trondheim, als er hier auf der Durchreise war, eine ganze Krone erhalten. Sif ist nicht gewohnt, ein solches Kapital zu besitzen. Und sie hat es genutzt, um damit den Tag festlich zu gestalten. Sie und Elna sind oft bei dem Obstjuden in Pilestredet gewesen und haben für fünf Öre Schokolade oder Johannisbrot gekauft. Und da auf dem Ladentisch haben sie in einer Schachtel eine seltsame Delikatesse gesehen, die sie so rasend gern einmal probiert hätten – dicke viereckige Stangen, die weiß und zuckerartig glitzerten und mit braunen, roten und grünen Flocken durchsetzt waren, aus Schokolade und Fruchtgelee, wie die Kinder annehmen. Unzählige Male haben sie sich ausgemalt, sich einmal, wenn sie Geld bekommen, eine solche Stange zu kaufen; daraus ist aber nie etwas geworden, denn die Stangen kosten fünfunddreißig Öre. Nun hat Sif *zwei* gekauft – eingerollt in Silberpapier liegen sie mit einem Päckchen belegter Brote in dem kleinen Spankorb, den sie mitnehmen will, um darin Blumen zu pflücken.

Dreimal hat es schon an der Flurtür geläutet, und dreimal ist Sif hinausgestürzt und hat geöffnet: dem Postboten und einem Mann mit einer Rechnung sowie Tante Herborg. Doch dann läutet es wieder, und es ist Elna! Elna mit einem neuen, karierten Frühjahrsmantel und einem neuen Hut – viel größer und hübscher, als Sif sie in Erinnerung hatte.

»Komm doch herein! O nein, wie spät du kommst – o nein, was für ein schöner Mantel!«

Eigentlich haben sie keinen Grund zu warten, sie brauchen aber eine ganze Weile, bevor sie aufbrechen. Jede fühlt sich der anderen gegenüber ein wenig fremd, und während sie gleichsam darauf warten, daß das Eis zwischen ihnen von selbst schmilzt, probieren sie vor dem Flurspiegel gegenseitig ihre Frühlingshüte.

Frau Selmer kommt heraus und treibt sie zur Eile.

»Nein, nun müßt ihr wirklich los, Mädchen, sonst wird es für euch zu spät. Wie geht es deiner Mutter, Elna?«

Während sie im warmen, gelben Nachmittagssonnenschein die Straße hinabwandern, sind die beiden Mädchen noch still und haben sich wenig zu sagen. Seit sie sich zuletzt gesehen haben, ist ja so viel Zeit vergangen. Aber sie verspüren das gleiche Glücksgefühl, als sie die Pflastersteine nackt und sonnengewärmt daliegen sehen und das erste Mal den Staubgeruch in der Luft wahrnehmen. Sie kommen zum

Schloßpark und entdecken, daß dort winzige rötliche Pompons an den Ulmen hängen und daß die Spierlingsbüsche ganz glänzend grün sind; sie gehen Drammensveien hinunter, und im schwarzen Humus der Vorgärten stehen gelbe und blaue Krokusse, und der Kies auf den Gartenwegen ist frisch geharkt. Und dort begegnen sie einer Dame, die vertraulich »Guten Tag!« zu Sif sagt.

Elna mustert die Dame, die auffällig schick gekleidet ist und einen Schwaden von Parfümduft hinter sich herzieht, mit einem merkwürdig prüfenden Kennerblick.

»Du liebe Güte, was ist denn das für eine, Sif?«

Sif erklärt, daß das die Tochter des neuen Tabakhändlers an der Ecke ist, wo früher Larsens Bügelanstalt war. Elna berichtet, daß unten in dem Mietshaus, in dem sie nun wohnen, ein Obstladen ist und daß die Tochter dort ... Die Mädchen rücken dichter zusammen und reden miteinander, leise und eifrig.

Als sie an Bord der Fähre sind, ist es zwischen ihnen fast wie in alten Tagen. Sie kichern und lachen und stoßen sich an und machen gedämpfte Bemerkungen über die anderen Passagiere. Und das Wasser ist blau, mit hüpfenden kleinen weißen Lichtblitzen darauf, und der Fichtenwald drüben auf Bygdø ist mit luftigen, knospengoldenen Laubkronen gesprenkelt, die roten Dächer der Villen leuchten und die blauschwarzen glänzen, und Oscarshall liegt frischgekalkt und kreideweiß oberhalb des Strandes und sieht aus wie das niedlichste Zukkerschlößchen im Schaufenster des Konditors.

Arm in Arm gehen die Mädchen die Villenwege in Richtung Kongeskogen hinauf. Das Eis zwischen ihnen ist nun völlig geschmolzen. Sif erzählt von Margit Holms diversen Eigenheiten; sie hat zwar das schwache Gefühl, eine Art von Verrat zu begehen, denn Margit ist in vieler Hinsicht sehr nett – aber sie erzählt es ja nur Elna, und in diesem Augenblick ist Sif wieder überzeugt, daß Elna ihre einzige wirkliche und wahrhafte Freundin für ewige Zeiten ist.

Doch hier gibt es Goldsterne – im Gebüsch stehen kleine schlanke gelbgrüne Lilien und schweben auf feinen Stengeln, die sich quer durch das aschbleiche, welke Laub des Vorjahres gebohrt haben. Die Mädchen lassen einander los und stürzen zwischen die Büsche; sie knien sich hin und pflücken gierig. Und da am äußeren Rand des Unterholzes findet Sif die ersten Buschwindröschen. Nein, sieh da, ein Büschel Veilchen, drei – vier – sechs – sieben! Und in dem Gebüsch gegenüber, wo der Fichtenwald anfängt, am Hang, leuchten Leberblümchen himmlisch schön und blau.

Sie kriechen und pflücken. Es ist ein Genuß, die Finger in den weichen lockeren Humus zu bohren. Der Frühlingsduft berauscht die Mädchen, ihre Herzen öffnen sich für die sonnenwarmen, flaumigen Stengel. Sie haben kein Gefühl mehr für die Zeit, die vergeht – sie nehmen wahr, daß auf dem Feld am Waldrand ein Mann pflügt, daß dort Dunghaufen liegen und auf dem grauen Acker samtbraun glänzen, daß Lerchen über ihnen trillern, sie aber pflücken und pflücken und denken an nichts weiter; sie wollen eine Masse, Masse, Masse Leberblümchen mit nach Hause nehmen.

Erst als sie vor einer kleinen rotgestrichenen Hütte an einem Holztischchen unter Fichten sitzen, entdecken die Mädchen, daß es sich bewölkt hat. Der Himmel ist perlgrau, die Sonne ist hinter den Wolken verschwunden, und das Licht ist nicht mehr golden, sondern silbrig verschleiert.

Sie spüren die Veränderung, denken aber nicht darüber nach. Sie sind in übermütiger Laune; es geht ihnen so wunderbar – sie trinken Brause und essen Butterbrote, und sie bekleckern den Tisch, und sie lachen über nichts und ordnen ihre Blumen zu Sträußchen und lassen die Sträußchen wieder auseinander- und in die Körbe fallen.

Und nun ist Sifs großer Augenblick gekommen. Sie wikkelt das Stanniolpapier auf. Da liegen die beiden Stangen mit den bunten Pünktchen und glitzern zuckerweiß – die sehnsüchtig begehrten, geheimnisvollen Leckerbissen. Sif sagt kein Wort, schiebt nur eine zu Elna hinüber.

»O nein!« sagt Elna. »Nein, wie spendabel du bist!«

Sif beißt ein großes Stück ab. Während sie knabbert und genießt, erzählt sie von Onkel Lars aus Trondheim. Sie bemerkt nicht, daß Elna einmal abgebissen hat und seitdem die Hand mit der Zuckerstange im Schoß ruhen läßt. Erst als sie ihre ganze Stange aufgegessen hat, entdeckt sie, daß Elna von ihrer kaum gekostet hat.

»Na so etwas! Schmeckt dir das nicht?«

»O doch«, sagt Elna hastig. »Ich bin nur so satt, deshalb –«

Etwas so Abscheuliches hat Elna noch nie geschmeckt. Nun weiß sie, wie das aussieht – es erinnert an gesprenkelte Wollwaschseife. Und so schmeckt es auch.

Sif ist mit Näschereien viel weniger verwöhnt als Elna und hat deshalb ihre Zuckerstange genossen. Obgleich sie ebenfalls fand, daß sie nicht *so* gut schmeckte, wie sie angenommen hatte. Sie ahnt aber, daß Elna ... Sie fühlt sich sehr klein und armselig.

Elna weiß das, und sie ist so verlegen und unglücklich, daß sie rot wird. Sie sitzt mit ihrer Zuckerstange da und wünscht sich, sie könnte Sif auch ihr Stück anbieten – sie weiß jedoch, daß das unmöglich ist. Und es aufzuessen, *bringt sie nicht über sich,* so widerlich, wie das schmeckt.

Tödlich verlegen sitzen die beiden da – fangen in ihrer Not wieder an, ihre Blumen zu ordnen.

Da taucht plötzlich ein paar Schritte von ihrem Tisch entfernt ein kleiner Junge mit blonden Locken und Rotznase auf. Er mag vielleicht zwei Jahre alt sein, hat einen blauen Kittel an und schmutzige Unterhosen, die ihm über die O-Beine herabhängen. Gedankenvoll steckt er den Finger in das eine Nasenloch und kommt ein paar Schritte näher gewackelt.

Die beiden Mädchen stürzen sich auf ihn. Sie hocken sich

vor ihn hin und fragen und reden in Kleinkinderkauderwelsch auf ihn ein, sie putzen seine Nase und ziehen ihm die Hose hoch – die, wie sich zeigt, sehr naß ist. Sie können ihm kein anderes Wort als »Oka« entlocken – Sif findet jedoch heraus, daß das bestimmt Oscar bedeutet und daß er so heißt.

Voll Leidenschaft stellen sie fest, daß er wunderschön ist – obgleich alles an dem Kleinen, mit Ausnahme der Locken, selten häßlich ist. Aber sie sind zwölf, dreizehn Jahre alt, deshalb ist der Kleine für sie eine willkommene Beute, und sie überschütten ihn mit umsichtiger Zärtlichkeit. Ja, es fehlt nicht viel, und die beiden angehenden Frauen schlagen sich fast um die Beute; sie sind eifersüchtig, wenn Oka eine von ihnen ein wenig vorzuziehen scheint.

Sif hat fast vom ersten Moment an die Oberhand. Sie hat zu Hause jüngere Geschwister und ist ein mütterliches kleines Wesen – und sie hat ein Stück von ihrem Butterbrot übrigbehalten, das sie Oka gibt und das er gierig aufißt. Elna betrachtet neidisch die Freundin, die Oka nun auf ihrem Schoß hat und füttert; er trinkt den letzten Rest aus ihrem Brauseglas. Da schlägt Elna vor, daß sie ihre letzten Schillinge für eine neue Flasche Brause zusammenlegen.

Elna muß hineingehen und sie bestellen, denn Oka schreit, wenn Sif ihn absetzen will. Und Sif muß Oka auch zu trinken geben – dagegen ist an sich nichts zu sagen, denn Sif hat zu Okas Bewirtung zwanzig und Elna nur zehn Öre beigetragen.

Die Frau des Hauses kommt heraus, und sie kennt Oka nicht und weiß auch nicht, wo er hingehört. Aber ihr ist so, als hätt sie den Bengel schon mal vorn Baracken unnen anne Anlejestell jesehn; vielleicht isser von da und hat sich vabiestert?

Ja, dann ruht also auf den Mädchen die große Verantwortung, herauszufinden, wo Oka zu Hause ist und ihn dorthin zurückzubringen. Und dabei ist es schon so spät, du liebe Güte!

Sif setzt den kleinen Jungen ab, schüttelt Krümel und Laubreste vom Schoß und rückt ihren Hut zurecht. Und nun wagt Elna sich vor – sie hat dagesessen und sehnsüchtig darauf gebrannt, den Kleinen auf den Arm nehmen zu können, auch sie …

Als sie sich aber vor Oka hinhockt, schlägt er nach ihr und drängt sich an Sif. Da bricht Elna ein Stückchen von ihrer Zuckerstange ab, legt es auf die flache Hand und streckt sie vor, als lockte sie einen Vogel. Und dem widersteht Oka nicht.

Ihm scheint die marmorierte Delikatesse jedenfalls zu schmecken. Und er scheint ein wankelmütiger kleiner Herr. Als sie gehen wollen, klammert er sich an Elnas Rock fest. Elna soll ihn tragen.

Sie nimmt ihn auf den Arm. Er ist schwer, und seine Hose ist so naß, daß es ihrem hellen Mantelärmel kaum guttun wird. Seite an Seite gehen die beiden Mädchen den Weg am Waldrand hinunter, wo der Himmel nun hinter den Bäumen schwach kupferfarben schimmert.

Sie können kein Wort zueinander sagen. Sif fühlt sich so unendlich armselig und bedrückt, weil sie all ihr Geld ausgegeben hat für diese Zuckerstangen, die nicht das geringste taugten, und weil Elna ihre nicht einmal aufessen wollte – und da noch mehr ist, das sie nicht versteht.

Der hochaufgeschossenen, schmächtigen Elna tut vom Tragen der ganze Körper weh. Aber nicht einen Moment lang denkt sie daran, den schweren Jungen abzugeben. Es ist, als hätte sie über die Freundin gesiegt – obgleich sie bisher keinen einzigen Augenblick lang gewußt hat, daß sie jemals über Sif siegen wollte. Auf dem Arm den Kleinen, der bei ihr sein will und nicht bei Sif – das ist so, als behauptete sie sich gegenüber der anderen, die zu Hause Vater und Mutter und Geschwister hat und dazu zwei Schlafzimmer und ein Eßzimmer und ein Wohnzimmer und manchmal Gesellschaften, zu denen Leute in schwarzen Mänteln und hellen

Seidenkleidern kommen –, während Elna nur eine Mutter hat, die sich mit Schneidern und Vermieten durchschlägt. Und trotzdem hat Elna bis zu diesem Augenblick nie geahnt, daß sie das Bedürfnis hatte, sich zu behaupten. Und mitten in diesem triumphierenden Gefühl verspürt sie einen Stich schmerzvoller Demütigung – auf gemeine Weise hat sie Sif den Kleinen weggenommen, mit Hilfe der Zuckerstange, die ihr Sif geschenkt hat, und dabei weiß sie, wie stolz und froh Sif war, als sie sie ihr spendiert hat.

Unten auf der Landstraße begegnen sie einer Frau, die auf der Suche nach Oka ist. Er kommt tatsächlich aus den Arbeitermietskasernen und ist weggelaufen, während seine Mama Besorgungen machte, und nun suchen Frauen und Kinder laut rufend nach ihm.

Die Mädchen haben nicht einmal mehr Geld, um mit der Straßenbahn nach Hause zu fahren. Sie trotten den ganzen Drammensvei hinauf. Er liegt so hell und lang und staubig im klaren Dämmerlicht des Frühlingsabends da. Aus den Gärten duftet es nach altem Laub und Humus, und Leute in hellen Frühjahrsmänteln spazieren zur Stadt hinaus, und niemand beachtet die beiden Mädchen, die dahintrotten, müde und still, mit gesenkten Köpfen – ein Paar lange braune Zöpfe, die über den einen Rücken herabhängen, und ein kurzer fahlblonder Wuschelkopf über dem anderen.

Sie sagen nicht mehr zueinander als: »O nein, wie spät!« und »O nein, wie böse sie zu Hause sein werden!« Und an Sifs Toreinfahrt verabschieden sie sich kurz voneinander. Und danach treffen sie sich nie mehr.

ELKE HEIDENREICH

Die schönsten Jahre

Ich bin einmal, nur ein einziges Mal mit meiner Mutter zusammen verreist. Da war sie achtzig Jahre alt und noch sehr gerade, sehr energisch und tatkräftig, und ich war fünfundvierzig und hatte Rückenschmerzen, fühlte mich ziemlich alt und war alles andere als zufrieden mit meinem Leben. Meine Mutter lebte in einer ordentlichen Wohnung in einer Kleinstadt im Süden und ich in einer unordentlichen in einer Großstadt im Norden. Als sie älter wurde, besuchte ich sie öfter – notgedrungen, denn wir verstanden uns nicht besonders gut. Aber ich dachte, sie würde mich vielleicht brauchen, müßte doch in diesem Alter allmählich schwächer, schusseliger und vergeßlicher werden, und so reiste ich alle paar Monate an, um irgend etwas bei Behörden für sie zu erledigen, den Großeinkauf mit dem Auto bei Aldi zu machen, auf die Leiter zu steigen, die Gardinen abzunehmen und zu waschen, im Frühling den Balkon zu bepflanzen und im Herbst alles zurückzuschneiden und die Töpfe in den Keller zu tragen – was man eben so macht als einzige Tochter, aus Pflichtgefühl, nicht unbedingt aus Liebe. Und immer kam es mir so vor, als wäre ich es, die schwächer, schusseliger und vergeßlicher würde und nicht sie. Sie sah mir zu, wie ich mit den Gardinen auf der Leiter stand, gab Anweisungen, rügte: »Du machst sie mit deinen Pfoten ja gleich wieder dreckig«, oder fand, daß ich die Azaleen ganz falsch zurückgeschnitten hätte. Sie bedankte sich auch nie, konnte es nicht einmal über sich bringen, »das hast du gut gemacht, Nina« zu sagen. Das hatte sie nie gekonnt. Bei uns zu Hause wurde nicht gelobt. »Na also, es geht doch!« war das Höchste, was meiner Mutter an Anerkennung über die Lippen kam, und das war schon so gewesen, als ich noch ein Kind war und gute Noten aus der Schule nach Hause brachte – »Na also, es geht doch.«

Ich wohnte immer im Hotel, wenn ich sie besuchte, und Herr Bürger, der Empfangschef, küßte mir jedesmal die Hand, wenn ich kam und sagte: »Frau Rosenbaum, es ist absolut beeindruckend, wie liebevoll Sie sich um Ihre reizende Frau Mama kümmern, das würden nicht viele Töchter tun, noch dazu, wo Sie doch so beschäftigt sind.«

Ich arbeitete damals für eine Zeitung, und immer hatte er mir die Zeitung schon aufs Zimmer bringen lassen, druckfrisch, und hatte mit einem Ausrufungszeichen angestrichen, wenn etwas von mir drin stand, als würde ich das nicht selbst sehen. Ich ging dann nach oben, versuchte, mich in die Zeitung zu vertiefen und nicht an meine Mutter zu denken, die in ihrer Wohnung jetzt einen genauso idiotischen einsamen Abend verbrachte wie ich hier im Hotel. Warum war es nicht möglich, vergnügt und friedlich mit ihr bei einer Flasche Wein zusammenzusitzen? Warum konnten wir nicht einfach einen netten Abend miteinander verbringen, ein bißchen lachen, ein bißchen ›weißt du noch ...?‹ sagen und einfach erzählen? Weil es kein ›weißt du noch‹ gab, und wenn, war es vermint. Und weil wir in nichts einer Meinung waren. Wir hatten nur fünfzehn Jahre zusammengelebt, meine ersten fünfzehn Jahre. Danach waren unsere Treffen auf Besuche beschränkt, ich bei ihr, sie bei mir, und wir lebten eher gegen- oder bestenfalls nebeneinander als miteinander. Wir mochten nicht dieselben Menschen, nicht dieselben Dinge.

Das fing schon beim Wein an. Ich liebe gute, trockene Weine. Sie kaufte, auch wenn sie wußte, daß ich kam, dieses billige Zeug mit Schraubverschluß, angeblich, weil sie keine Kraft hatte, den Korken aus der Flasche zu ziehen. Ich hatte ihr schon mindestens fünf praktische Korkenzieher geschenkt, immer wieder neue, verbesserte Modelle, die man ohne großen Kraftaufwand anwenden konnte. Die lagen alle in der Küchenschublade, und nach wie vor gab es irgendeinen Schraubverschlußwein der Marke »lieblich«, und kalt gestellt war er auch nie. Aber ich hätte selbst den getrunken, zur Schorle veredelt mit kaltem Mineralwasser (»ich hab aber nur welches ohne Kohlensäure!«), wenn es nicht immer wieder diese Diskussionen gegeben hätte – über mich, die Art, wie ich mich anzog, über das, was ich in der Zeitung schrieb, über meine Gesundheit und wie unachtsam ich damit umging, über mein leichtsinniges Verhältnis zum Geld. Unweigerlich fing sie irgendwann mit diesen Lieblingsthemen an, und der Abend war gelaufen. Wenn dann noch kam »Du wirst deinem Vater immer ähnlicher«, dann wußte ich, daß wir uns auf gefährlichem Gelände bewegten und daß es höchste Zeit war, zu gehen.

Mein Vater war seit fast dreißig Jahren tot, aber ihr Zorn auf ihn hatte nie nachgelassen, und diesen Zorn übertrug sie auf mich. Ich hatte, wie sie sagte, »seine ganze Art« geerbt, was immer das heißen mochte, und auf irgendeine Weise waren wir beide daran schuld, daß ihr Leben nicht so verlaufen war, wie es hätte verlaufen können.

»Du wirst auch nicht alt, genau wie er, wenn du so weitermachst«, kam dann meist noch nach. So weitermachen, das hieß: wenn ich weiterhin rauchte, Weißwein statt Kräutertee trank, keinen Sport trieb – Mutter ging noch mit achtzig fast täglich zum Schwimmen – und meine Ehe mit wechselnden Affären ruinierte. Sie wußte davon, weil meine Cousine Margret, mit der ich schon seit zwanzig Jahren kein Wort mehr redete, leider in derselben Stadt wohnte wie ich und ab und zu etwas mitkriegte, meine Mutter anrief und sagte: »Tante Nellie, hast du schon gehört, was Nina wieder angestellt hat?«

»Du kommst nie zur Ruhe«, seufzte meine Mutter. »Wie dein Vater.«

»Die Liebe ist eben eine ewige Baustelle«, sagte ich so

leichthin wie möglich, und meine Mutter schüttelte den Kopf und sagte: »Jeder Mensch kann nur einmal in seinem Leben richtig lieben. Bei mir war es jedenfalls so.«

Daß diese eine richtige Liebe mein Vater gewesen sein sollte, konnte ich nicht glauben, sie waren fürchterlich miteinander umgegangen, und nach seinem Tod war meine Mutter damals richtig aufgeblüht und hatte nie mehr einen Mann in ihre Nähe gelassen. Also mußte sich da vor der Ehe etwas abgespielt haben, aber mit wem? Und vor allem: wann? Sie hatte doch schon mit zwanzig geheiratet. Als ich geboren wurde, waren meine Eltern bereits fünfzehn Jahre verheiratet, ich war im Kriegsurlaub gezeugt worden, das ungewollte Zufallskind, noch in den letzten Kriegsjahren geboren. »Ich wollte kein Kind«, hatte meine Mutter oft genug gesagt. »Wir wollten alle kein Kind damals, der Krieg lag ja immer mit im Bett.« Und vorher, was konnte denn vorher schon gewesen sein an umwerfenden Liebesgeschichten? Meine Mutter sprach nie über diese einmal kurz angedeutete Liebe, sie erzählte kaum von früher, und ich wußte fast nichts über meine, ihre, meines Vaters Familie, weil wir entweder mit allen Streit hatten oder zu viele inzwischen schon längst tot waren. Tot und nicht mehr da, nicht einmal in den Erinnerungen.

Wenn ich nachfragte, setzte sie ein abweisendes, fast angewidertes Gesicht auf. »In meiner Familie war alles tragisch, in seiner alles chaotisch«, sagte sie dann, und das Thema war erledigt, bis auf den Zusatz: »Du schlägst nach seiner.«

Das wußte ich ja nun schon zur Genüge und ging, um die Diskussion zu beenden, ins Bad, wo ich mich lange im Spiegel betrachtete und nach Ähnlichkeiten mit ihr suchte. Ich hatte ihre Hände und ihre skeptischen Falten auf der Stirn – mehr nicht, hoffte ich. Und dann öffnete ich die Toilettenschränkchen und sah, was ich schon vermutet hatte: all die teuren Kosmetika, die ich ihr schickte – gute Cremes, Hautöl, Duftseifen –, lagen unangebrochen in den Schubladen. Sie benutzte nach wie vor nur Nivea-Seife und Nivea-Creme. »Mehr brauche ich nicht«, sagte sie, »das reicht, Fett und Flüssigkeit, alles andere ist dummes Zeug.« Alles, was ich ihr schenkte, verschwand als »dummes Zeug« in den Schubladen der Schränke – Hausschuhe, warme Strickjacken, zusammenfaltbare Einkaufstaschen –, meine Geschenke waren immer falsch. »Danke, aber das wär doch nicht nötig gewesen«, sagte sie, wenn ich am Telefon fragte, ob sie sich denn über das Weihnachtspaket gefreut hätte, und: »Ich hab doch alles. Wenn du endlich glücklich würdest oder wenigstens ein bißchen geduldiger, das wäre für mich die größte Freude.« Ich muß aber zugeben, daß ich die Geschenke meiner Mutter auch nicht mochte – weiße Angora-Unterwäsche in kränkenden Größen, Schnapspralinen, auf denen der Preis noch klebte, Gesundheitssandalen aus dem Reformhaus. Wir konnten beide nicht geben, und wir konnten nicht nehmen – zumindest nicht für- und voneinander.

Wenn ich mich beruhigt hatte, ging ich wieder zu ihr ins Wohnzimmer, brach aber meist bald auf. Bis ich ging, erzählte sie wie viele alte Leute, die zu lange allein sind und das, was sie erleben, an niemanden mehr loswerden können, atemlos und fast ohne Punkt und Komma:

»Neulich bei dem schönen Wetter habe ich den Mann mit den langen Haaren wiedergetroffen, warum der die nicht mal schneidet, wissen die Götter, er sagte, gucken Sie mal, die grünen Wiesen, wie schön wir es hier haben, und die blöden Leute müssen dauernd verreisen, ich verstehe nicht warum, soll ich Ihnen was sagen, Bekannte von mir, zwo Komma fünf und null! Null! Ich wußte erst gar nicht, was er meinte, aber er meinte, daß Bekannte von ihm ins Gebirge gefahren waren, 2500 Meter hoch und es lag gar kein Schnee! Das ist schon ein komischer Heiliger, der. Die Frau ist ja schon lange tot, ich frage mich, wie der lebt, ob der sich jeden Tag was kocht? Gesund sieht er nicht aus, ist mir aber auch egal. Und weißt du, wen ich auch wiedergetroffen habe? Die Frau mit den Pudeln, die wie Schäfchen aussehen, und ich hab gefragt, wo ist denn Herr Brenner mit dem Rollstuhl, den hab ich so lange nicht gesehen, wissen Sie das denn nicht, sagt sie, der ist doch tot, und ich sage, na, da wird die Frau aber froh sein, die wollte ja schon lange, daß der endlich stirbt, sie hat ihn ja mal mit der Nichte im Bett erwischt, und seitdem war die Ehe im Teich. Ich weiß nicht, was das immer für ein Trieb ist bei den Männern, aber du hast den ja anscheinend auch. Früher ist der immer hoch zu Roß herumgeritten, aber dann der Schlaganfall, ja, so kann es gehen, und die Frau mit den Pudeln sagt, daß die jetzt so haaren, weil das Wetter umschlägt, mich könntest du mit Pudeln ja jagen, was findet man an Pudeln. Du siehst schlecht aus, ich seh das immer sofort, wenn du zuwenig schläfst.«

Das war dann so ein Moment, wo sie eine kleine Pause machte und ich konnte sagen: »Ja, ich geh dann jetzt auch mal ins Bett«, und ich durfte endlich weg.

Nie redeten wir über Dinge, die mit uns zu tun gehabt hätten.

Beim Abschied küßten wir rechts und links die Luft neben unsern Gesichtern und berührten uns nicht. Ich kann mich nicht erinnern, wann meine Mutter mich je in den Arm genommen, gestreichelt, getröstet, berührt hätte. Als Kind hat sie mich oft geohrfeigt. Das waren die einzigen Berührungen zwischen uns, an die ich mich erinnern konnte.

Wenn ich dann ins Hotel kam und Herr Bürger sagte: »Frau Rosenbaum, neulich habe ich Ihre Frau Mama bei Aldi getroffen, erstaunlich, wie rüstig sie noch ist! Und immer so gepflegt, und wie gerade sie sich hält! Das haben Sie von ihr. Wissen Sie was? Sie werden ihr immer ähnlicher«, dann war ich fix und fertig, brauchte ein heißes Bad und eine Minibar.

An ihrem achtzigsten Geburtstag hatte sie sich Gäste eingeladen, lauter ältere Damen. In so einem Kreis war ich dann manchmal die Vorzeigetochter von der Zeitung, deren Mann ein gut verdienender Zahnarzt war. Dann fielen zum Beispiel Sätze wie: »Meine Tochter steht sich ja sehr gut«, oder: »Neulich hat Nina eine ganze Seite über Greenpeace geschrieben«, und diesmal sagte sie: »Nina fährt morgen nach Italien, sie arbeitet dort für ihre Zeitung«, und die alten Damen waren sehr beeindruckt.

Es stimmte, ich wollte nach Mailand fahren, aber nicht, um zu arbeiten. Ich wollte Flora wiedersehen. Flora und ich hatten uns vor ein paar Wochen in New York kennengelernt und uns unbeschreiblich ineinander verliebt. Wir wollten jetzt prüfen, was von diesem Blitz geblieben war, der in uns beide eingeschlagen hatte, am ersten Abend, sofort, bei den ersten Sätzen und Blicken, gleich als sie auf diese Party kam, auf der Ludwig und ich auch waren. Wir standen zusammen und sahen uns an und redeten und redeten und waren außer uns vor Glück und Erstaunen, Flora und ich. Sie war vierzig, lebte allein, war immer die Geliebte verheirateter Männer gewesen. Eine kurze Beziehung zu einer Frau hatte es in ihrem Leben schon gegeben – in meinem noch nie. Ich hatte nie auch nur daran gedacht, aber manchmal etwas neidisch Frauen zugesehen, die sich liebevoll umarmten. Es war etwas anderes, als wenn sich einfach nur Freundinnen umarmten, und ich spürte seit Jahren so eine vage Sehnsucht danach, von einer Frau geliebt zu werden. Als ich Flora sah, ihr ovales Gesicht, ihre dunklen Augen, war ich hingerissen und so verliebt, wie es mir bis dahin eben nur mit Männern passiert war, und sie reagierte leidenschaftlich und intensiv. Als Ludwig nach Deutschland zurückflog, blieb ich noch und erlebte mit ihr die zärtlichste, aufregendste, die schönste Woche meines Lebens. Ich hatte nicht gewußt, wie wunderbar es ist, von einer Frau umarmt und geliebt zu werden, und ich sah meine Mutter an und dachte: ›Du hast mich immer nur weggestoßen. Vielleicht muß ich jetzt etwas nachholen‹, und sie fragte: »Warum siehst du mich so an?« »Nichts«, sagte ich und dachte: ›Wenn du das wüßtest! Aber das weißt du nicht, das weiß niemand, nur Ludwig ahnt etwas, aber er interessiert sich nicht mehr genug für mich, um nachzufragen.‹

Ludwig lebte sein Leben, ich das meine. Wir saßen mehrmals in der Woche zusammen beim Essen, mal in seiner Wohnung, mal in meiner, wir gingen freundschaftlich und unkompliziert miteinander um, aber die Leidenschaft war uns irgendwann in den letzten Jahren abhanden gekommen, wohl auch die Liebe. Unsere beiden Söhne waren erwachsen und aus dem Haus, und ich vermißte sie nicht. Sie waren hübsche, arrogante junge Männer geworden, die gutsitzende Anzüge und knappe, gepflegte Frisuren trugen, reihenweise Mädchenherzen brachen und ihre Eltern so wenig noch brauchten wie wir sie. Man telefonierte, ab und zu ein Besuch, ein Anruf, das war's dann, und ich wunderte mich, was ich eigentlich in diesen letzten vierundzwanzig Jahren gemacht hatte und wo ich die ganze Zeit gewesen war. Es tat mir gut, endlich eine eigene Wohnung zu haben. Manchmal fühlte ich mich sehr allein, ein wenig verloren, aber nie einsam. Ich wußte: das war noch nicht alles. Irgend etwas würde mir noch passieren. Jedenfalls: ich war auf Sendung und auf Empfang. Und als Flora in New York in dieses Zimmer trat, stimmten die Frequenzen – durch den Raum war ein Draht gespannt von ihr zu mir, von mir zu ihr, und er vibrierte.

Jetzt wollte ich nach Mailand. Flora kam in zwei Tagen von einem Seminar aus New York zurück. Sie arbeitete als Ornithologin an einem Mailänder Institut, ausgerechnet als Ornithologin in einem Land, dessen wild gewordene kleine Machos Vögel in Netzen fangen, ihnen die Hälse umdrehen und sie fressen. Wie sie damit eigentlich leben konnte, das wollte ich sie fragen, denn in New York war ich nicht viel zum Fragen gekommen. Wir hatten uns geliebt und gestaunt über das, was uns da passierte.

Ich half meiner Mutter beim Aufräumen, als die Damen

gegangen waren. Sie lästerte noch vergnügt über die Gebrechen – daß Frau Fischer acht Jahre jünger sei als sie, aber mindestens zehn Jahre älter aussehe, wie klapprig Frau Herzog geworden sei, daß Frau Kindermann nun gar nichts mehr richtig hörte und dadurch zu anstrengend würde. Ich bestätigte alles, Widerspruch brachte sowieso nichts, und tatsächlich war ja auch meine Mutter im Vergleich mit anderen alten Damen so etwas wie Queen Mum in England: immer chic, immer resolut, immer die Nummer eins im Raum. Ich räumte die Kuchenteller und die Sektgläser in die Küche.

»Ich spül das aber selbst«, sagte meine Mutter. Ich war froh darüber, denn ich mochte ihre muffigen Küchenläppchen nicht, und ich machte ihr ja sowieso nichts recht – ich nahm zuviel Schaum und verschwendete Wasser und was weiß ich nicht noch alles.

Sie wickelte mir die Reste der pappigen, süßen Zitronenrolle ein. »Die kannst du nachher noch essen«, sagte sie, und ich protestierte: »Ich mag das nicht, das ist mir zu fett, ich werde zu dick.«

»Ja, ich wollte nichts sagen«, sagte meine Mutter, »aber du bist stärker geworden. Was wiegst du jetzt, siebzig?« »Achtundsechzig«, sagte ich, und sie seufzte: »Das kriegst du nicht mehr runter in dem Alter. Das sind die Hormone.« Und dann fügte sie hinzu: »Na ja, achtundsechzig, das geht doch noch.«

So war sie immer – »das geht doch noch« als größtes Kompliment. Wenn ich als Schulkind nur eine Zwei in Deutsch oder Latein heimbrachte und eben keine Eins, hieß es: »Das geht doch noch«, und wenn ich als Fünfzehnjährige für meinen Geschmack schön zurechtgemacht auf eine Party oder in die Tanzstunde ging und fragte: »Gut so?« sah sie mich kritisch an und sagte: »Na ja, es geht so.« Loben, anerkennen, das lag ihr nicht, es kam ihr einfach nicht über die Lippen, als hätte ein Lob sie selbst entwertet und kleiner gemacht. Als sie im Sterben lag, gerade noch atmen konnte mit staunend aufgerissenen Augen, auf der Zielgeraden sozusagen, da saß ich an ihrem Bett und sagte: »Mama, du siehst immer noch so toll aus, du hast überhaupt keine Falten«, und in dem Moment merkte ich, daß ich sie auch noch nie vorher gelobt oder ihr etwas wirklich Nettes gesagt hatte. Ich konnte es erst, als sie mir nicht mehr antworten konnte, und wünschte mir, an ihrer Stelle reglos und ohne Chancen dazuliegen, damit sie zu mir von Liebe spräche, mich lobte, Nähe zeigte, wenigstens ein einziges Mal.

Sie steckte die eingewickelte Zitronenrolle in eine Plastiktüte, gab sie mir und strahlte: »Das hast du als Kind immer so gern gegessen.« Sinnlos, zu sagen, was mir auf der Zunge lag: ich bin aber kein Kind mehr. In ihren Augen war ich immer dieses seltsam mißglückte, ungewollte, halbfertige Wesen, und vielleicht würden ja die Reste einer Zitronenrolle aus mir noch etwas machen können.

Als ich mich verabschiedete, drückte sie mir außer der Plastiktüte mit der Zitronenrolle auch das Geschenk, das ich ihr zum Geburtstag gemacht hatte, wieder in die Hand – einen blauen Kaschmirschal. »Nimm, Kind«, sagte sie, »das war nett gemeint, aber Blau trage ich nicht mehr, und ich habe die ganze Schublade voller Schals, was soll ich denn mit all dem Zeug.« Es war alles wie immer, und doch war es anders. Denn als ich ihr, schon auf dem Treppenabsatz, noch einmal zuwinkte, sagte sie plötzlich und wie aus heiterem Himmel:

»Mailand! Ich war noch nie in Mailand!«

Wie denn auch – sie war überhaupt nur sehr wenig gereist in ihrem Leben. Einmal hatte sie mit einem Bus eine Tour durch Frankreich gemacht und sich gar nicht darüber beruhigen können, daß da schon ganz kleine Kinder fließend Französisch sprachen. »Aber Mama«, hatte ich gesagt, »das sind doch Franzosen, die wachsen damit auf, es ist ihre Muttersprache.« »Trotzdem«, hatte sie beharrt, »noch so jung und schon fließend Französisch, alle Achtung.«

Meine Freunde fanden es immer sehr komisch, wenn ich solche Geschichten von meiner Mutter erzählte. Ich konnte darüber nicht mehr lachen, denn die Wand, die seit meiner Kindheit zwischen uns wuchs, war hoch, aber nicht stabil. Sie wackelte und drohte bei jedem Besuch, bei jedem Gespräch, eine von uns beiden zu erschlagen, wenn wir zu fest daran rüttelten. Heute weiß ich, daß ich mit meiner Mutter viel hätte lachen können – aber damals sahen wir beide schon im ersten Moment, wenn ich sie besuchte und sie mir die Tür öffnete: Aha, keine der alten Rechnungen ist beglichen. Alle Wunden bluten noch. Und dann gab es eben nichts zu lachen.

Nie wäre ich auf die Idee gekommen, mit meiner Mutter zu verreisen, schon gar nicht nach Mailand, und schon gar nicht jetzt, wo ich Flora wiedersehen wollte. Aber da stand sie vor mir, klein und energisch, funkelte mich an und sagte: »Warum nimmst du mich nicht einfach mit? Italien! Das wär mal ein schönes Geschenk. Vielleicht ist dieser Geburtstag ja mein letzter.«

Das sagte sie seit ungefähr zwanzig Jahren – dieses Weihnachten ist mein letztes, den nächsten Geburtstag erlebe ich nicht mehr, ich merke, daß die Kräfte schwinden, oder, ihr Lieblingssatz, wenn sie mal einen kleinen Schnupfen hatte: »Ich bin nur noch ein Mensch von einem Tag.« Das waren alles Erpressungsversuche. Ging es ihr besser oder waren Weihnachten, Ostern, Geburtstag vorbei, straffte sie sich sofort wieder und wußte, daß sie richtig daran getan hatte, sich einen schwarzen Nerzmantel zu kaufen und keinen braunen, denn so könnte sie auf meiner Beerdigung eine bessere Figur machen, und sollte sie wirklich vor mir sterben, Gott, dann könnte ich ihn ja bei ihrer tragen.

»Das ist viel zu anstrengend für dich«, sagte ich ausweichend und stellte mir eine Autofahrt mit meiner Mutter vor.

»Wenn du es aushältst, werde ich es auch aushalten«, sagte sie. »Mailand! Das muß schön sein.« »Gerade Mailand ist gar nicht so schön«, sagte ich, und prompt kam zurück: »Warum fährst du denn dann hin? Schon wieder so ein Kerl?« Ich schwieg bockig und setzte das von ihr so genannte chinesische Gesicht auf – süßsauer: »Oh, das chinesische Gesicht«, sagte sie, »ich frag nicht mehr, ich frag nicht mehr, jeder muß selbst wissen, wie er sich unglücklich macht.« »Oder glücklich«, ich konnte es nicht lassen, und sie sagte: »Schön wär's ja mal.«

»Ich treffe da eine Frau, mit der ich arbeite«, sagte ich schließlich. »Was arbeitest du denn mit einer Italienerin?« fragte sie mißtrauisch. Ich wurde ungeduldig. »Mutter«, sagte ich, »das ist doch jetzt ganz egal, was ich da mache, es ist eine lange Fahrt, es ist heiß, es ist anstrengend, ich bleibe zwei oder drei Wochen, wie willst du denn zurückkommen?« »Herrgott, es gibt doch Flugzeuge«, sagte sie, »ich könnte zwei Tage bleiben und dann zurückfliegen, und Klaus holt mich ab.«

Meine Mutter war erst einmal geflogen, nach Berlin zur Beerdigung ihrer Schwester Luzie, und nun redete sie, als hätte sie die Miles-and-more-Karte für Vielflieger und wäre dauernd unterwegs. Klaus war irgendein Großneffe, der in der Nähe wohnte und sich manchmal um sie kümmerte.

»Also«, sagte ich, »gute Nacht, ich bin jetzt müde, ich will ins Hotel. Ich komme morgen nach dem Frühstück, ehe ich fahre, noch mal bei dir vorbei. Okay?« »Ja, gut«, sagte sie, »und hier, vergiß die leckere Zitronenrolle und den blauen Schal nicht. Weich ist er ja, aber so was trag ich einfach nicht.«

Ich nahm den Schal und ging, und der Empfangschef im Hotel fragte: »Hat Ihre Frau Mama sich denn über das Geschenk gefreut?« »Riesig«, sagte ich und preßte den Schal tief in die Plastiktüte, wo er in die Zitronenrolle matschte. Ich hatte ihn erst am Tag zuvor gekauft und ihm auf die Frage, was ich meiner Frau Mama denn schenken würde, gezeigt. Ihr 80. Geburtstag war in der Zeitung angekündigt gewesen, der Bürgermeister hatte auch geschrieben und gratuliert. »Gerade der«, hatte sie gesagt, »Trottel von der CDU«, hatte den Glückwunschbrief zerrissen und ins Klo geworfen wie damals meine ersten Gedichte und später, als mein Vater tot war, ihren Ehering.

Ich schlief schlecht in dieser Nacht und träumte von der Reise mit meiner Mutter, von Flora.

Am nächsten Morgen fuhr ich noch einmal bei ihr vorbei. Sie öffnete mir in einem leuchtend blauen Kleid (»Blau trage ich nicht mehr!«), das ich noch nie an ihr gesehen hatte. Sie strahlte, hatte ein goldenes Armband angelegt, das Cousine Margret und ihr Mann ihr zum 70. Geburtstag geschenkt hatten, und im Flur stand eine kleine Reisetasche. »Fertig«, sagte sie, »ich freu mich ja so.«

Ich mußte schlucken und mich erst mal setzen. »Mutter«, sagte ich, »wir sitzen stundenlang im Auto, und dann ...« »Aber das weiß ich doch«, sagte sie ungeduldig. »Ich fahre gern Auto. Das einzige, was dein Vater gut konnte, war Auto fahren, sonntags sind wir oft zum Drachenfels gefahren und haben Hühnersuppe gegessen. Ob man in Mailand auch etwas essen kann, wo kein Knoblauch dran ist? Ich esse nichts mit Knoblauch.«

Ich konnte nur staunen. Sie schaffte es immer noch, mich zu überrumpeln, und in so strahlender Laune hatte ich sie schon so lange nicht gesehen, daß ich einfach nicht das Herz hatte, jetzt noch nein zu sagen. Ich wollte zwei Tage in einem Hotel wohnen, durch Mailand bummeln, ruhiger werden, ein wenig italienisch werden, und danach würde ich für ein paar Tage, eine Woche, zwei Wochen zu Flora ziehen. Dann spätestens mußte Mutter heimfliegen – es würde sich schon irgendwie arrangieren lassen, und im Auto, dachte ich, könnten wir vielleicht wirklich mal über ein paar Dinge reden, die mir schon so lange auf der Seele lagen. Das Auto ist ein wunderbar geschlossener Raum, niemand kann beleidigt gehen und eine Tür zuknallen, man muß sich nicht ansehen beim Reden, und ich mußte mich aufs Fahren konzentrieren und konnte also nicht ausrasten.

»Gut«, sagte ich, »versuchen wir's. Dann los.«

Und ich nahm ihre Reisetasche, während sie geräuschvoll die Jalousien herunterließ. »Hast du deinen Paß?« fragte ich, und sie sagte: »Was denkst du eigentlich von mir, daß ich eine vertrottelte alte Tante bin? Natürlich hab ich meinen Paß.« Und dann trällerte sie plötzlich: »Kennst du das Land, wo die Zitronen blühn? Dahin, oh mein Geliebter, will ich mit dir ziehn.«

Als ich ein kleines Kind war, hat meine Mutter viel mit mir gesungen, und sie kannte Unmengen von Gedichten auswendig und sagte sie bei jeder Gelegenheit auf. Ich erinnere mich daran, daß das eine schöne Zeit war – wenn ich auch nie auf ihrem Schoß sitzen, in ihrem Bett kuscheln, nicht einmal an ihrer Hand gehen durfte. Meine Mutter hatte sich, so schien es, jede Art von Zärtlichkeit aus irgendeinem Grund für immer verboten. Mein Vater hatte zwei Geliebte, eine junge schnippische Blonde und eine freundliche Verkäuferin, so alt wie er selbst, zu denen ging er regelmäßig und blieb oft auch über Nacht. »Ich bin bei Walter«, hieß es dann, oder: »Wartet nicht auf mich, ich übernachte bei Otto.« »Jaja«, sagte meine Mutter dann, »sag Walter, er soll weniger Parfüm auftragen, du stinkst entsetzlich, wenn du von dort kommst«, oder: »Vergiß nicht, für Otto die Seidenwäsche mitzunehmen, die ich in deinem Schrank gesehen habe.« Ich verstand das als Kind nicht und lachte, denn mein Vater hatte fünf Brüder, und die waren alle sehr komisch, da konnte ich mir jede ausgefallene Geschichte vorstellen. Onkel Otto arbeitete als Buchhalter, war der einzige, der immer feingemacht in Schlips und Anzug gehen mußte, und wurde deshalb von seinen Brüdern »Herr Pinkel« genannt. Onkel Walter trank gern einen zuviel und hieß darum »Herr Pils«, Onkel Hermann war Jalousienbauer und war »Herr Schlitz«, Onkel Fritz arbeitete als Requisiteur im Theater, er hieß demnach »Herr Plunder«, und der jüngste, Onkel Theo, war als einziger fromm, lief viel in die Kirche und spendete dauernd für wohltätige Zwecke, das war natürlich »Herr Jesus«. Mein Vater hieß »Herr Lustig«, weil er immer gut aufgelegt war – außer bei uns zu Hause, aber wenn er mich mal mitnahm und ich mit ihm und seinen Brüdern und deren Frauen zusammensein durfte – am ersten Weihnachtstag, an Omas Geburtstag, an meinem Geburtstag –, waren das Feste, auf denen viel gelacht und viel getrunken wurde. Ich mochte »Herrn Plunder« am liebsten, er brachte mir oft kleine Federhüte oder perlenbestickte Handschuhe oder Holzschuhe aus dem Theaterfundus mit, an denen meine Mutter dann mißtrauisch schnüffelte und sagte: »Sonst noch was«, und weg damit in den Müll, wenn ich nicht höllisch aufpaßte.

Als wir im Auto saßen, fragte ich sie: »Lebt eigentlich noch einer von Papas Brüdern?«

»Herr Jesus«, sagte sie. »Herr Jesus lebt noch, ich weiß das von Tante Karla, die mich ab und zu mal anruft.« Mein Vater hatte noch zwei Schwestern, Tante Karla und Tante Paula. Tante Karla hatte ich zuletzt gesehen, als ich fünfzehn Jahre alt war – auf der Beerdigung meines Vaters. Sie weinte schrecklich um ihn und umarmte meine Mutter immer wieder, was zu meiner Verwunderung auch innig und herzlich erwidert wurde. Sie war damals eine große, schöne Frau, jetzt mußte sie über achtzig sein. Ihr Mann war im Krieg geblieben, und sie hatte nach dem Krieg zusammen mit Tante Paula, die einen Polizisten geheiratet hatte, ein Handarbeitsgeschäft eröffnet und lange Jahre geführt. Ab und zu strickte meine Mutter mir etwas aus Wolle, die sie bei Tante Karla und Tante Paula kaufte – sie strickte schlecht, aber gern, doch als mein Vater tot war, hörte jeder Kontakt zu dieser Familie auf. Sie zog in die süddeutsche Kleinstadt, ich kam bis zum Abitur ins Internat und habe außer Tante Karla, die mich zwei- oder dreimal besuchte, nie mehr einen von den

Onkeln oder Tanten wiedergesehen. Das Briefeschreiben war in dieser Familie nicht in Mode, und so schliefen die Kontakte ein, aber ich dachte oft an Herrn Plunder, Herrn Pils und Herrn Pinkel.

»Irgendwie haben wir gar keine Familie mehr«, sagte ich. »Deine Schwestern sind tot, Cousine Margret ist eine Schreckschraube, dabei waren wir doch so eine große Familie, Papa hatte sieben Geschwister und du fünf – was ist nur aus allen geworden?«

»Vom Winde verweht«, sagte meine Mutter und setzte eine schräge Sonnenbrille auf. »Walter hatte Krebs, Otto Herzinfarkt, Fritz ist unter die Straßenbahn gekommen, Hermann ist am Blinddarm gestorben, Paula hat sich totgesoffen. Nur Karla und ich sind noch da.« »Habt ihr noch Kontakt?« fragte ich, und sie sagte: »Selten.«

Wie es in Mutters Familie aussah, wußte ich etwas besser, hatte es näher miterlebt – bis auf ihren Bruder Willi waren alle gestorben, und mit diesem Bruder sprach sie nicht, weil er Nazi war, als wären sie nicht alle Nazis gewesen. Aber er hatte wohl besonders viel Dreck am Stecken und hatte damals seinen eigenen Vater wegen vaterlandsverräterischer Äußerungen angeschwärzt. Daraufhin war mein Großvater ins Lager gekommen und von dort krank heimgekehrt und bald gestorben. Als Onkel Willi aus Polen zurückkam, sprach außer seiner Frau Maria niemand mehr mit ihm.

»In meiner Familie gab es vier Leute, die nur ein Bein hatten«, verkündete meine Mutter plötzlich fröhlich, und ich hätte fast die Abzweigung Richtung Basel verpaßt. »Ist das eine genetische Geschichte«, fragte ich, »liegt das in der Familie, lauter Einbeinige? Da habe ich ja noch Glück gehabt.«

»Onkel Heinrich«, sagte sie, »hatte Zucker, dem mußte früh ein Bein abgenommen werden. Onkel Moritz hatte Knochenkrebs, da haben sie auch ein Bein abgenommen. Onkel Moritz war viel reicher als Onkel Heinrich, er hat ihm immer seine abgelegten guten Anzüge geschickt. Aber da war das linke Bein weggebunden, bei Onkel Heinrich das rechte, und er wollte keine Hosen tragen mit Knick, sie hatten immer Krach deswegen.« »Und die andern beiden?« fragte ich. »Mein Großvater«, sagte sie, »er war Schuster im Westerwald, Bauer und Schuster, und einmal hat er sich aus gutem Leder selbst ein Paar Schuhe gemacht, aber als er damit zum erstenmal ausgehen wollte, waren sie zu klein. Er hatte so eine Wut, daß er sich mit der Axt die Zehen abgehauen hat. Sie mußten den Fuß amputieren.«

Ich zweifelte nicht mehr, woher der Jähzorn und die Ungeduld kamen, die auch zwischen meiner Mutter und mir ausbrachen, nachdem ich in die Pubertät gekommen war. Einmal hat sie mich mit einem Stocheisen für den Ofen blutig geschlagen, aber später wollte sie nichts mehr davon wissen. Ich zeigte die Striemen damals dem Pfarrer, der mich kurz zuvor konfirmiert hatte, und bald danach kam ich weg von ihr ins Internat. Fünf Jahre haben wir uns damals nicht gesehen, kein Lebenszeichen, nichts. Nur meine Tante Karla schickte mir ab und zu ein Päckchen mit Keksen und Bonbons und ein bißchen Geld.

»Und der vierte«, sagte sie, »das war Onkel Jupp, dem haben sie in Rußland ein Bein weggeschossen, er ist dann im Lager gestorben.«

Wir schwiegen und ich dachte plötzlich: Ich frag sie jetzt mal. Es ist so lange her, warum soll ich nicht wenigstens einmal die Sprache darauf bringen, vielleicht kann sie ja sagen ›es tut mir leid‹, und ich fragte meine Mutter:

»Warum hast du mich damals eigentlich so entsetzlich geschlagen?« Die Antwort kam sofort. »Ich habe dich nicht geschlagen.«

Ich schwieg, beschleunigte, die Autobahn war schnurgerade, fast leer, die Sonne schien. In der Ferne tauchte eine Brücke auf. »Mutter«, sagte ich, »ich fahre uns beide vor diesen Brückenpfeiler, wenn du jetzt nicht einmal, ein einziges Mal zugibst, daß du mich entsetzlich geschlagen hast, verdammt noch mal.« Sie schwieg, ich fuhr, die Brücke kam näher. Ich wechselte auf die linke Spur, hielt auf den Mittelpfeiler zu und war plötzlich ganz ruhig.

Na, und wenn schon, dachte ich. Vielleicht ist das mit Flora auch nur wieder so ein Irrtum, was soll das alles, dann ist es eben vorbei. Ich war ganz merkwürdig gefaßt, fühlte mich beinahe leicht, als würde mir eine Entscheidung nicht abverlangt, sondern abgenommen. Ich starrte nur noch auf den Brückenpfeiler, wartete auf das Krachen und dachte daran, daß sich mein Leben jetzt wohl – wie nennt man es? erfüllte und daß ausgerechnet ich zusammen mit meiner Mutter sterben und beerdigt werden würde, nebeneinander, ohne Liebe, in alle Ewigkeit, amen. »Wirf dies ererbte Graun von dir, ich bin nicht schauerlich, bin kein Gerippe ...« das dachte ich auch noch, fast fröhlich, und die Brücke kam näher. Meine Mutter faßte meinen Arm und rief: »Ja, aber was sollte ich denn machen, ich wurde einfach nicht mehr fertig mit dir. Du hast zu früh mit Jungens angefangen.«

Ich verlangsamte, lenkte zurück nach rechts, wir atmeten beide tief durch. »Du warst schwierig«, sagte sie, »und ich war unglücklich.«

»Und deshalb haust du auf ein kleines Mädchen ein, bis es blutet?« fragte ich und starrte geradeaus. »Ach Gott, blutet«, sagte sie, »und was heißt kleines Mädchen, es reichte immerhin schon, um an den Ecken rumzustehen und zu küssen. Ich hab dich doch gesehen. Wie dein Vater.«

Ich dachte an die unschuldigen Kinderküsse, die ich mit Tanzstundenfreunden ausgetauscht hatte, so hungrig nach einer Liebe, die es zu Hause nicht gab. Und dafür schlug sie mich.

Nach einer langen Pause atmete meine Mutter tief ein und sagte leise: »Es hat mir sofort so leid getan.« Ich faßte nach ihrer Hand, und sie ließ es zu. Ich lenkte mit links, hielt mit rechts ihre Hand, ich konnte mich nicht erinnern, wann ich das je getan, wann sie das je zugelassen hatte, und wir fuhren schweigend weiter. Auf einmal sagte sie, wieder ganz vergnügt: »Das hier ist doch die Schweiz?« »Ja«, sagte ich, »soll ich lieber über die Dörfer fahren statt über die Autobahn? Am Vierwaldstätter See entlang? Dauert länger, ist aber sehr schön.« »O ja, bitte!« sagte sie. »Ich habe mir immer schon gewünscht, einmal zu sehen, wo Wilhelm Tell war.«

Ich lachte. »Hat es den denn wirklich gegeben?« fragte ich, und sie sagte entrüstet: »Was denkst du denn, mach deine Rechnung mit dem Himmel, Vogt, fort mußt du, deine Uhr ist abgelaufen! Ich lebte still und harmlos, das Geschoß war auf des Waldes Tiere nur gerichtet, zum Ungeheuren hast du mich gewöhnt, in gärend Drachengift hast du die Milch der frommen Denkart mir verwandelt, herrlich, oder? Und dann muß er ja auf dieses Kind schießen, und am Ende sagt er: Was ich mir gelobt in jenes Augenblickes Höllenqualen, ist eine heilge Schuld, ich will sie zahlen. Oder so ähnlich. Ja, wir müssen alle unser Päckchen tragen.«

»Woher kennst du bloß so viele Verse, Gedichte, halbe Stücke«, fragte ich, »ich behalte gar nichts auswendig, und du …« »Alles Training«, sagte sie, »in den Bombennächten haben wir immer gelesen und auswendig gelernt, bei Kerzenlicht.« »Wir?« fragte ich, und sie sagte: »Karla und ich. Als unsre Männer im Krieg waren.«

»Aber daß du das heute alles noch im Kopf hast«, sagte ich, »das finde ich wirklich enorm.« »Ich bin ja viel allein«, antwortete meine Mutter, »und da rede ich mit mir selbst und sage mir das alles immer wieder auf.«

Ich fuhr durch kleine Dörfer, am See entlang, und sie las entzückt die Namen auf den Ortsschildern. Einmal, als eine kleine Dorfkirche auftauchte, rezitierte sie: »Aus den Tannenwipfeln ragte eines Türmleins spitzer Kegel, First und Giebel eines Klosters nach Sankt Benediktus Regel.«

Ich dachte darüber nach, wieviel Witz und Kraft in meiner Mutter steckten, und fragte mich, warum wir beide es nicht fertigbrachten, locker und fröhlich miteinander umzugehen. Ich hatte immer das Gefühl, sie mochte mich nicht, und das ließ mich ihr gegenüber störrisch, kühl, verhärtet sein. Und sie mochte mich wohl nicht, weil ich irgendwann meinem Vater zu ähnlich geworden war, und den hatte sie bei seiner Rückkehr aus dem Krieg einfach nicht mehr haben wollen – wie so viele Frauen dieser Generation, die in den Kriegsjahren selbständig und hart geworden waren. Und dann kamen die an Leib und Seele zerstörten Männer aus Rußland zurück und nahmen einen Platz ein, den es eigentlich für sie nicht mehr gab, und wollten wieder alles besser wissen – wo der Sicherungskasten hing, wie man die Kinder zu erziehen hatte und daß die Frauen an den Herd gehörten. Viele Familien waren damals zerbrochen. Wir Kinder hatten kaum eine Chance, zu diesen fremden mageren Männern, die da als unsere Väter aus irgendeinem Lager heimkehrten, eine Beziehung aufzubauen. Und ich erinnerte mich an einen entsetzlichen Streit zwischen meinen Eltern, der damit endete, daß meine Mutter meinen Vater kalt ansah und sagte: »Spiel dich nicht so auf, letztlich bist du nichts anderes als alle andern auch: ein Mörder.«

Mit diesem Satz muß sie eine Mauer eingerissen haben, die er zum Schutz um sich herum aufgebaut hatte. Damals fing er an zu trinken und legte sich die beiden Freundinnen zu, es war der Anfang vom Ende unserer Familie.

Ich schob eine Kassette mit Schuberts Musik in den Kassettenrekorder, und meine Mutter, wie ich aus Gedanken gerissen, sagte sofort:

»Musik, du himmlisches Gebilde, voll hehrer Kraft und süßer Milde, wir fühlen doppelt tief dein Walten, wenn uns ein Leid das Herz gespalten.« Und dann sah sie mich an, lachte und sagte: »Schön, mal so mit dir zu reisen.« Ich konnte mich nicht erinnern, wann sie je etwas so Nettes zu mir gesagt hatte.

Wir machten Rast in Küßnacht, aßen Bündnerfleisch mit

frischem Brot und tranken ein Glas Wein dazu. Da saß sie mit mir am Tisch, klein, energisch, in ihrem blauen Kleid, die Wangen leicht gerötet, und ab und zu traf mich ihr kritischer Blick.

»Bist du glücklich?« fragte sie plötzlich, und ich sagte ohne nachzudenken: »Nein.«

Sie nickte. »Wie dein Vater«, sagte sie, »kein Talent. Die taten immer nur alle so, die ganze Familie. Da war keiner glücklich. Außer Tante Karla.«

»Warum gerade Tante Karla?« fragte ich, und meine Mutter sagte: »Die war stark. Die wußte, was sie wollte. Ohne Tante Karla hätte ich den Krieg nicht überlebt.« Sie nippte an ihrem Wein und warf mir einen Blick zu. »Du übrigens auch nicht«, sagte sie. Und dann fügte sie noch leise hinzu: »Ohne Tante Karla gäb es dich nicht einmal.«

Ich saß ganz still und spürte, daß dies ein besonderer Augenblick war, daß sich etwas öffnete, in ihr, zwischen uns, und sie merkte wohl, daß sie so einen Satz nicht einfach unkommentiert im Raum stehen lassen konnte. Sie knetete ein Brotkügelchen und sagte, ohne mich anzusehen: »Ich wollte kein Kind. Wer will schon ein Kind im Krieg! Karla hat damals abgetrieben, ohne jedes Problem. Und ich – bis zum fünften Monat hab ich alles versucht, Einläufe mit Seifenlauge, Karla hat mit einer Stricknadel gestochert, ich bin mit Ziegelsteinen im Arm vom Tisch gesprungen – nichts. Du gingst nicht weg, du wolltest leben.«

Ich hielt den Atem an, mein Herz klopfte wild, und ich hatte tausend Bilder im Kopf, eine Million Fragen, Tränen, ein Meer von Tränen in der Seele. Und eine Mischung aus Angst und Glück im ganzen Körper. Angst, zu leben, Glück, zu leben.

Sie sagte: »Wir waren sicher, du wärst behindert, nach diesen Prozeduren. Aber du warst ganz gesund. Karla hat dich auf die Welt gezogen, in der Küche, während die Bomben fielen. Alle andern waren im Luftschutzkeller. Wir beide waren in der Küche, nur mit Kerzenlicht, die Fensterscheiben flogen raus, und plötzlich kamst du. Mein Gott, und du warst wirklich gesund. Wir haben vor Glück geheult, Karla und ich.«

Zum erstenmal begriff ich, was für ein Opfer es gewesen sein mußte, damals ein Kind zu bekommen, noch dazu von einem ganz offensichtlich ungeliebten Mann, der es in fünfzehn langen Ehejahren nicht geschafft hatte, ihr ein Kind zu machen, und ausgerechnet da, im Heimaturlaub während des Krieges, da mußte es passieren.

Fast hätte ich meine Mutter in den Arm genommen, so stark empfand ich ihr Glück darüber, daß ich damals ein gesundes Baby war, als eine Liebeserklärung, aber ich zögerte eine Sekunde zu lange, und die Kellnerin kam an unseren Tisch, um zu kassieren.

Als wir weiterfuhren, hätte ich ihr beinahe von Flora erzählt. Ich hätte so gern einfach darüber gesprochen, daß ich eine Frau liebte und ob das überhaupt möglich war nach einer so langen Ehe, nach zwei Söhnen, nach zahllosen Affären. Aber ich sagte natürlich nichts, denn das war nun wirklich ein Thema, das man mit meiner Mutter nicht besprechen konnte. Dachte ich.

Ich fuhr durch die Schweiz, und meine Mutter saß, stiller geworden, neben mir. Manchmal nickte sie ein wenig ein, aber immer wieder wurde sie wach, setzte sich gerade hin, schaute aus dem Fenster. »Wie schön, daß ich das alles mal sehe«, sagte sie. Und als wir in Chiasso auf die Autobahn nach Mailand fuhren, fragte sie mich plötzlich: »Hast du die Zitronenrolle gestern noch gegessen?« »Nein«, sagte ich wahrheitsgemäß, und sie nickte. »Dachte ich mir«, sagte sie. Das war alles, danach schlief sie wirklich ein und erwachte erst wieder, als ich durch Mailand kurvte, um ein Hotel zu suchen.

Ich buchte zwei Einzelzimmer für zwei Nächte, und sie fragte mich: »Wo wohnst du denn danach?« »Bei der Kollegin«, sagte ich und half ihr, sich in ihrem Zimmer zurechtzufinden. Am Abend gingen wir aus, ich mußte den Kellner beschwören, ihr ein Gericht ohne Knoblauch zu bringen, und sie war bald die Königin des Lokals, »la mamma!« und hielt alle mit Sonderwünschen auf Trab. Sie orderte unbeirrt auf deutsch, »bitte nicht diesen sogenannten ›Espresso‹, sondern einen richtigen Kaffee, und nicht zu stark, und mit Milch, aber keine Büchsenmilch!« und ich übersetzte, und sie wunderte sich, daß man sie nicht verstand, obwohl sie doch derart deutlich sprach. KAFFEE und MILCH und NICHT ZU STARK, mein Gott, das mußte man doch auf der ganzen Welt verstehen, oder etwa nicht? Diese Italiener erschienen ihr freundlich, aber ein bißchen begriffsstutzig.

Der Abend ging erstaunlich friedlich herum. Es war, als würden wir beide einen anderen Ton anschlagen, wenn wir nicht in den eigenen vier Wänden waren. Als ich sah, daß sie müde war, lieferte ich sie im Hotel ab und ging noch ein bißchen allein los, um in irgendeiner Bar ein paar Gläser Wein zu trinken und nachzudenken – über sie, über mich, über Flora, über das, was wir alle von unserem Leben erwarteten und was das Leben uns für Schnippchen schlug. Hatte man wirklich irgend etwas selbst in der Hand, oder kam alles einfach, wie es kommen mußte? Und ich ertappte mich dabei, nun auch in Versen zu denken, wie sonst sie es immer tat: »Kann grundlos so ein Gott des Lebens Teppich weben? Ist Qual ein Einfall wie ein buntes Muster und alles Händeringen nur ein Ornament?« und ich dachte: Sieh da, wir sind uns doch ähnlicher, als man meinen möchte. Gab es einen Sinn, ein geheimnisvolles Muster, oder war alles bloß Zufallsornament, ihre Härte, meine Unrast, ihr abruptes Schlußmachen mit aller Liebe und aller Zärtlichkeit und mein ewiger Hunger danach?

Ich betrank mich ein bißchen und wurde am nächsten Morgen wach von ihrem Klopfen an meiner Zimmertür.

»Ich geh frühstücken«, rief sie, »steh auf, es ist schönes Wetter. Ich warte unten.«

Als ich zum Frühstück kam, plauderte sie schon mit dem Kellner, obwohl sie kein Italienisch und er kein Deutsch sprach, aber es wurden Brote empört in die Luft gehalten, zu weiß! zu weich! und der Kellner brachte dunkleres Brot und wurde dafür gelobt. Sie hatte alles im Griff, so als wäre sie ihr Leben lang in der Weltgeschichte herumgereist. Welche Kraft steckte doch in ihr, eine Kraft, für die es in ihrem elenden kleinen Rentnerleben gar kein Ventil gab.

Wir bummelten an diesem schönen, warmen Tag durch Mailand, sie in hellgrauen Wildlederpumps mit halbhohen Absätzen, ich in flachen Gesundheitsschuhen. Heute weiß ich, wie ich sie allein für ihre Schuhe geliebt und bewundert habe, aber sie mußte erst sterben, bis mir das bewußt wurde.

Wir gingen durch die Galleria am Dom, durch ein Kaufhaus, durch die Modestraße Via Monte Napoleone, in der die Boutiquen aller großen Modemacher sind – Marmorpaläste von Valentino, Gucci, Ungaro und Fendi mit riesigen Schaufenstern, in denen ein paar himbeerrote Schuhe für dreitausend Mark oder ein einziges, winziges, papageienbuntes Seidenblüschen für achttausend Mark lagen, und in Lire gingen diese Summen gleich in mehrstellige Millionen. Meine Mutter konnte nicht genug staunen, zeigte auf Preis und Ware und dann, als eine blasierte, wunderschöne Verkäuferin zu uns hinaussah, tippte sie sich an die Stirn und zeigte der Verkäuferin, die sich sofort abwandte, einen Vogel. »Millionen für ein Blüschen! Ihr seid ja verrückt!« rief sie.

In einem kleinen, eleganten Wäschegeschäft kaufte ich ein schönes, seidenes Nachthemd für meine Mutter. Ich mußte sie dazu überreden, aber sie freute sich doch, probierte es über ihren Kleidern an und lief damit im Laden auf und ab. »So teuer!« sagte sie, »mich sieht doch nie einer im Nachthemd, na ja, vielleicht, wenn es mal ans Sterben geht.« Als es ans Sterben ging, mußte sie die hinten offenen Krankenhaushemden tragen, aber immerhin haben wir sie in diesem seidenen Nachthemd aus Mailand, das sie bis dahin nie getragen hatte, beerdigt. Oder sagen wir: Es ist mir ihr zusammen verbrannt worden.

Am Abend saßen wir in einem ruhigen, kleinen Lokal und aßen Polenta mit dünn geschnittenem Kalbsbraten in einer wunderbaren Sauce. »Heute bezahle ich«, sagte meine Mutter und bestellte noch ein Glas Wein für mich und ein Schnäpschen für sich. Sie ging mit dem Ober zur Theke und ließ sich alle Flaschen zeigen. Sie schimpfte mit ihm, weil es keinen Himbeergeist gab, und schließlich entschied sie sich für Calvados.

»Weg muß er, weg ist er«, sagte sie, als das Glas vor ihr stand, hob es hoch und kippte es fast auf einen Zug hinunter, nach Kumpelart aus dem Ruhrgebiet, wo sie aufgewachsen war. Ich mußte lachen, so hatte ich sie noch nie gesehen, und sie hatte auch schon einen leichten Schwips. Als ich vorsichtig bat: »Erzähl doch mal ein bißchen von früher«, fing sie tatsächlich an und sagte als erstes einen völlig idiotischen, unerwarteten Satz, über den wir fast zehn Minuten lachen mußten. Sie sagte: »Tante Luzie ist damals nach dem Krieg in den Osten gegangen und hat dann bei der VEB Genuß gearbeitet und Vitalade hergestellt.«

Ich fand das so übergangslos komisch, daß ich mich lange nicht beruhigen konnte, aber ich erinnerte mich an Pakete von Tante Luzie, die uns eine gräßlich fettige Schokoladenimitation schickte und im Gegenzug um Kaffee bat. »Warum ist sie in den Osten gegangen?« fragte ich. »Weil sie an den Sozialismus glaubte«, sagte meine Mutter. »Meine Familie, wir waren damals ja alle links, Arbeiter, Sozialisten, aber dein Vater und das ganze Gesocks, alles Nazis. Dummköpfe, Mitläufer, eingebildete Kerle, die sich in gutsitzenden Uniformen wichtig machen wollten.«

So deutlich hatte sie das noch nie ausgesprochen. »Über Politik wurde doch zu Hause nie geredet«, sagte ich. »Eben drum«, antwortete sie, »sonst hätte es Mord und Totschlag gegeben. Außer den Schwestern deines Vaters waren sie alle Nazis, die ganze Familie. Tante Paula war zu blöd und Tante Karla zu klug dafür. In meiner Familie schlug nur Willi aus der Reihe. Der war auch zu blöd.«

Onkel Willi lebte noch. Er verließ so gut wie nie das Haus, und wenn, dann mit Hut und Brille vermummt. Er hatte immer Angst, jemand würde ihn auf der Straße erkennen – vielleicht der Jude, dem er, nach Familienerzählungen, in Polen den Finger abgeschnitten hatte, um an den Brillantring zu kommen, den Tante Maria heute noch trug.

»Hast du dich deshalb mit Papa so zerstritten?« fragte ich, und sie sagte: »Ich konnte nicht mehr atmen neben ihm, mir wurde schlecht, wenn er mich nur anfaßte.« Und dann trank sie den Rest ihres Calvados und fügte hinzu: »Und ich war im Krieg so glücklich. Wir waren sehr glücklich. Ohne Männer.«

Der Kellner kam und bot auf Kosten des Hauses noch etwas an, einen Kaffee? Einen Amaretto? Meine Mutter scheiterte beim Zahlen, weil er natürlich kein deutsches Geld nahm, obwohl sie ihm den Hunderter immer wieder energisch unter die Nase hielt und rief: »Aber er ist echt! Es ist gutes deutsches Geld! Wir sind doch in Europa!« Ich zahlte, und der Kellner versuchte meine Mutter zu trösten, indem er ihr die Tüte mit dem Seidennachthemd bis zur Tür trug. Die Italiener scheinen einfach »la mamma« in jeder Erscheinungsform zu lieben.

Im Hotel fand ich eine Nachricht von Flora. Wir hatten schon ein paarmal telefoniert, natürlich wußte sie, daß meine Mutter mit mir in Mailand war, aber ich hatte ihr versichert, daß sie Donnerstag gegen achtzehn Uhr abfliegen würde. Freitagmorgen wollte Flora eigentlich kommen, doch die Nachricht lautete: »Komme schon Donnerstag fünfzehn Uhr. Will Deine Mamma noch sehen. F.«

Das gefiel mir überhaupt nicht: Ich wollte nicht, daß sie sich trafen. Ich wollte mit Flora allein sein. Ich wollte meine

Mutter nicht so eng in mein Leben einbeziehen. Natürlich würden wir ihr nichts von unserer Liebe sagen, aber auch ohne das war mir so eine Begegnung einfach zu nah, zu viel, zu intim. Zu gefährlich. Ich erinnerte mich daran, wie meine Mutter immer mit meinen Freunden umgesprungen war, als ich noch zu Hause wohnte und zur Tanzstunde abgeholt wurde. »Warum ausgerechnet unsere Nina«, hatte sie Rüdiger gefragt, in den ich so verliebt war, »gibt es keine netteren Mädchen?«

Ich konnte die ganze Nacht nicht schlafen, war am nächsten Tag gereizt, und es gab wieder die alten Kräche und Sticheleien zwischen uns. Die Zeit zog sich hin, und ab zwölf Uhr fing meine Mutter schon an mit: »Müssen wir nicht zum Flughafen fahren?« Wie alle alten Leute war sie immer stundenlang zu früh dran. Ich hatte ihr gesagt, daß wir meine Kollegin, die aus Amerika kam, abholen würden, wir könnten dann noch einen Kaffee zusammen trinken, und später würden Flora und ich sie dann ins Flugzeug setzen. Das war ihr recht, und sie fragte: »Spricht sie deutsch?« »Ja«, sagte ich, »sie ist aus Bruneck in Südtirol, da wachsen alle zweisprachig auf.«

Ich sah Flora sofort. Sie überragte die anderen, sie strahlte, sie leuchtete, und meine Mutter, klein und zappelig neben mir, sagte: »Das ist sie.« »Woher weißt du das«, fragte ich, »du kennst sie doch gar nicht.« »Das sehe ich«, sagte meine Mutter. »Sie strahlt. Sie strahlt für dich.«

Ich war zu aufgeregt und zu nervös, um über diese Bemerkung weiter nachzudenken. Sie fiel mir erst viel später wieder ein, und dann verstand ich, daß meine Mutter vom ersten Augenblick an begriffen hatte, was zwischen Flora und mir war. Sie hatte es begriffen, und es gefiel ihr.

Flora und ich umarmten uns, fest, stumm, versicherten uns mit einem Blick, daß zwischen uns alles in Ordnung war, und dann küßte Flora meine kleine stramme Mutter rechts und links auf die Wangen.

»Meine Mamma war auch so klein«, sagte sie. »War?« fragte meine Mutter. »Ja«, sagte Flora, »sie ist tot«, und meine Mutter sagte: »Ich mach's auch nicht mehr lange.«

Flora lachte. »Danach sehen Sie aber nicht aus«, sagte sie, hakte mich und meine Mutter unter und zog uns ins Flughafenrestaurant.

Wir saßen fast zwei Stunden zusammen. Flora erzählte von New York, meine Mutter sprudelte nur so von unseren Mailänder Erlebnissen, ich war eher still, sah Flora an und dachte: Wie schön sie ist! Ob sie mich wirklich liebt? Und, ja, sie liebte mich, ich sah es an ihren Blicken, ich fühlte es, wenn sie unter dem Tisch rasch meine Hand oder mein Bein drückte, und ich wußte es genau nach dieser ersten Nacht seit unserer Trennung.

Aber noch saßen wir hier, ich ungeduldig, wie auf Kohlen, Flora gelöst, meine Mutter völlig überdreht. Als wir sie endlich zu ihrem Abflugsteig brachten, gab sie uns beiden einen Klaps und sagte keck: »Macht's gut, ihr zwei!« und Flora sagte hinterher: »Die ist nicht blöd. Die merkt sofort, was los ist.« Ich lachte und sagte: »Ach was, auf so was kommt die nicht mal im Traum, diese Generation ist viel zu prüde.«

Als meine Mutter durch die Paßkontrolle verschwand, küßten wir uns schnell, und ich bin mir nicht ganz sicher, ob meine Mutter das noch gesehen hat, denn plötzlich drehte sie sich noch einmal um und rief: »Nina! Danke!«

Sie starb zwei Jahre später, nach einem Schlaganfall. Über Flora haben wir manchmal noch gesprochen, sie fragte immer wieder nach ihr, aber ich wich aus und hoffte, Cousine Margret würde nicht entdecken, daß Flora inzwischen schon beinahe bei mir wohnte. Ich war so glücklich mit Flora, aber ich hätte nie den Mut gehabt, meiner Mutter von dieser Liebe zu erzählen. Und doch vertrugen wir uns seit der Reise nach Mailand besser – trotz der alten, schnippischen Rituale zwischen uns waren wir uns nähergekommen. Nicht, daß wir uns umarmt oder größeres Vertrauen zueinander gehabt hätten, aber es war doch nicht mehr so gefährlich kalt wie früher, wenn wir zusammensaßen.

Als meine Mutter im Krankenhaus lag, gelähmt, fast immer bewußtlos, nahm ich Flora einmal mit zu ihr ans Bett. Sie tat, was ich nicht konnte: sie schnitt ihr die Fuß- und Fingernägel, sie kämmte sie, sie beugte sich über sie und küßte sie. Ich konnte nur dasitzen, über all die verpaßten Gelegenheiten weinen und die Hand meiner Mutter halten, die schlaff und weich in meiner Hand lag. Flora setzte sich zu mir, legte den Arm um mich, und auf einmal schlug meine Mutter ihre blauen Augen auf, sah uns an, als würde sie verstehen, daß ich endlich glücklich und zur Ruhe gekommen war, und sie griff nach Floras Hand und legte sie auf meine. Zufall? Bewußte Handlung? Sie starb wenige Tage danach, und wir zogen ihr das schöne Mailänder Nachthemd an.

Monate später, ich hatte ihre Wohnung aufgelöst, ihre Möbel verschenkt, ein paar Kleinigkeiten behalten, kramte ich in einem Karton, in dem sie alte Photos aufbewahrt hatte. Flora sah mir über die Schulter. Da war mein Vater in Uniform mit Hakenkreuz, da waren die einbeinigen Onkel, da war ich, auf dem Arm von Tante Paula, da war meine Mutter, Anfang der 40er Jahre, als junge hübsche Frau. Unten in dem Karton lag ein weißer Briefumschlag, auf dem stand: »Nur für Nina.« Er war mit Tesafilm und Klebeband so fest umwickelt und verschlossen, daß wir eine Schere brauchten, um ihn aufzuschneiden. Ich hatte Angst, was ich darin finden würde. Ich fühlte, daß ich ihrem größten, ihrem einzigen, ihrem wirklichen Geheimnis auf der Spur war.

Der Umschlag enthielt vier kleine schwarzweiße Photos mit gezackten Rändern. Auf allen vier Bildern waren Tante Karla und meine Mutter – meine Mutter in einem Blumenkleid, das ich unter ihren Sachen in Seidenpapier eingewickelt gefunden hatte. Ich hatte sie nie darin gesehen, aber es war, obwohl ein bißchen verschlissen und verblichen, so schön, daß ich es nicht übers Herz gebracht hatte, es in die

Kleidersammlung zu geben wie ihren Nerz und die übrigen Sachen. Ich hatte es behalten, und hier auf diesen Photos begegnete ich dem Kleid plötzlich wieder. Auf zwei der Photos rauchte meine Mutter, ich hatte sie nie rauchen sehen. Und neben ihr, den Arm um sie gelegt, ebenfalls rauchend, Tante Karla in einem Männeranzug mit Oberhemd, gelockertem Kragen und Schlips. So standen sie nebeneinander, umarmten sich, sahen unbeschreiblich glücklich aus und lachten in die Kamera, mitten im Krieg, und die Photos hatte sicher Tante Paula gemacht. Im Hintergrund stand ein Kinderwagen, vielleicht lag ich darin und schlief. Es muß in der Kriegswohnung gewesen sein, in der Tante Karla und meine Mutter zusammen gewohnt hatten, ich erkannte ein Blumenbild an der Wand wieder, das später bei uns zu Hause gehangen hatte, und den schwarzen Elefanten aus Ebenholz mit den echten Elfenbeinzähnen auf dem Radio, der jetzt auf meinem Schreibtisch steht.

Das dritte Bild zeigte meine Mutter mädchenhaft klein in einem Sessel sitzend. Tante Karla saß auf der Lehne, hatte eine Hand auf ihrer Schulter, und sie sahen sich an. Und auf dem vierten Photo waren meine Mutter und meine Tante Karla in einen innigen Kuß versunken, mit geschlossenen Augen.

Ich drehte die Bilder um. Auf der Rückseite aller vier Photos stand derselbe Satz, mit sepiabrauner, verblichener Tinte in der zierlichen Schrift meiner Mutter geschrieben: »1940–1945, mit Karla. Meine schönsten Jahre.«

Autorinnen- und Quellenverzeichnis

Ilse Gräfin von Bredow, geboren 1922 in Teichenau/Schlesien, wuchs in der märkischen Heide auf, war während des Kriegs im Arbeitsdienst und mußte Kriegshilfsdienst leisten. Seit Anfang der 1950er Jahre lebt sie als Journalistin und Schriftstellerin in Hamburg und hat zahlreiche Bücher veröffentlicht, unter anderem »Kartoffeln mit Stippe«.
»Freundinnen« aus: Familienbande und andere alltägliche Geschichten. © 1997 Scherz Verlag, Bern/München/Wien, S. 131–150.

Doris Dörrie, geboren 1955 in Hannover, war nach dem Abitur längere Zeit in den USA, studierte an der Münchener Filmhochschule und lebt heute in München. Der Film »Männer« machte sie international bekannt. Daneben veröffentlichte sie eine Reihe von Erzählungen. Zuletzt erschien von ihr »Happy. Ein Drama«.
»Meine Freundin« aus: Bin ich schön? Erzählungen. © 1994 Diogenes Verlag AG, Zürich.

Tanja Dückers, geboren 1968 in Berlin, wo sie Germanistik und Nordamerikanistik studierte. Längere Aufenthalte in den USA, Amsterdam und Barcelona. Journalistische Tätigkeiten unter anderem für die »taz«, die »Welt« und den »Spiegel«. Für ihren Roman »Spielzone« und ihre Erzählungen »Café Brazil« erhielt sie zahlreiche Preise und Stipendien. Sie lebt in Berlin und Barcelona.
»Henna-Hexen« aus: Café Brazil. Erzählungen. © 2001 Aufbau-Verlag GmbH, Berlin, S. 92–102.

Jennifer Egan, geboren in Chicago und aufgewachsen in San Francisco, lebt heute in New York. Sie schrieb zahlreiche Kurzgeschichten, unter anderem für den »New Yorker«. Von ihr erschien auf deutsch neben dem Roman »Die Farbe der Erinnerung« der Erzählband »Emerald City«.
»Sacred Heart« aus: Emerald City. Stories. Aus dem Amerikanischen von Sigrid Ruschmeier. © 2000 Schöffling & Co. Verlagsbuchhandlung GmbH, Frankfurt am Main, S. 40–57.

Edith Einhart, geboren 1969 in München, ließ sich nach ihrem Germanistikstudium unter anderem bei der »Süddeutschen Zeitung«, »Elle« und »Sat 1« zur Journalistin ausbilden. Sie arbeitet als Redakteurin bei der Illustrierten »Bunte« in München. Neben ihrem erfolgreichen Debütroman »Die Champagnerkönigin« veröffentlichte sie Kurzgeschichten und den Ratgeber »Kleine Liebesschule für Frauen«.
»Spätes Wiedersehen« – Erstveröffentlichung.

Karen-Susan Fessel, geboren 1964 in Lübeck, studierte Theaterwissenschaften, Germanistik und Romanistik. Sie lebt als freie Autorin und Journalistin in Berlin. Von ihr erschienen unter anderem der Roman »Bilder von ihr«, die Erzählungen »Was ich Moira nicht sage«, mehrere Kinder- und Jugendbücher sowie zuletzt der Roman »Bis ich sie finde«.
»Prost Lappland!« – Erstveröffentlichung.

Julia Franck, geboren 1970 in Berlin (Ost), reiste 1978 mit ihrer Familie in den Westen aus. Sie wurde mit zahlreichen Preisen und Stipendien ausgezeichnet, unter anderem dem 3Sat-Preis und dem Alfred-Döblin-Stipendium. Heute lebt sie in Berlin. Neben ihren Romanen »Der neue Koch« und »Liebediener« erschien ihr Erzählband »Bauchlandung. Geschichten zum Anfassen«.

»Mir nichts, dir nichts« aus: Bauchlandung. Geschichten zum Anfassen. © 2000 DuMont Buchverlag, Köln, S. 95–111.

Nina George, geboren 1973 in Bielefeld, arbeitet seit zehn Jahren als Journalistin für mehrere Zeitschriften und ist seit 1999 als freie Autorin tätig. Heute lebt sie in Hamburg. Zuletzt erschienen von ihr der Roman »Kein Sex, kein Bier und jede Menge Tote« sowie (unter ihrem Pseudonym Anne West) der Ratgeber »Sag Luder zu mir«.
»Sieben Minuten« – Erstveröffentlichung.

Elke Heidenreich, geboren 1943 in Korbach, war Moderatorin verschiedener Talkshows und schrieb siebzehn Jahre die »Brigitte-Kolumne«. Inzwischen ist sie eine erfolgreiche Buchautorin und lebt in Köln. Zuletzt erschien von ihr der Erzählband »Der Welt den Rücken«.
»Die schönsten Jahre« aus: Der Welt den Rücken. Erzählungen. © 2000 Elke Heidenreich und Carl Hanser Verlag, München/Wien, S. 7–43.

Anna Kalman hat zwei Gesichter: Christiane Mühlfeld, geboren 1968 in Mellrichstadt, und Jutta Siekmann, geboren 1958 in Bad Oeynhausen. Beide leben in München und sind im Journalismus tätig. Neben mehreren Kurzgeschichten erschien zuletzt ihr Debütroman »Dornröschenmord«.
»Durch dick und dünn« – Erstveröffentlichung.

Carina Klein, geboren 1964 in Berlin und aufgewachsen in Mülheim an der Ruhr, arbeitete nach ihrem Jurastudium und Stationen in Frankreich und Australien mehrere Jahre als Anwältin und hat sich in München selbständig gemacht. Nach ihrem Romandebüt »Wo geht's denn hier nach oben?« erschien »Love-M@il«, ihr zweites Buch um ihre Heldin Pia Jacobi.
»Notti Italiani« – Erstveröffentlichung.

Krystyna Kuhn, geboren 1960 in Würzburg, studierte Slawistik, Germanistik und Kunstgeschichte, zeitweise in Moskau und Krakau. Sie arbeitete als Redakteurin und Herausgeberin und schrieb Gedichte sowie Kurzgeschichten. Zuletzt erschien ihr Roman »Fische können schweigen«. Krystyna Kuhn lebt mit ihrem Mann und Tochter Mascha im Taunus.
»Also sprach ...« – Erstveröffentlichung.

Kathy Lette, geboren 1958 in Sydney, hat eine abwechslungsreiche Karriere als Kabarettistin, Fernsehreporterin und Drehbuchautorin hinter sich. Seit 1989 lebt sie mit ihrem Mann und zwei Kindern in London. Wegen ihrer unverblümten Äußerungen über Männer, Beziehungen und andere heikle Themen avancierte sie zum beliebtesten enfant terrible der britischen Medien. Zuletzt erschien von ihr auf deutsch der Roman »Knall auf Fall«.
»Der Frauenabend« aus: Die Sushi-Schwestern. Stories. Aus dem australischen Englisch von Irmela Erckenbrecht. © 1995 Rowohlt Taschenbuch Verlag GmbH, Reinbek bei Hamburg, S. 209–222.

Wiebke Lorenz, geboren 1972 in Düsseldorf, hat Anglistik, Germanistik und Medienkommunikation studiert und bei verschiedenen Zeitschriften, Rundfunk- und Fernsehsendern gearbeitet. Heute arbeitet sie als freie Journalistin und Autorin in Hamburg. Neben Kurzgeschichten und ihrem erfolgreichen Debüt »Männer bevorzugt« veröffentlichte sie den Roman »Liebe, Lügen, Leitartikel«.
»Leonie« – Erstveröffentlichung.

Dacia Maraini, geboren 1936 in Florenz, lebte während des Krieges in Japan, kehrte dann zurück und studierte in Florenz, Palermo und Rom. Sie schrieb zahlreiche Theaterstükke, Gedichte und Romane und lebt heute in Rom. Ihr bekanntester Roman, »Die stumme Herzogin«, wurde mit

dem Premio Campiello ausgezeichnet und führte lange die italienischen und deutschen Bestseller-Listen an.
»Maria« aus: Winterschlaf. Zwölf Erzählungen. Aus dem Italienischen von Gudrun Jäger. © 1999 R.C.S. Libri SpA/Rizzoli, Mailand. © der deutschen Übersetzung: 2001 Piper Verlag GmbH, München.

Morag McDowell, geboren 1960, lebt in Irvine bei Glasgow. Ihre Erzählungen wurden mit dem Macallan Scotland on Sunday Short Story Prize und mit dem Brian Moore Short Story Award ausgezeichnet.
»Josies Baby« – Erstveröffentlichung. Aus dem Englischen von Lotta Rüegger.

Sybil Gräfin Schönfeldt, geboren 1927 in Bochum, studierte Germanistik und Kunstgeschichte in Wien und promovierte 1951. Sie machte sich einen Namen als Autorin von Büchern zu Erziehungsfragen und von Kochbüchern, aber auch als Übersetzerin und Herausgeberin zahlreicher Anthologien. Sie hat zwei Söhne und lebt als freie Journalistin für Zeitungen, Zeitschriften, Funk und Fernsehen in Hamburg.
»Das andere Mädchen« aus: Träume brauchen nicht viel Platz. Wunschträume 1918 bis 48. Herausgegeben von Angelika Kutsch. Cecilie Dressler Verlag, Hamburg 1984, S. 49–56. © Sybil Gräfin Schönfeldt.

Sybille Schrödter, geboren 1955, ist Juristin, Kabarettistin, Sängerin und Autorin. Die »Spitzendiseuse des deutschen Kabarett« (Rheinische Post) schreibt unter anderem Drehbücher für Gerichtsserien, wenn sie nicht als Kabarettistin durch die Lande tourt. Sie lebt in Hamburg-Ottensen. Zuletzt erschien von ihr der Roman »Auroras Abgründe«.
»Klar zur Wende« aus: Schlampen und andere Freundinnen. Böse Geschichten von Frau zu Frau. © 2000 Piper Verlag GmbH, München, S. 47–60.

Sigrid Undset, geboren 1882 in Kalundborg/Dänemark, gestorben 1949 in Oslo, errang ihren großen Durchbruch mit dem Mittelalterroman »Kristin Lavransdatter«, für den sie 1928 mit dem Nobelpreis ausgezeichnet wurde. Ihre Konversion zum Katholizismus prägte ihr späteres Werk. Die Zeit der deutschen Besetzung Norwegens verbrachte die engagierte Antifaschistin im amerikanischen Exil.
»Mädchen« aus: Frauen in Skandinavien. Erzählungen. Herausgegeben von Gabriele Haefs und Christel Hildebrandt. Aus dem Norwegischen von Ruth Stöbling. © der deutschen Übersetzung: 1991 Deutscher Taschenbuch Verlag GmbH & Co. KG, München, S. 184–195.

Fay Weldon, geboren 1933 in Alvechurch/Worcestershire, arbeitete als Werbetexterin und studierte Psychologie und Wirtschaftswissenschaften. Mit dreißig veröffentlichte sie ihr erstes Buch. Berühmt wurde sie durch ihren Roman »Die Teufelin«. Zuletzt erschien von ihr auf deutsch »Miss Felicitys kleine Geheimnisse«.
»Kommt alle her!« aus: Der Mann ohne Augen. Stories. Aus dem Englischen von Sigrid Ruschmeier. © 1991 Verlag Antje Kunstmann GmbH, München, S. 197–203.

Maike Wetzel, geboren 1974 in München, studierte an der Hochschule für Fernsehen und Film in München. Sie wurde mit zahlreichen Preisen und Stipendien ausgezeichnet, unter anderem dem Bettina-von-Arnim-Preis. Der Erzählband »Hochzeiten« ist ihr erstes Buch.
»Nachsaison« aus: Hochzeiten. Erzählungen. © 2000 S. Fischer Verlag GmbH, Frankfurt am Main, S. 63–76.